ESTILO DE VIDA VEGANO

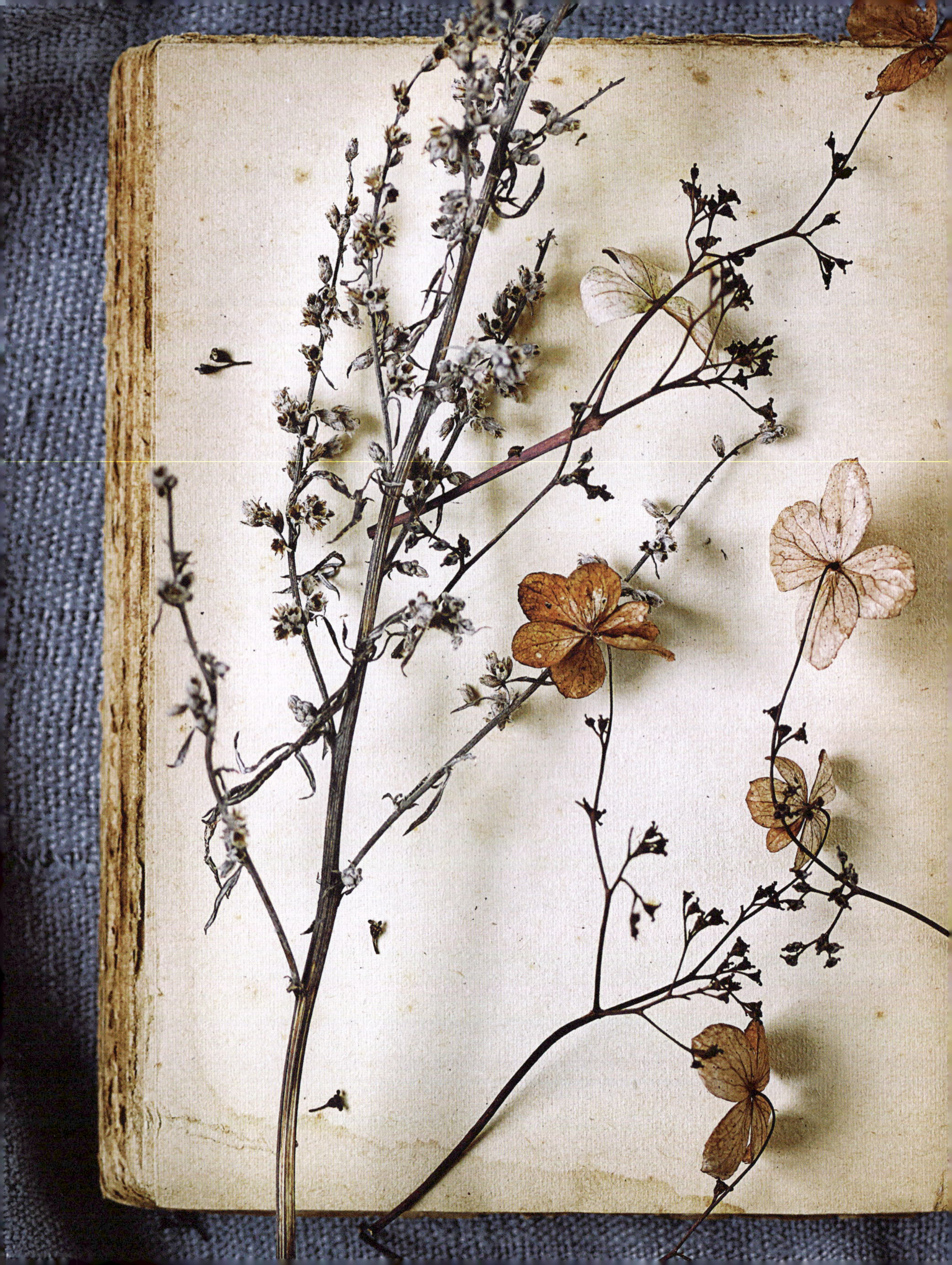

ESTILO DE VIDA
VEGANO

RECEITAS E DICAS PARA UM
DIA A DIA LIVRE DE PRODUTOS
DE ORIGEM ANIMAL

Áine Carlin

FOTOS DE NASSIMA ROTHACKER

PubliFolha

Para meu pai, Hugo

Título original: *The New Vegan*

Publicado originalmente na Grã-Bretanha em 2015 por Kyle Books, selo da Kyle Cathie Ltd, 192-198 Vauxhall Bridge Road, SW1V 1DX, Londres, Inglaterra.

Copyright do texto © 2015 Áine Carlin
Copyright das fotos © 2015 Nassima Rothacker
Copyright do projeto gráfico © 2015 Kyle Books
Copyright © 2017 Publifolha Editora Ltda.

Todos os direitos reservados. Nenhuma parte desta obra pode ser reproduzida, arquivada ou transmitida de nenhuma forma ou por nenhum meio sem a permissão expressa e por escrito da Publifolha Editora Ltda.

Coordenação do projeto: Publifolha
Editora-assistente: Isadora Attab
Coordenadora de produção gráfica: Mariana Metidieri

Produção editorial: A2
Coordenação: Sandra R. F. Espilotro
Tradução: Gabriela Erbetta
Consultoria culinária: Luana Budel
Preparação de texto: Carla Fortino
Revisão: Maria A. Medeiros, Carmen T. S. Costa

Edição original: Kyle Books
Editora de projeto: Tara O'Sullivan
Editora de texto: Abi Waters
Assistente editorial: Amberley Lowis
Designer: Helen Bratby
Fotos: Nassima Rothacker
Ilustração: Stuart Simpson
Produção culinária: Aya Nishimura
Produção de objetos: Tony Hutchinson
Produção: Nic Jones e Gemma John

NOTA DO EDITOR

Apesar de todos os cuidados tomados na elaboração das receitas deste livro, os editores não se responsabilizam por erros ou omissões decorrentes da preparação dos pratos. Certifique-se de que os ingredientes adquiridos não contêm traços de produtos de origem animal em sua composição. Pessoas com restrições alimentares, grávidas e lactantes devem consultar um médico especialista sobre os ingredientes de cada receita antes de prepará-la.
As fotos deste livro podem conter acompanhamentos ou ingredientes meramente ilustrativos.
Observações, exceto se orientado de outra forma:
Use sempre ingredientes frescos.
O forno deve ser preaquecido na temperatura indicada na receita.
Equivalência de medidas:
• 1 colher (chá) = 5 ml
• 1 colher (sopa) = 15 ml
• 1 xícara (chá) = 250 ml
Nas listas de ingredientes, as indicações entre colchetes correspondem à consultoria culinária específica para a edição brasileira.

Dados Internacionais de Catalogação na Publicação (CIP)
(Câmara Brasileira do Livro, SP, Brasil)

Carlin, Áine
    Estilo de vida vegano : receitas e dicas para um dia a dia livre de produtos de origem animal / Áine Carlin ; fotografias de Nassima Rothacker ; [tradução Gabriela Erbetta]. -- São Paulo : Publifolha, 2017.

    Título original: The new vegan
    ISBN: 978-85-68684-81-8

    1. Culinária (Receitas) 2. Culinária vegana
I. Rothacker, Nassima. II. Título.

17-01288   CDD-641.5636

Índices para catálogo sistemático:
1. Receitas veganas : Culinária 641.5636

Este livro segue as regras do Acordo Ortográfico da Língua Portuguesa (1990), em vigor desde 1º de janeiro de 2009.

Impresso na China.

PubliFolha
Divisão de Publicações do Grupo Folha
Al. Barão de Limeira, 401, 6º andar
CEP 01202-900, São Paulo, SP
www.publifolha.com.br

SUMÁRIO

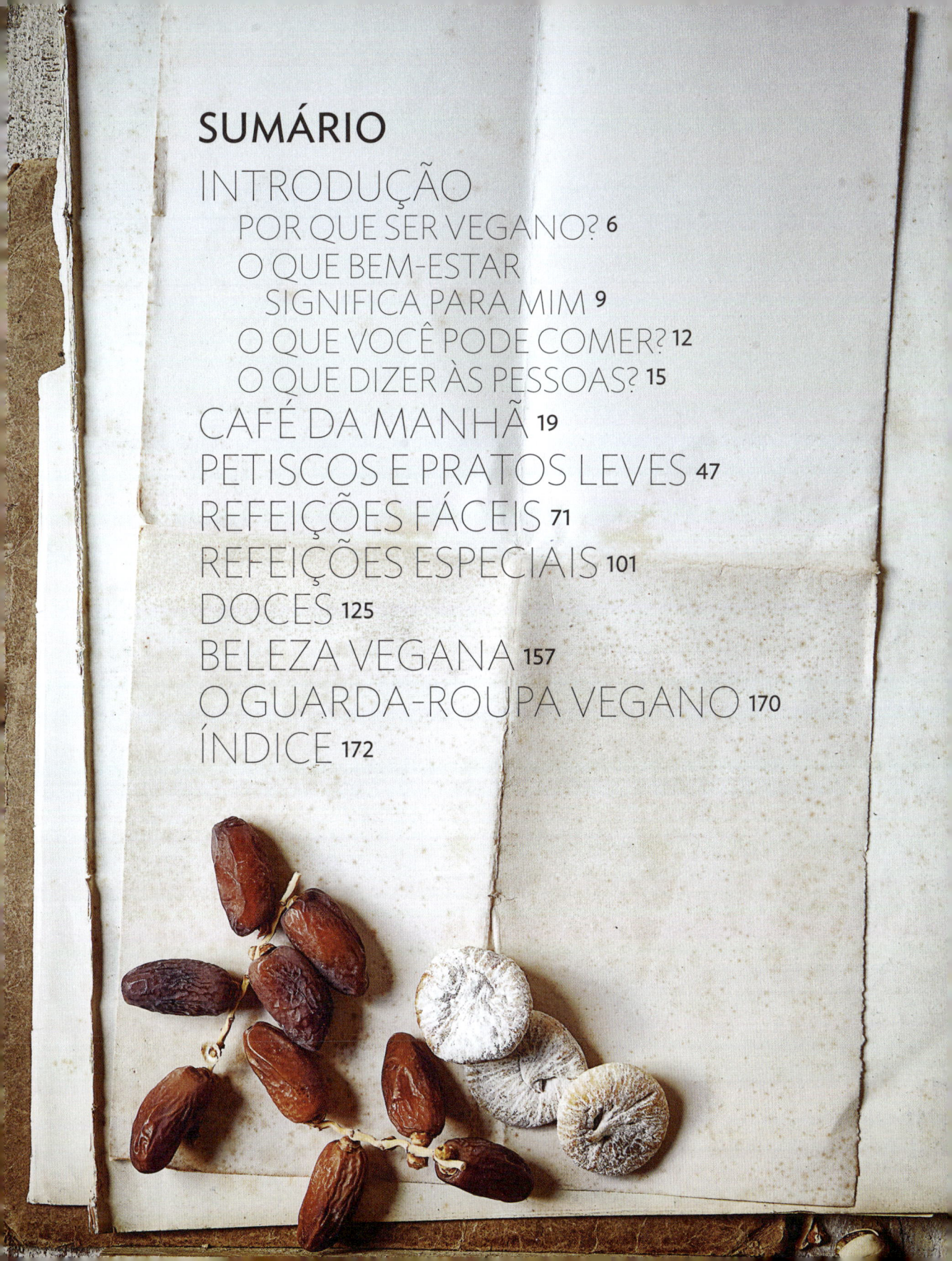

INTRODUÇÃO
- POR QUE SER VEGANO? 6
- O QUE BEM-ESTAR SIGNIFICA PARA MIM 9
- O QUE VOCÊ PODE COMER? 12
- O QUE DIZER ÀS PESSOAS? 15

CAFÉ DA MANHÃ 19

PETISCOS E PRATOS LEVES 47

REFEIÇÕES FÁCEIS 71

REFEIÇÕES ESPECIAIS 101

DOCES 125

BELEZA VEGANA 157

O GUARDA-ROUPA VEGANO 170

ÍNDICE 172

POR QUE SER VEGANO?

Essa é uma pergunta que me faço com frequência – e, de vez em quando, preciso reafirmar a resposta. Adotar o veganismo é uma decisão ao mesmo tempo simples e complexa. Trata-se de algo tão poderoso que é capaz de mudar sua vida para melhor de maneira dramática. Mas, para muita gente, deixar para trás produtos de origem animal pode ser assustador – afinal, eles provavelmente sempre estiveram presentes. Desde a infância, nossos pais nos ensinaram a respeito de alimentos "bons" e "maus", e, a partir daí, desenvolvemos nossa relação com a comida, que passa a ser questionada quando você começa a considerar o veganismo. Então é isso: pode-se mesmo dizer que é uma decisão simples e complexa.

SAÚDE

Então, por que alguém abriria mão de hábitos alimentares de toda uma vida? E, mais importante, o que tem levado cada vez mais gente ao veganismo – um estilo de vida que parece vangloriar-se de suas virtudes e precisa enfrentar a imagem radical que transmite? Bem, a única história que posso contar é a minha, e essa jornada começou nos Estados Unidos. Meu marido e eu morávamos em Chicago e, até aquele momento, éramos carnívoros entusiastas com uma queda por laticínios. Quando nos mudamos para lá, por causa do trabalho dele, acreditamos estar no paraíso gastronômico e devoramos cada migalha que encontrávamos pela frente, do Joe's Steakhouse ao nosso restaurante favorito, na esquina de casa. Eram sanduíches de pastrami e bolinhos de caranguejo à vontade, e a gente não parava para pensar um minuto no que tudo aquilo estava fazendo com nosso corpo – nem nos animais que consumíamos com prazer. Para ser sincera, eu não dava a mínima.

Mas, embora a gente gostasse de comer fora, eu também adorava (adorava!) cozinhar. Criar receitas em meu santuário, a cozinha, era minha maneira de relaxar. Eu podia passar (e ainda passo) horas pensando em comida – pode chamar de obsessão, mas comida é realmente a "minha praia". Há cinco ou seis anos, restringir minha alimentação a ingredientes de origem vegetal pareceria loucura, e eu nem sequer pensaria em me tornar vegetariana, muito menos vegana. Na verdade, nem sei se eu sabia o que era "ser vegano".

Quando nossa saúde deu uma piorada, a primeira coisa que pesquisei foram nossos hábitos alimentares – talvez porque, instintivamente, eu já soubesse da força que a comida exerce sobre o bem-estar físico e mental. Claro que, na minha frente, estava a resposta para a letargia, para as unhas e os cabelos quebradiços, para as variações de humor, para o aumento de peso e, provavelmente, para outras indisposições que me acometiam. Não tive uma doença daquelas que mudam vidas (embora outras pessoas tenham tido), apenas pequenas chateações que se acumulam até o ponto em que não podem (ou pelo menos não devem) ser ignoradas. Pense nisso. Nesse momento, você está em sua melhor forma? Sente que tem controle sobre seu corpo e entende como ele funciona? O açúcar refinado cai como uma tonelada de tijolos e os laticínios o deixam mais devagar? Se parar para pensar, pode descobrir que também tem algumas daquelas pequenas "chateações".

A única saída era fazer um esforço para "limpar" meu estilo de vida – comecei fazendo um inventário do que andava comendo. Se você não tem certeza disso, vá agora até a geladeira e dê uma boa olhada. Se for parecida com o que era a minha, talvez encontre uma quantidade considerável de laticínios (ou produtos que contenham alguma forma deles), carnes e um ou outro vegetal já meio passado. Quando começar a ler o rótulo de tudo que compra, ficará espantado ao ver quantos produtos de origem animal (como gelatina e suplementos de proteína isolada do leite) foram infiltrados em alimentos de aparência inocente. Sei que parece algo conspiratório, mas cabe a você esquadrinhar cada produto e decidir se quer ou não ingerir algum tipo de matéria-prima animal escondida ali.

Gosto de encarar isso como uma maneira de tomar de volta o controle sobre meu corpo, e nunca me senti tão bem desde então. Hoje, como mais alimentos alcalinos (produtos animais são incrivelmente "ácidos"), embora ainda aprecie uma quantidade moderada de açúcar, cafeína, álcool e farinha branca. Sou da escola que prega "tudo com moderação" (o que deve soar estranho vindo de uma vegana), mas também tenho consciência dos efeitos negativos que isso pode causar no corpo. De maneira semelhante ao jeito como os produtos animais se comportam, açúcar, álcool e farinha branca refinada podem causar irritações no organismo, por isso tento equilibrá-los com smoothies verdes e ingredientes ricos em nutrientes, como quinoa e couve.

COMPAIXÃO

O bem-estar animal é uma enorme (ou melhor, gigantesca) parte do meu veganismo. É maior do que o desejo de me manter saudável e é equivalente à vontade de ajudar a proteger o meio ambiente – um não existe sem o outro, certo? Embora no início o tema fosse um detalhe em minha dieta vegetal, quanto mais aprendi sobre a indústria alimentícia, mais comecei a fazer conexões a respeito do que (e de quem) eu estava comendo. Um momento inspirado em minha vida foi quando percebi que não precisava (ou não queria) me alimentar de animais.

Essa descoberta ainda é a base do meu veganismo, mas admito que é muito difícil falar sobre isso. Por não querer parecer doutrinária, evito dizer o que realmente penso sobre isso porque, em geral, não é algo que as pessoas esperam ouvir. Também percebi, nessa jornada, que todos somos um pouco diferentes – e meu comportamento não combina muito com controvérsias ou dogmatismos. Não sou assim. Portanto, se você precisa se convencer ouvindo histórias de terror sobre abatedouros, não vai encontrá-las aqui. Desculpe.

Dito isso, deixe que eu o conduza a uma maravilhosa invenção chamada "internet". Lá estão todas as informações que você pode querer a respeito das práticas em criadouros, sobre o que acontece com aqueles pintinhos machos desprezados e sobre como vacas leiteiras são de fato tratadas. Estão ali, ao alcance de um simples clique.

Enquanto algumas pessoas são a favor de destacar a verdade secreta do veganismo, prefiro a alternativa de abraçar uma vida de mais compaixão. Claro, seria uma bobagem fazer discursos exaltados e afirmar que veganos não gostam do sabor da carne ou que não acham deliciosa a textura cremosa de um bom brie (não fosse assim, por que haveria tantos substitutos?), mas, em última instância, é justo dizer que abrimos mão disso para não ver outro animal sofrendo para atender aos nossos desejos. E, com tantas opções veganas disponíveis no mercado, quase não é preciso fazer sacrifícios. É por isso que ajo assim. É o que me faz criar refeições deliciosas com aquela camada essencial de "umami". Acredito que *podemos* ter prazer em comer – e sem agredir nenhum ser vivo no processo.

Tradição, história e hábitos não fazem com que algo seja necessariamente "certo". Claro que os homens das cavernas precisavam matar animais para sobreviver, mas quer saber de uma coisa? Evoluímos desde a Idade da Pedra e não precisamos mais de lanças para caçar o jantar – da mesma maneira que não desfilamos mais por aí vestindo tangas! Pelo menos não na maior parte do tempo. Embora eu não possa dizer o que você deve comer ou como precisa viver, espero que consiga sugerir uma maneira alternativa que possa convencê-lo a desviar do açougue e se tornar fã dos vegetais. Você não pode me condenar por tentar, certo?

MEIO AMBIENTE

Minha paixão pelo meio ambiente remonta à infância. Sempre lutei por alguma causa, fosse o Amigos da Terra, fosse o Greenpeace, e exibia orgulhosa os adesivos deles na janela, à vista de todos. Lembro-me de participar entusiasmada de caminhadas solidárias e realmente acreditava que fazia do mundo um lugar um pouco melhor – talvez o fizesse, do meu jeito limitado. Minha carreira como ambientalista pode não ter ido para a frente, mas à medida que fui juntando os pontos entre a comida que escolhemos e a maneira como ela afeta o mundo em que vivemos, mais certeza tive de que o veganismo é o caminho certo para mim.

É assustador pensar que algo tão simples quanto frequentar um restaurante fast-food pode repercutir do outro lado do planeta, mas isso acontece. Existem enormes áreas de floresta tropical sendo devastadas agora mesmo para acomodar o gado que será transformado em hambúrguer. Esse é um fardo que eu não queria mais carregar.

Do aquecimento global e da iminente falta de água à preocupante extinção das abelhas, nossa demanda alimentar está destruindo o planeta. Não consigo imaginar um jeito melhor de remediar a situação a não ser começando pelo nosso café da manhã, almoço e jantar. Se abrirmos mão de produtos animais pelo menos em alguns dias da semana, podemos mudar o rumo das coisas rapidamente. Parece ambicioso, eu sei, mas sou uma otimista e espero que, ao terminar de ler este livro, você também se torne um.

O QUE BEM-ESTAR SIGNIFICA PARA MIM

"Bem-estar" é um termo que tem sido usado em excesso, mas é algo que precisa ser levado em consideração. Para mim, ele é abrangente. Não diz respeito apenas ao que comemos, mas a como escolhemos viver, como nos tratamos (e aos outros) e como lidamos com cada um desses fatores todos os dias. Seja arrumando uma mesa bonita, seja acendendo uma vela perfumada, seja dedicando um tempo para apreciar uma xícara de chá, seja simplesmente assistindo a um episódio do meu seriado favorito num dia agitado, sempre me esforço para encontrar o prazer nas pequenas coisas – e, muitas vezes, isso envolve comida. O veganismo, para mim, foi somente uma extensão dessa filosofia. Pequenas decisões que, juntas, têm um grande impacto – não apenas para quem decide, mas também para o mundo à sua volta. Estimular essa mudança positiva em meu estilo de vida foi meu jeito de fazer um manifesto proativo com uma mensagem subliminar de amor e respeito. Se essas vibrações prosperarem o suficiente, é provável que você receba algo em troca. Isso é querer demais?

Portanto, é verdade: a comida está na base da minha felicidade (e do meu "bem-estar"), mas não apenas porque me alimenta. Percebi que, ao começar a respeitar meu corpo e nutri-lo das coisas certas, sem querer também estava fazendo minha parte e ajudando a Terra a curar e livrar alguns de seus habitantes do mal desnecessário.

O lado nutricional obviamente tem um papel determinante para sustentar meu amor por esse estilo de vida e me ajuda a ter sucesso no dia a dia. Algumas pessoas que começam a aprender sobre o veganismo têm a preocupação de perder algum nutriente vital, mas todos podem ser encontrados em alimentos veganos. Hoje não preciso pensar em meu consumo nutricional porque já se tornou um hábito, e, para ser sincera, isso não é tão desanimador (ou cansativo) quanto parece. De todo modo, sempre ajuda ter um ponto de partida, portanto na próxima página há uma lista das melhores fontes veganas de proteína, cálcio, ferro, entre outros nutrientes.

FONTES VEGANAS DE NUTRIENTES

PROTEÍNA
» Leguminosas, incluindo grão-de-bico (homus), feijão-branco, feijão-preto, feijão-roxinho etc.
» Lentilha
» Quinoa
» Trigo-sarraceno
» Sementes de chia
» Produtos derivados de soja, incluindo tofu, leite de soja, iogurte de soja etc.
» Produtos derivados de cânhamo, como leite e sementes*
» Oleaginosas e produtos relacionados, incluindo nozes, pecãs, sementes de abóbora, amêndoa, castanha-de-caju, pastas de oleaginosas e tahine
» Ervilha
» Aveia
» Tempeh

CÁLCIO
» Verduras folhosas, como espinafre, couve e acelga
» Melado de cana
» Gergelim e tahine
» Pasta de amêndoa
» Brócolis
» Batata-doce
» Amora
» Laranja
» Damasco seco
» Tâmara
» Figo
» Feijão-azuqui
» Produtos derivados de soja, incluindo leite de soja e tofu

FERRO
» Melado de cana
» Verduras folhosas, como espinafre, couve e acelga
» Frutas secas
» Chocolate amargo vegano
» Purê de tomate
» Grãos integrais, incluindo quinoa, trigo-sarraceno, triguilho, aveia e arroz integral
» Oleaginosas e sementes
» Tofu

VITAMINA C
» Frutas cítricas
» Morango
» Kiwi
» Pimentas
» Brócolis
» Couve-de-bruxelas
» Verduras folhosas, como espinafre, couve e acelga
» Couve-flor
» Tomate
» Algumas ervas, como coentro, salsinha, manjericão, tomilho e cebolinha-francesa

ÔMEGA 3
» Linhaça
» Sementes de chia
» Sementes de cânhamo*
» Nozes
» Algas marinhas, como nori, espirulina e clorela
» Couve-flor
» Verduras folhosas, como espinafre, couve e acelga
» Frutas vermelhas
» Manga
» Ervas e especiarias, como cravo, anis-estrelado, orégano e estragão

B12
» Alimentos fortificados, incluindo leites vegetais (industrializados), iogurte e cereais
» Levedura nutricional (pó com aroma de queijo que acrescenta sabor aos pratos e incrementa o consumo de B12)
» Marmite** e outros extratos de levedura
» Clorela

* Os produtos derivados do cânhamo são proibidos no Brasil. Alternativas à proteína de cânhamo são as proteínas de arroz ou de ervilha; alternativa à semente de cânhamo é a linhaça.
** Marmite é um extrato de levedura, muito popular entre os britânicos, usado como intensificador de sabor e pasta para torradas. Pode ser substituído pelo tahine, em maior quantidade. Caso a receita peça 1 colher (sopa) de marmite, utilizar 1½ colheres (sopa) de tahine.

Como você pode ver, há vários cruzamentos entre os alimentos listados e os nutrientes que cada um possui, o que facilita na hora de fornecer a seu corpo tudo de que ele precisa para continuar saudável. Faço exame de sangue todos os anos para manter controle sobre os níveis gerais e sempre tomo um suplemento de vitamina B12 várias vezes por semana.

Não sou superorganizada e não planejo as refeições com antecedência porque, para mim, metade da graça está em manter a espontaneidade na hora de criar algo novo (geralmente com poucos ingredientes). Mas espero de verdade que este livro ajude aqueles que levam a vida de forma um pouco mais arrumadinha – mesmo que apenas como um ponto de partida para incentivar que as ideias apareçam. Para facilitar ainda mais as coisas, incluí um plano de refeições para uma semana (p. 13), para você ver como é simples tornar-se vegano.

Não imponho limitações a grãos, oleaginosas, frutas e produtos semelhantes, nem desprezo grupos de alimentos que "saíram de moda", porque confio em meu corpo para dizer quando exagero (ou, também, quando preciso de algo). É nesse momento que posso fazer algumas mudanças. Não faço dieta desde os 20 anos e nunca entrei na onda detox – ela me deixa infeliz, e sou a favor da consistência, não do modismo. Não é um sistema infalível, mas, já que eu como por prazer, assim como quase tudo que faço, nem sonharia em eliminar café, álcool ou açúcar porque, em pequenas doses ocasionais, eles me trazem uma imensa felicidade – não estou preparada para abrir mão de uma sidra (vegana) gelada nem de uma porção de salgadinho frito no pub. É esse equilíbrio que funciona para mim. No entanto, caso você comece a se sentir mal por ingeri-los, tem duas opções: desistir de uma vez por todas ou pegar mais leve consigo mesmo. Sei o que eu escolheria.

A perfeição, hoje, está tão vinculada ao estilo de vida e à alimentação que nos tornamos uma nação ocidental quase "ortoréxica". Isso quer dizer que examinamos cada pedacinho de comida que ingerimos e tomamos decisões em função de seu valor nutritivo, e não do seu sabor. Mas o importante é que levemos ambos em consideração. Se olharmos para algumas das nações mais saudáveis do mundo (algumas regiões da China, do Japão e do Mediterrâneo), veremos que elas aliam sabor e saúde há milênios. Cultivar a terra, comer alimentos sazonais e locais, evitar comida processada e cuidar de seu entorno é a melhor maneira de alimentar o corpo e a alma, porém, como muitos de nós vivemos espremidos em cidades superpopulosas, o veganismo é um ótimo jeito de abraçar essa filosofia sem ter que mudar de país.

Acima de tudo, é crucial entender que o termômetro de equilíbrio e "bem-estar" será diferente para cada um. Da mesma maneira que a vida não é igual para todo mundo, nem toda jornada vegana será parecida com outra. Dividir experiências é importante, mas comparar pode ser danoso. Lembre-se, portanto, de apoiar cada pessoa e permita-se cometer erros ou cair em tentação de vez em quando, porque nada precisa ser tão rígido. Console-se com o fato de que ninguém é perfeito, então apenas dê o melhor de si – e sinta-se bem.

O QUE VOCÊ PODE COMER?

Quando adotamos o veganismo, nosso pensamento se volta a tudo que não podemos mais comer, como queijos, filés ou sorvetes. Esse processo atinge a todos, porque leva tempo para abrir mão desses alimentos e avançar em direção a um futuro baseado em plantas e produtos integrais. Despedir-se deles pode deixá-lo vulnerável a desejos repentinos que talvez enfraqueçam seu propósito vegano.

Como, então, saciar esse apetite que provavelmente foi cultivado a vida toda? A resposta é muito simples. Em vez de nos lembrarmos, desolados, de cada cheeseburger que comemos na vida, vamos nos empenhar em olhar para a frente com um arsenal de alimentos saudáveis, novos e excitantes, que vão nutrir nossa mente, nosso corpo e nossa alma. E essa fase de conhecer alimentos deliciosos que você nem sabia que existiam e também de aprender novas técnicas culinárias que aprimoram suas habilidades é muito empolgante. Você passa a fazer a conexão entre o que coloca dentro do corpo e o que recebe em troca, desde mais energia e pele brilhante até pensamentos mais positivos.

Para lidar com os desejos e evitar que o cérebro – e as papilas gustativas – pense em outros alimentos, sugiro que você prepare um cardápio semanal. É um bom passo para integrar o veganismo à sua vida Divida o cardápio por seções: café da manhã, almoço, jantar e petiscos. No começo, aprender a preparar alguns pratos simples é fundamental para garantir que você corra menos riscos de vacilar. Mas, antes que eu sugira um plano de refeições, gostaria de dizer algo que nunca é demais repetir: isso não é uma dieta! Você vai mudar sua alimentação, e isso pode ter um efeito positivo sobre sua saúde e seu peso, mas os novos hábitos não devem ser considerados uma maneira rápida de perder quilos

	CAFÉ DA MANHÃ	ALMOÇO	JANTAR	PETISCOS/ SOBREMESAS
SEG	MINGAU DE AVEIA DE VÉSPERA (p. 29)	SANDUÍCHE DE BATATA-DOCE GRELHADA (p. 63)	TORTINHA DE CHAMPIGNON E GRÃO-DE-BICO (p. 94)	BOLINHAS DE ALEGRIA (pp. 128-9)
TER	PARFAIT DE CHAI E CHIA (p. 31)	TOSTADA DE CENOURA E ABOBRINHA (P. 56)	CURRY DE LENTILHA E ESPINAFRE (p. 76)	CHIPS DE COUVE COM CASTANHA-DE-CAJU (p. 50)
QUA	BARRINHA DE GRANOLA SEM FORNO (p. 37)	SOPA DE CHAMPIGNON COM GREMOLATA (p. 74)	CAÇAROLA DE FEIJÃO-AZUQUI (p. 119)	MAÇÃ COM CALDA DE CARAMELO (p. 133)
QUI	GRANOLA DE FIGO E GRAPEFRUIT (p. 32)	WRAP SIMPLES DE ALGA NORI (p. 52)	MACARRÃO DE ARROZ VIETNAMITA (p. 88)	COOKIE SIMPLES DE AVEIA (p. 154)
SEX	POLENTA COM AMEIXA ASSADA E ÁGUA DE ROSAS (p. 34)	SALADA DE COUVE, MAÇÃ E ERVA-DOCE (p. 103)	SOPA DE TOMATE ASSADO COM BATATA E ALECRIM (p. 75)	CASTANHA-DE-CAJU COM ALECRIM (p. 50)
SAB	FEIJÃO INCREMENTADO (p. 42)	SANDUÍCHES ABERTOS AO ESTILO ESCANDINAVO (p. 61)	TACO COM NOZES (p. 96)	TORTA BANOFFEE (p. 153)
DOM	WAFFLE GRELHADO DE TRIGO-SARRACENO (p. 36)	TRIGUILHO COM VEGETAIS ASSADOS (p. 91)	ESPAGUETE VERDE (p. 92)	CUPCAKE DE BETERRABA E LIMÃO-SICILIANO (p. 144)

ou entrar em forma. O cardápio é apenas uma ferramenta à qual você pode recorrer para ajudá-lo nesse novo estilo de vida.

Quando a geladeira e a despensa estiverem repletas desses alimentos deliciosos, você se sentirá menos tentado a voltar aos hábitos antigos. Prepare imediatamente uma receita de Bolinhas de alegria (pp. 128-9) e deixe-as por perto, para quando precisar de doce, e reserve um tempo para realmente saborear as refeições da noite, fazendo com que o novo modo de jantar se sobreponha a qualquer desejo por um cachorro-quente. No cardápio acima, escolhi alguns de meus pratos preferidos deste livro, mas você pode substituí-los por receitas mais simples se não tiver muita experiência na cozinha ou se não se arriscou muito com as escolhas alimentares no passado. Assim, você acostuma o paladar a essa nova maneira de comer, e não haverá um choque na sua rotina.

COMENDO FORA

Sua cozinha está abastecida, mas, e quando você estiver fora de casa? Uma substituição óbvia é usar leite de soja no café com leite, porém minha dica mais importante é: esteja sempre preparado. Pode ser uma porção das Bolinhas de alegria ou um pacotinho de nozes, mas nunca saia de casa sem provisões. Pode parecer exagero, mas você vai me agradecer mais tarde, depois de perambular por horas em busca de um lanche apropriado e se lembrar daquele petisco no fundo da bolsa. Também gosto de carregar saquinhos de chá herbal, só para me prevenir.

Se você já é vegano, sem dúvida conhece as ciladas de comer fora. Mas também sabe que o cenário está melhorando e que os restaurantes em geral já oferecem cada vez mais opções. Se o lugar tiver um cardápio vegano, comemore. Caso contrário, não se desespere. Quase sempre haverá algo permitido. Fazer perguntas passa a ser parte da refeição e, mesmo que possa parecer constrangedor no começo, depois de um mês você vai tirar de letra.

Entradas e sobremesas são, geralmente, os pratos mais complicados, mas sopas e sorbets muitas vezes são boas escolhas. Obviamente, pergunte se contêm laticínios – algumas casas gostam de colocar clara de ovo no sorbet, e todos sabemos que sopas podem conter manteiga e creme de leite. Se estiver em um restaurante italiano, bruschetta ou minestrone são muitas vezes opções de entrada, desde que não tenham sido "incrementados" com pesto ou bacon, por exemplo. Pizzas também são escolhas acertadas. Prefira recheios com ingredientes apropriados, peça para não colocarem queijo (mas para caprichar no molho), e, pronto, você está diante de uma bela refeição – sabia que, na Itália, muitos lugares não colocam queijo na pizza? Veja, você nem está perdendo nada. Outro plano B que sempre tenho quando como fora são as massas com molho arrabiata. De novo, basta fazer algumas perguntas diretas para saber se é mesmo "vegan friendly".

Culinárias diferentes apresentam problemas diferentes, principalmente no que diz respeito ao prato principal. Acho a comida britânica mais problemática, pois é muito centrada em carnes. Ainda que haja algo vegetariano no cardápio, muitas vezes carrega no queijo. Mesmo assim, descobri que sempre consigo adaptar alguma coisa, como batata assada com leguminosas ou salada, e sempre peço uma porção de vegetais mistos (desde que não sejam refogados em manteiga). Por sorte, muitos lugares começam a expandir seu repertório, e frequentemente descubro bons chilis vegetarianos (mas antes pergunte se não são finalizados com sour cream). Uma grande tigela de chili com uma fatia de pão já me faz feliz.

Se quero um jantar mais sofisticado, entretanto, costumo ir a restaurantes indianos, chineses ou tailandeses. Muitos dos pratos já são veganos e quase não consigo escolher diante de tantas opções. De curry massaman a macarrão de arroz com vegetais, de tofu frito a masala dosa recheada com batata, cebola e especiarias, a lista vai longe – existe um verdadeiro banquete vegano, desde que você saiba onde procurar.

Também é preciso ficar de olho em ingredientes menos óbvios. Por exemplo: pergunte se a sopa contém caldo de legumes – alguns lugares, espantosamente, usam caldo de galinha –, então é importante conferir. Pergunte, ainda, se o molho da salada tem mel ou ovo (usado, algumas vezes, para emulsificar a receita). Se você (ou eles) não tem certeza, simplesmente peça azeite e vinagre balsâmico para temperar a salada.

Eu sei. Tudo parece muito trabalhoso e não vou disfarçar isso, porque no começo é mesmo. Como já disse, porém, depois do período inicial de ajuste, todas essas perguntas surgem naturalmente, e seu cérebro entra em um piloto automático vegano. Em minha opinião, não é preciso se estressar muito com os detalhes. Porque, a não ser que você esteja na cozinha garantindo que o chef (1) use uma superfície exclusiva para preparar sua comida e (2) e não utilize produtos animais que de outra maneira estariam no prato, você nunca estará 100% seguro do que entrou na receita – a não ser que coma em um restaurante vegano, e esses, infelizmente, são raros. Algumas vezes você precisa fazer vista grossa, a não ser que queira passar o tempo todo rejeitando pratos de deliciosa comida "vegana" porque um ovo passou a 10 centímetros dele.

Certa vez, me serviram um wrap vegano que veio com uma porção de coleslaw – que eu não havia pedido. Certamente foi um descuido do restaurante, porque eu havia dito que era vegana, mas fiquei feliz em separar a pequena quantidade de maionese à vista e comer tudo. Podia ter mandado o prato de volta (e algumas vezes faço isso), mas detesto pensar em um delicioso wrap vegano sendo jogado no lixo só porque havia um pouco de maionese. Foi o que escolhi fazer, e pode ser que você tivesse agido de outra forma – sem dúvida, as duas atitudes são válidas. O que quero dizer é: não se preocupe com coisas pequenas e vá em frente.

SOBRE OS SÍMBOLOS UTILIZADOS NESTE LIVRO
No livro há dois símbolos que indicam quando uma receita é crua e/ou sem glúten.

SEM GLÚTEN   CRU

O QUE DIZER ÀS PESSOAS?

Já ouviu a seguinte piada?
– *Como saber se há um vegano na sala?*
– *Não se preocupe, ele vai se manifestar.*
Hã-hã. Nós temos sido criticados ao longo dos anos por fazer – como dizer? – certo alarde a respeito de nosso estilo de vida.

O "público em geral" provavelmente pensa, de maneira errada, que gostamos de gritar "sou vegano!" a plenos pulmões – e, como se você não tivesse ouvido, completar com "não como, não visto e não consumo nenhum tipo de produto animal!". como eu disse, nossa imagem coletiva ficou arranhada. Mas eu não sou de ficar discursando nem gosto de falar a respeito do meu veganismo, então dá para dizer que meu comportamento é o oposto do que é considerado vegano "típico" ("estereotipado", para ser mais exata). Na verdade, morro de vergonha quando minha mãe sente necessidade de dizer para todos os convidados: minha filha é vegana. Tenho, portanto, uma porta-voz para gritar por mim. Dá menos trabalho, imagino.

Brincadeiras à parte, você escolhe o que dizer às pessoas – mas eis algumas dicas sobre o que aprendi ao longo do caminho e que podem ser úteis. Você pode discordar de algumas táticas (gentis), mas meu jeito de lidar com as coisas é sempre me colocar no lugar da outra pessoa – e me lembrar dos dias em que eu ainda não era vegana. Veja algumas considerações.

Não toque no assunto porque, muitas vezes, o tema nem iria aparecer naturalmente na conversa. Falo por experiência: reuniões sociais existem para serem curtidas, não para empurrar seu ponto de vista sobre os bobões desavisados. A chance de você "converter" seu interlocutor é pequena, e ele provavelmente vai embora pensando: "Cara, esses veganos são uns chatos", o que só confirma a noção preestabelecida que ele possa ter. Claro que existem ocasiões para falar sobre o veganismo, mas pense bem a respeito porque o momento é tudo. E ninguém quer ser aporrinhado com os detalhes de sua alimentação baseada em plantas depois de algumas cervejas. Acredite em mim.

Quando sair para jantar com os amigos, pode haver um momento desconfortável quando você diz ao garçom que é vegano e pede a lista das opções disponíveis. Isso nunca é muito agradável, mas vai ficando mais fácil com o tempo. No começo de minha jornada, sair para jantar era doloroso, porque a mesa inteira se virava ao mesmo tempo para perguntar: "Você é vegana?". A coisa mais educada a fazer é concordar com a cabeça e rezar para que seja suficiente, mas em geral as perguntas logo começam. Ah, as perguntas – elas parecem não terminar nunca; algumas vezes são curiosas, de vez em quando, horrorizadas, mas sempre na defensiva. Acho que já aguentei todas as reações possíveis a meu status vegano, então gosto de pensar que sei uma coisa ou outra sobre como lidar com isso. Veja o que eu faço.

Sei que é muito fácil para mim dizer "não se estresse", mas é isso mesmo o que você deve fazer. Caso contrário, vai passar os dias se irritando com a opinião dos outros a respeito de suas escolhas. Entendo que você possa querer contar cada história de horror que conheça sobre matadouros, mas acredite quando digo que isso só vai tornar pior uma situação que já é desconfortável. Se optar pelo caminho do "choque", ninguém vai sair da conversa mais feliz, para dizer o mínimo. É mais provável que você vá embora se sentindo frustrado, desprezado e aviltado, porque o confronto, para ser sincera, é um aborrecimento. Existem lugares para ter essa discussão, é claro, mas um jantar entre amigos não é um deles.

Por outro lado, ser apaixonado pelo assunto é ótimo. Ao conhecer bem o tema, você pode apresentar calmamente alguns fatos, caso o interrogatório seja grande, falando em um tom tranquilo que demonstre controle sobre a situação. Também gosto de explicar que não me ofendo com estilos de vida não veganos e que, uma vez que não faço julgamento sobre eles, gostaria que não me julgassem também.

Em outras ocasiões, eu realmente não estou a fim de falar sobre o veganismo. Eu sou mais do que meus hábitos alimentares, então por que não podemos conversar sobre música e filmes? Sou um ser humano e às vezes tudo o que eu quero é tirar os sapatos, pegar uma taça de vinho (vegano) e relaxar. Nessas horas, apelo para o humor. Ser brincalhão, desviar o assunto e assumir uma postura despreocupada ajuda a tirar o peso dos mitos veganos e afasta os inquisidores. Já tive até a coragem, certa vez, de dizer: "Não estou a fim de falar sobre veganismo agora". Vá direto ao ponto e aproveite o restante da noite sem ter que aguentar a Inquisição Espanhola ou comentários fúteis.

Obviamente, ser vegana faz parte de quem eu sou, mas não é tudo. Não deixe que o veganismo defina quem você é, pois isso poderá consumir sua vida. As pessoas em geral consideram o veganismo um culto religioso e, algumas vezes, é fácil perceber o motivo quando você leva em conta o processo – nos tornamos "iluminados" (entra o coro de anjos) e então "queremos espalhar a mensagem" ("Você sabe do que é feito esse nugget?"). E eu entendo isso. Eu estava muito comprometida quando decidi abraçar o veganismo. Mal podia esperar para dizer aos outros sobre a "verdade" que havia descoberto. Era como se eu tivesse encontrado a resposta para os problemas do mundo. Quando olho para trás, vejo que, embora minhas intenções fossem boas, provavelmente exagerei. De qualquer forma, meu conselho não é "nunca fale sobre seu veganismo", mas considere cada situação e pessoa de forma individual. Se for um curioso de verdade, a conversa pode ser produtiva. Mas se você for confrontado por alguém que quer apenas encontrar falhas em seu modo de vida, ignore. É nisso que acredito.

Mesmo que você ache fácil explicar o veganismo a seus amigos, pode descobrir que em família é mais difícil. Quer saber por quê? Dizer que você agora é vegano equivale a falar para seus pais que foi criado do jeito errado, que foi mal alimentado e que eles falharam. Eles podem encarar como desfeita e, por mais que você tente amenizar, ficar ofendidos. É uma reação natural, então espere por uma série de caretas, bufadas e comentários do tipo "é só uma fase".

Aqui entra a paciência. É um ajuste – para você e para sua família. Sim, pode haver um monte de perguntas, mas não se aborreça e, se for pressionado, simplesmente exponha seu ponto de vista de um jeito calmo e razoável. Dê o exemplo e se ofereça para preparar um jantar, para que eles vejam como a comida vegana pode ser deliciosa. É sua oportunidade de incluir o veganismo na família em vez de torná-lo um divisor. Não deixe que as conversas durante as refeições fiquem centradas no veganismo. Na verdade, quanto menos falar sobre comida à mesa, melhor. Para mim, a hora do jantar é um momento para contar como foi o dia, não para "converter" alguém. Mantenha o clima informal e relaxado – quanto menos seus familiares se preocuparem com a sua decisão, mais serão capazes de vê-la com bons olhos. E, quem sabe, no momento em que perceberem o quão bem você está indo (isso vai acontecer), eles podem até dar uma chance a si mesmos.

Se você, por acaso, for pai ou mãe e estiver tentando ajustar o estilo de vida da família, pode ser mais complicado. Dependendo da idade de seus filhos e de quanto sua cara-metade está disposta a ajudar, há diversas estratégias. De novo, eu evitaria fazer um aviso durante as refeições. Talvez puxar o assunto em um momento que não envolva comida e explicar que, em sua opinião, a família se beneficiará quando "veganizar" a cozinha, dando algumas razões – como saúde, bem-estar, meio ambiente. Se as crianças forem mais novas, não vão entender nada e encarar você com o olhar perplexo. Nesse caso, use a estratégia número 2: não fale nada. Providencie as mudanças necessárias na cozinha sem fazer alarde e veja se percebem. Depois de várias refeições, diga que comeram pratos veganos esse tempo todo e introduza o assunto. Meu próprio avô elogia demais o chá que eu faço (e, quando se trata de chá, é difícil agradar a ele) e eu nunca lhe disse que completo a bebida com leite de soja sem açúcar.

Ainda bem que existem livros infantis que ajudam a explicar o que o veganismo realmente significa. Encomende pela internet ou pergunte na livraria mais próxima. Não tenha receio de procurar outras famílias veganas perto de você. Isso é fundamental para que seus filhos não sintam que estão sozinhos ou que são "diferentes" do resto do mundo. Lidar com a escola é delicado e precisa de cuidados, então não faça estardalhaço. Informe o professor e, se o colégio não oferecer nada vegano, coloque uma caixinha de leite vegetal e um petisco vegano na lancheira.

É fundamental não forçar a criança a fazer algo que a deixe irritada ou desconfortável. Só você pode estabelecer os limites, mas abrir mão do controle em alguns casos extremos talvez não seja ruim – no aniversário de um colega, por exemplo. Afinal, dizer a uma criança que ela não pode comer algo só faz com que deseje aquilo ainda mais. Negar uma fatia de queijo em uma festinha pode causar mais problemas depois. Limitar o estilo de vida vegano à sua casa e organizar aniversários veganos sensacionais faz mais por seu filho do que tirar um sanduíche de atum do prato dele. Em longo prazo, ele pode muito bem escolher uma alimentação baseada em vegetais, mas talvez isso não aconteça se você forçá-lo.

Acima de tudo, acredito firmemente que convencer as pessoas com comida é a melhor maneira de fazer com que elas embarquem nessa jornada – e continuem nela. Abrace a causa e, em vez de forçar a vovó a ouvir verdades terríveis sobre o confinamento das galinhas, deixe que as receitas vegetais deliciosas falem por si. Porque se tem uma coisa que não pode ser questionada é a comida saborosa e saudável. O resto, como se diz, é com você. Boa sorte!

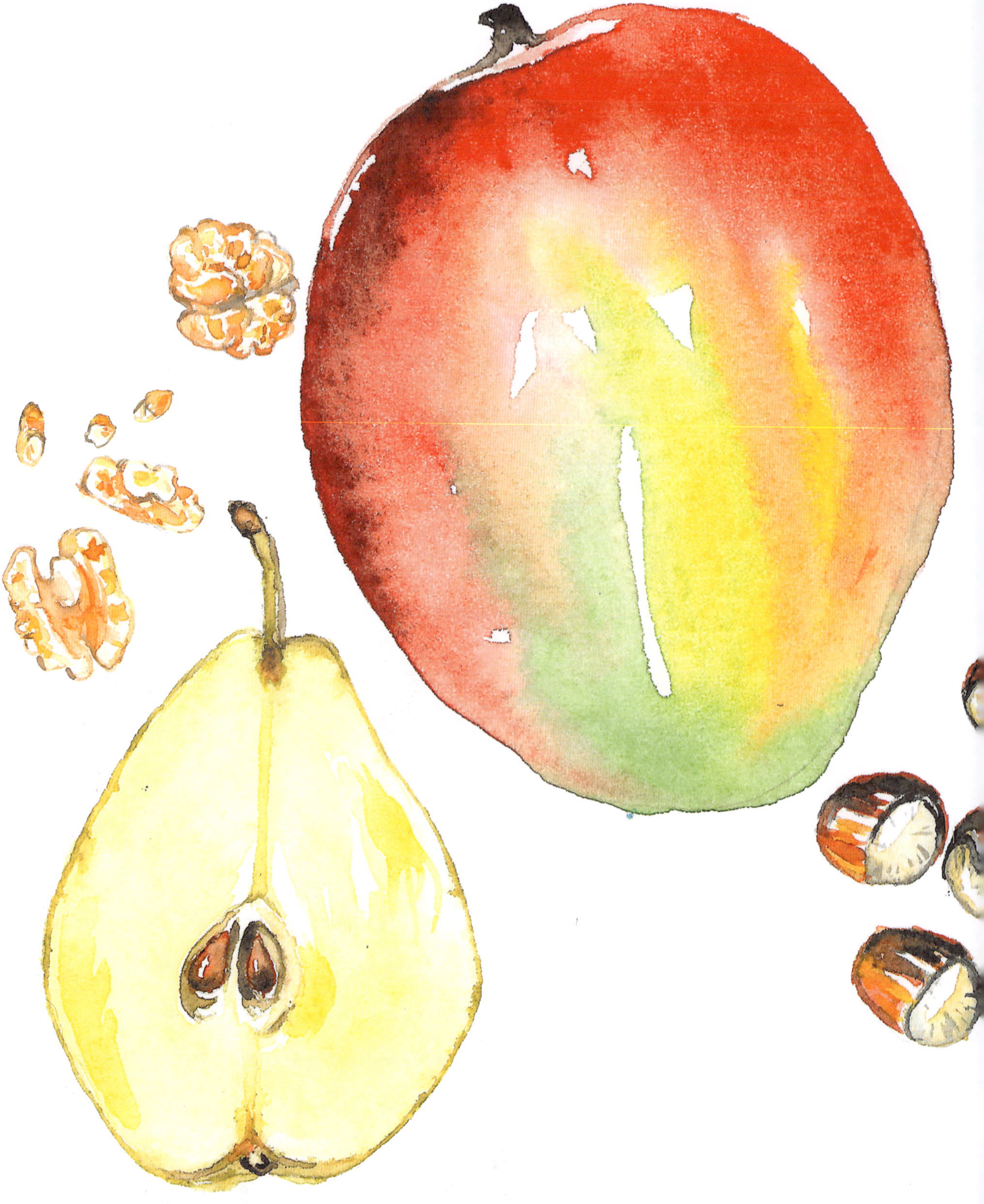

CAFÉ DA MANHÃ
SMOOTHIE DE BETERRABA E BANANA
SUCOS SEM CENTRÍFUGA
SMOOTHIE DE COCO, MANGA E ESPINAFRE NA TIGELA
LEITE VEGETAL
MINGAU DE AVEIA DE VÉSPERA
PARFAIT DE CHAI E CHIA
GRANOLA DE FIGO E GRAPEFRUIT
MAÇÃ ASSADA COM CREME DE AMÊNDOA
POLENTA COM AMEIXA ASSADA E ÁGUA DE ROSAS
WAFFLE GRELHADO DE TRIGO-SARRACENO
BARRINHA DE GRANOLA SEM FORNO
MUFFIN DE TRIGO-SARRACENO
GELEIA SIMPLES DE CHIA
PASTA DE COCO
PÃO INTEGRAL FÁCIL
FEIJÃO INCREMENTADO
CREPE INDIANO SALGADO

SEM GLÚTEN

SMOOTHIE DE BETERRABA E BANANA

Sou muito exigente quando se trata de smoothies, em especial se levam beterraba. A cor viva e os benefícios dessa raiz para a pressão arterial são inegáveis, mas ela pode deixar um sabor "estranho" na bebida – equilíbrio, portanto, é fundamental. Felizmente, tenho o prazer de dizer que essa receita tem a proporção perfeita. Denso como milk-shake, esse smoothie vai mudar tudo o que você sempre pensou (para o bem ou para o mal) sobre beterraba em bebidas. Se ainda não se convenceu disso, deixe para julgar depois de experimentar essa delícia cor de púrpura. Tenho certeza de que não ficará desapontado. **Rende 1-2 porções**

1 banana
50 g de beterraba descascada depois de cozida
2 tâmaras sem caroço
180 ml de Leite vegetal (p. 28), de preferência de castanha-de-caju
1 colher (chá) cheia de maca peruana em pó
cubos de gelo (opcional)

Bata tudo no liquidificador até ficar homogêneo; raspando os lados da jarra de vez em quando. Sirva em um copo alto com canudinho.

NOTA: A maca é uma raiz cultivada no Peru e vendida em pó. Tem um sabor levemente maltado (perfeito para incrementar bebidas veganas) e uma imensa variedade de nutrientes, como cálcio, zinco, ferro e as vitaminas do complexo B tão difíceis de obter.

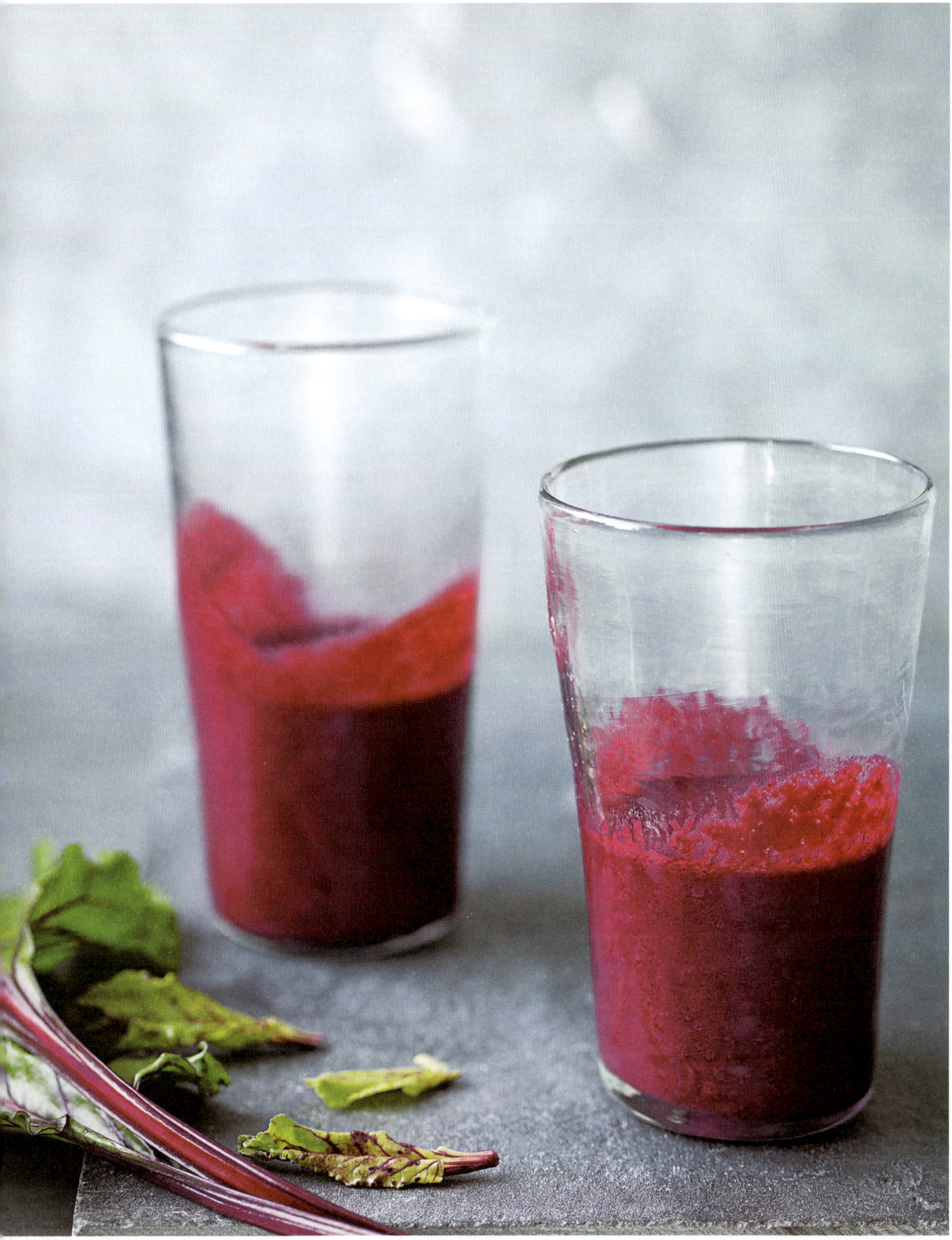

SEM GLÚTEN | CRU

SUCOS SEM CENTRÍFUGA

Não tem uma centrífuga em casa? Sem problema. Pegue um saquinho de voal para fazer leite vegetal ou um pedaço de musselina e esprema, esprema, esprema. Em meus sucos, tendo a caprichar nos vegetais e apostar no mínimo de doçura necessário. São muito refrescantes, especialmente no café da manhã – de tão revigorantes, dão aquele gás de que a maioria de nós precisa logo cedo. A melhor coisa a respeito dessas receitas é o equilíbrio. Mesmo que torça o nariz diante de um suco com espinafre, essas misturas sutis podem fazer com que você mude de ideia. Sinta-se à vontade para experimentar e encontrar sua combinação preferida. Rende 1-2 porções, cada

ENERGIA VERDE

1 talo de aipo picado grosseiramente
⅓ de pepino descascado e picado
um punhado de espinafre
½ maçã picada
polpa e sementes de 1 maracujá
1 colher (sopa) de proteína de cânhamo [nota p. 10] (opcional)
400 ml de água filtrada

PERNALONGA

2 cenouras picadas grosseiramente
1 maçã picada
2,5-3 cm de gengibre fresco descascado
500 ml de água filtrada

BLOODY MARY VIRGEM

6 tomates-cereja
1 talo pequeno de aipo picado grosseiramente
½ pimenta-malagueta sem sementes
½ limão-siciliano descascado
pimenta-do-reino moída na hora
200 ml de água filtrada

Coloque todos os ingredientes da receita escolhida em um liquidificador possante e bata até ficar homogêneo. Transfira para um saquinho de voal e esprema sobre uma jarra. Sirva imediatamente.

DICA: Não jogue fora a polpa que ficar no saquinho. Guarde para produtos de beleza caseiros, molhos, sopas e docinhos – nada é desperdiçado aqui.

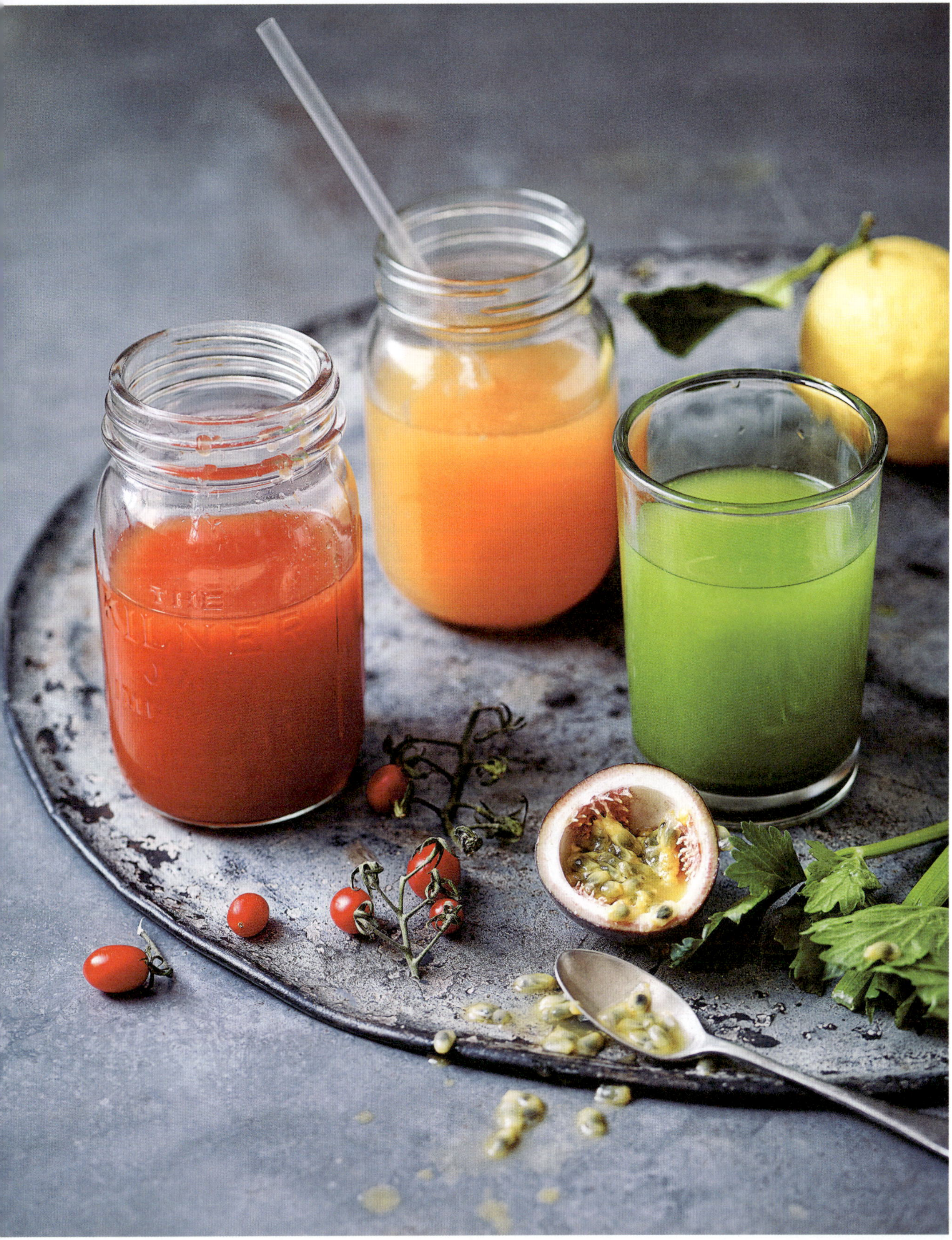
THE

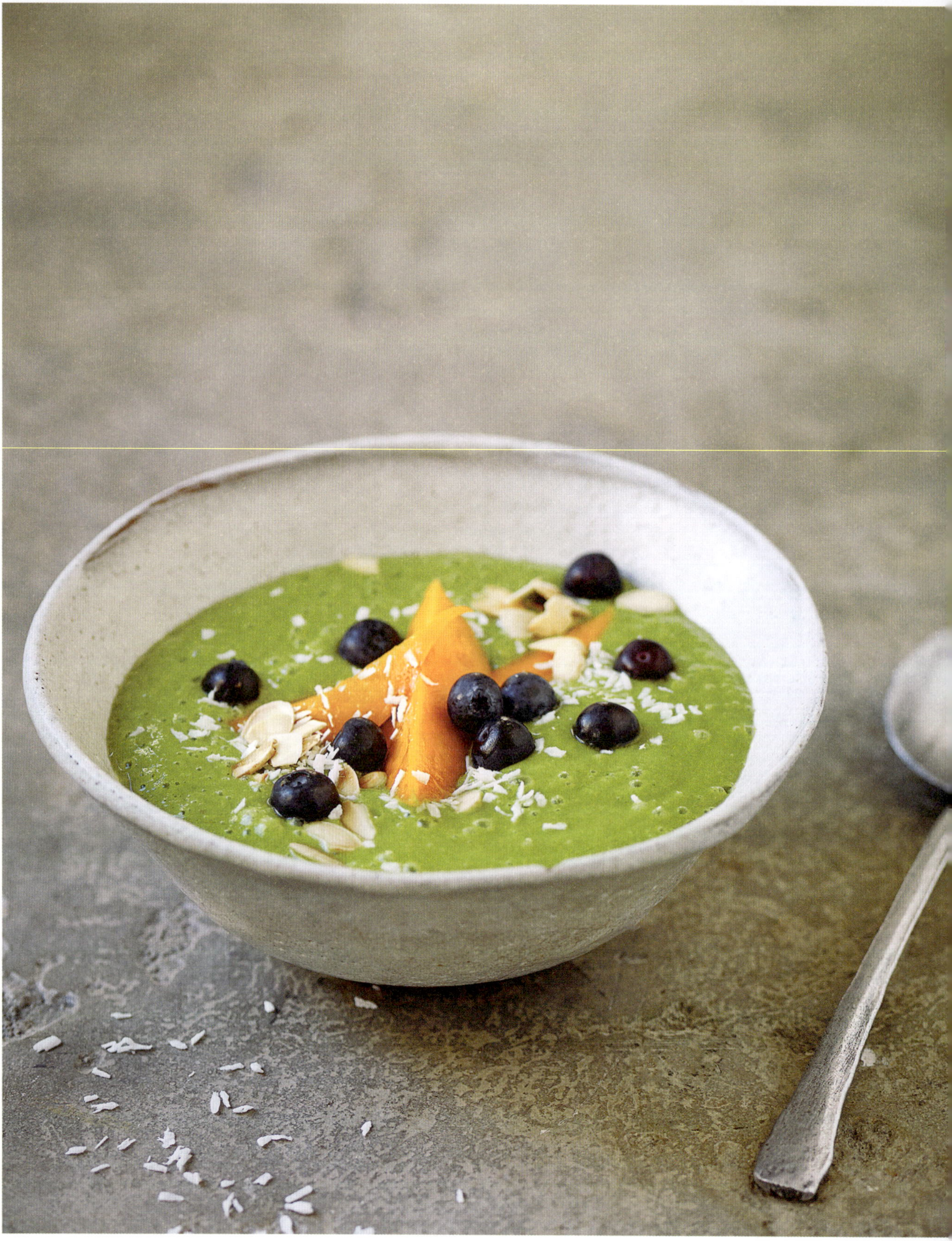

SEM GLÚTEN · **CRU**

SMOOTHIE DE COCO, MANGA E ESPINAFRE NA TIGELA

Smoothie servido na tigela virou moda em vários lugares. Sua textura é mais densa e as coberturas lhe dão uma aparência bonita. Se você está se aventurando nos smoothies verdes, essa pode ser a melhor receita para começar, principalmente porque nela não dá para sentir o sabor do espinafre – é possível obter todos os benefícios sem ficar com aquele retrogosto. E, depois de um desses, você vai esbanjar ânimo e se sentir muito bem disposto. Esse smoothie tem gorduras benéficas, como óleo e iogurte de coco, que em longo prazo ajudam a perder peso (são conhecidas por diminuir a fome e aumentar os níveis de energia). Logo você será fisgado pelas propriedades naturais que o farão resplandecer de dentro para fora. Troque o canudinho por uma colher e aproveite. **Rende 1-2 porções**

---

200 g de pedaços de manga congelados
½ avocado maduro
2 colheres (sopa) cheias de iogurte de coco*
1 colher (chá) cheia de óleo de coco
2 tâmaras sem caroço
50 g de folhas de espinafre
suco de ½ limão
1 colher (chá) de espirulina, clorela ou proteína de cânhamo [nota p. 10]
100 ml de Leite vegetal (p. 28)
mirtilo, manga, amêndoa em lascas e coco ralado, para servir

* Para o iogurte de coco vegano, dissolva 1 colher (sopa) de ágar-ágar em 500 ml de leite de coco a 60°C. Cozinhe por cerca de 10 minutos. Retire do fogo e espere amornar. Misture uma cápsula de probiótico e ao leite morno. Coloque o iogurte em um vidro esterilizado e deixe descansar por 10 horas em temperatura ambiente. Conserve na geladeira por 10 dias.

1. Coloque a manga, o avocado, o iogurte, o óleo de coco, a tâmara, o espinafre, o suco de limão, a espirulina e o leite vegetal de sua preferência no processador ou liquidificador.
2. Bata até ficar homogêneo. Sirva em uma tigela rasa com um punhado de mirtilo e a manga fresca e finalize com amêndoa em lascas e coco ralado.

DOCINHO DE
MASSA DE COOKIE

CASTANHA-DE-CAJU
E MAPLE SYRUP

DOCINHO DE TORTA
DE MAÇÃ

LEITES VEGETAIS

O leite vegetal é uma das bases da cozinha vegana, então vale muito a pena investir em um saquinho de voal. É barato e você vai usá-lo o tempo todo, principalmente quando perceber como é fácil e econômico fazer seu próprio leite vegetal. A proporção que costumo usar é uma parte de oleaginosas/aveia para duas de água. Rende um leite sedoso que não é muito denso nem muito ralo e que pode ser conservado em geladeira. Gosto de hidratar as oleaginosas por pelo menos 6 horas ou, de preferência, por toda a noite. Isso deixa o líquido mais cremoso. Se não tiver tempo, porém, faça sem hidratar mesmo. Não jogue fora a polpa preciosa. Guarde-a para usar em cosméticos caseiros (a aveia rende um esfoliante facial muito bom, p. 165) ou em docinhos. Nas páginas seguintes, dou alguns exemplos de como "incrementar" o leite e deixar os doces ainda mais deliciosos. Arregace as mangas e comece a trabalhar.

AMÊNDOA
E BAUNILHA

AVELÃ E CACAU

AVEIA E CANELA

LEITE VEGETAL

CRU · SEM GLÚTEN

Rende 2-4 porções (cerca de 500 ml)

- 1 xícara (chá) de oleaginosas hidratadas (amêndoa, castanha-de-caju, avelã ou pistache) ou aveia hidratada (cerca de 110 g cada)
- 2 xícaras (chá) de água filtrada (cerca de 500 ml)

1. Coloque as oleaginosas ou a aveia no liquidificador. Junte a água e bata até ficar leitoso. Se usar aveia, não bata demais para não comprometer a textura.

2. Passe por uma peneira ou coloque em um saquinho de voal, sobre uma jarra, e esprema todo o líquido. Reserve a polpa para fazer os docinhos ao lado. O leite fica melhor fresco, mas pode ser conservado em geladeira por 3-4 dias.

LEITES INCREMENTADOS

Na maior parte do tempo, gosto de manter as coisas simples. Mas, de vez em quando, é bom mudar um pouco. Eis algumas de minhas combinações preferidas.

AMÊNDOA E BAUNILHA
Raspe as sementes de uma fava de baunilha e junte ao leite de amêndoa antes de bater e coar (ou o líquido ficará com pontinhos pretos). Se quiser, adoce com um toque de xarope de agave ou maple syrup, mas fica delicioso de qualquer jeito.

CASTANHA-DE-CAJU E MAPLE SYRUP
Junte 2 colheres (sopa) de maple syrup ao leite de castanha-de-caju já batido e coado. Bata rapidamente no liquidificador e sirva com gelo.

AVEIA E CANELA
Essa é uma de minhas combinações preferidas: o leite fica parecido com a orchata ao estilo mexicano. Acrescente a canela em pó – 1 colher (chá) cheia deve ser suficiente – antes de bater e adoçar com xarope de agave a gosto. Se preferir, junte ½ pau de canela antes de bater e coar.

AVELÃ E CACAU
Uma combinação clássica que satisfaz aqueles desejos infantis latentes por leite achocolatado. Acrescente 2 colheres (sopa) de cacau em pó, 1 tâmara grande sem caroço, ou 1 colher (sopa) de xarope de agave, e uma pitada de sal. Bata no liquidificador e coe normalmente.

DOCINHOS ANTIDESPERDÍCIO

DOCINHO DE TORTA DE MAÇÃ
Misture a polpa de amêndoa a 1 maçã ralada (esprema para tirar o excesso de líquido), algumas tâmaras sem caroço e 1 colher (chá) de canela em pó. Bata no liquidificador até obter uma massa maleável, transfira para uma tábua de cozinha e modele bolinhas. Passe cada uma em canela em pó e leve à geladeira por pelo menos 1 hora, mas de preferência a noite toda.

DOCINHO DE MASSA DE COOKIE
Misture a polpa de castanha-de-caju e a polpa de aveia com ½ colher (sopa) de óleo de coco, 2 colheres (sopa) de maple syrup (ou xarope de agave) e 30 g de amêndoa moída. Bata no liquidificador até obter uma massa maleável. Transfira para uma tábua de cozinha e junte um punhado de gotas de chocolate vegano. Forme bolinhas e leve à geladeira por pelo menos 1 hora, mas de preferência a noite toda.

DOCINHO DE CREME DE AVELÃ
Bata a polpa de avelã com 1 colher (sopa) de cacau em pó, 3-4 tâmaras sem caroço e uma pitada generosa de sal, até ficar grudento. Transfira para uma tábua de cozinha, modele bolinhas, passe em cacau em pó e leve à geladeira por pelo menos 1 hora, mas de preferência, deixe durante toda a noite.

MINGAU DE AVEIA DE VÉSPERA

Essa é uma receita genérica que dá liberdade para você usar o/a recheio/cobertura/decoração que quiser. Hidrato uma boa quantidade de aveia no início da semana para o café da manhã dos três dias seguintes. Prefiro deixar a finalização para o próprio dia, mas é possível preparar tudo com antecedência. A proporção que uso para o mingau são partes iguais de aveia e leite. Assim, a aveia ficará suficientemente hidratada e depois, se desejar, você poderá acrescentar outro líquido. **Cada tigela rende 1 porção**

MINGAU "BOLO DE CENOURA"

25 g de aveia
60 ml de Leite vegetal (p. 28)
1 cenoura ralada finamente
1 colher (chá) de canela em pó
uma pitada de noz-moscada ralada na hora
suco de ½ laranja
½ colher (sopa) de maple syrup
1 colher (sopa) de nozes picadas
um punhado de uva-passa
½ colher (sopa) de linhaça moída*

Deixe a aveia de molho no leite vegetal durante a noite. No dia seguinte, junte a cenoura, a canela em pó e a noz-moscada. Misture e despeje o suco de laranja e o maple syrup. Incorpore as nozes e a uva-passa. Polvilhe com a linhaça moída e sirva.

* Para moer a linhaça, coloque as sementes no liquidificador e bata até obter a textura desejada.

TIGELA DE CHOCOLATE E AVELÃ

25 g de aveia
60 ml de Leite vegetal (p. 28)
1 colher (sopa) de cacau em pó
1 colher (sopa) cheia de pasta de amêndoa, amendoim, avelã ou castanha-de-caju
½ colher (sopa) de maple syrup
½ pera cortada em fatias
1 colher (sopa) de avelã picada grosseiramente

Deixe a aveia de molho no leite durante a noite. No dia seguinte, junte o cacau, a pasta de amêndoa e o maple syrup; misture. Sirva com as fatias de pera e a avelã.

DICA: Essa tigela também fica deliciosa se você acrescentar uma banana amassada.

MINGAU TROPICAL

25 g de aveia
60 ml de Leite vegetal (p. 28)
¼ de abacaxi pequeno
suco de ½ limão
½ colher (sopa) de xarope de agave
1 colher (sopa) cheia de manga picada
1 kiwi cortado em fatias
½ banana cortada em rodelas
coco ralado e tostado, para finalizar

Deixe a aveia de molho no leite durante a noite. No dia seguinte, bata o abacaxi no processador ou no liquidificador e junte-o à aveia com o suco de limão e o xarope de agave. Misture e sirva com a manga, o kiwi, a banana e um pouco de coco ralado.

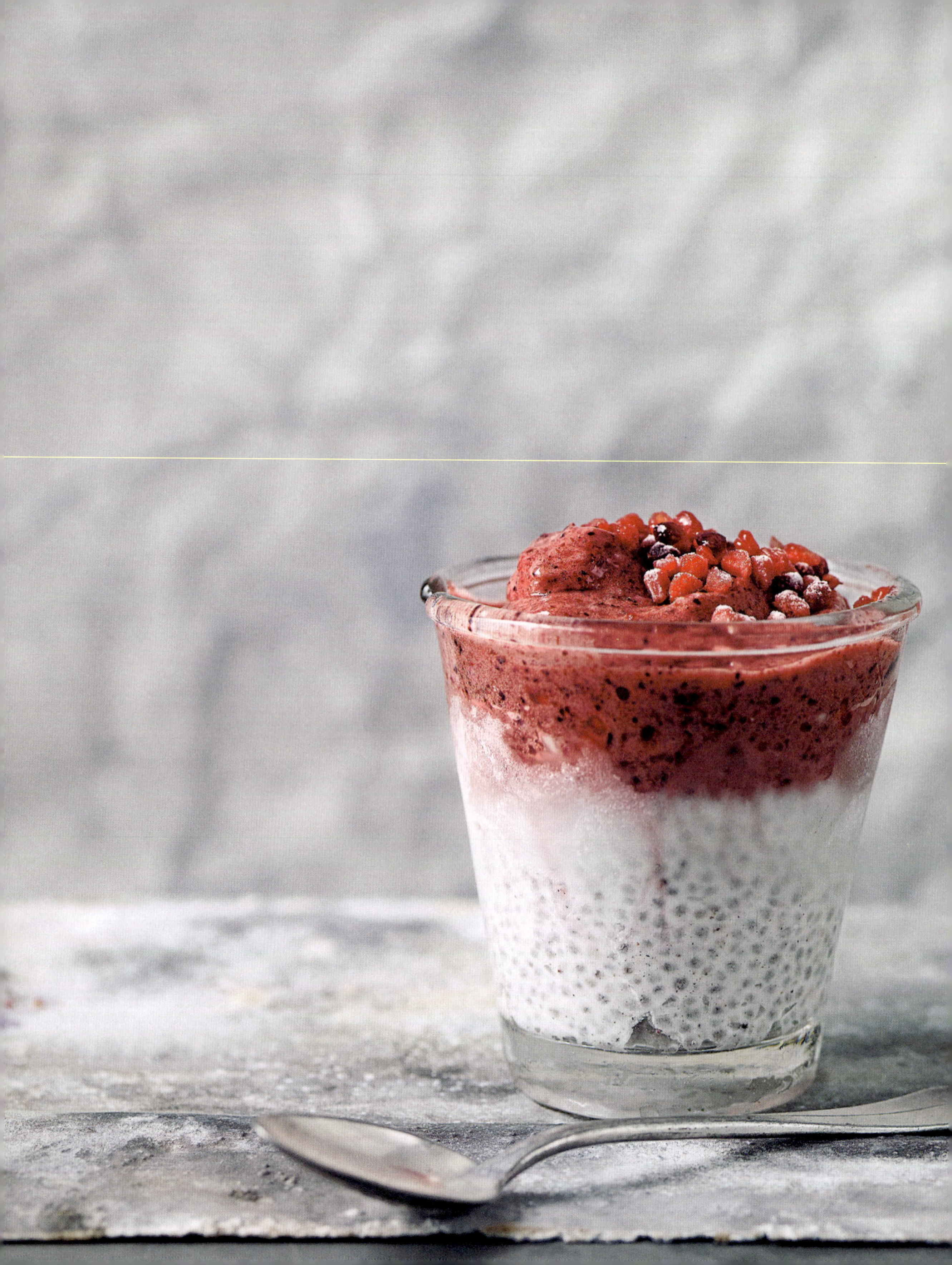

CRU
SEM GLÚTEN

PARFAIT DE CHAI E CHIA

Sementes de chia estão na moda, e não é difícil entender por quê. Por serem repletas de benefícios, que vão de ômega 3 a proteínas e fibras, encontram poucos rivais que se igualam a seu status de alimento altamente nutritivo. São perfeitas para começar o dia – em especial se estiverem dispostas em camadas com um purê de frutas que fica pronto em segundos. Sirva também como sobremesa. Rende 2 porções

2 bananas
240 ml de Leite vegetal (p. 28)
4 sementes de cardamomo moídas finamente
¼ de colher (chá) de canela em pó
uma pitada generosa de noz-moscada ralada na hora
1 colher (sopa) cheia de xarope de agave, mais 1 colher (sopa) para adoçar (opcional)
40 g de sementes de chia
75 g de frutas vermelhas congeladas, mais um pouco para servir

1. Pique as bananas em rodelas e leve ao freezer por 24 horas.
2. No liquidificador, bata o leite vegetal, o cardamomo, a canela em pó, a noz-moscada e o xarope de agave.
3. Junte as sementes de chia, misture e transfira para uma tigela. Cubra e deixe na geladeira durante a noite.
4. No dia seguinte, bata no processador ou no liquidificador as bananas, as frutas vermelhas e, se desejar, o xarope de agave, até ficar homogêneo e cremoso.
5. Coloque a chia em dois copos, cubra com o purê de frutas e finalize com as frutas vermelhas reservadas.

GRANOLA DE FIGO E GRAPEFRUIT

O açúcar é um ingrediente controverso, e com razão. Embora eu não tenha medo de usar um pouco do produto refinado de vez em quando, tento limitar ao máximo o consumo no dia a dia. Maple syrup e xarope de agave também são açúcares, mas, sob meu ponto de vista, as 4 colheres usadas nessa receita são bem distribuídas entre pelo menos oito porções de granola. E posso atestar que a quantidade é mínima para não prejudicar o sabor, a consistência crocante e a qualidade que tornam essa granola irresistível. Minha maneira favorita de servi-la é sobre iogurte de coco e gomos de grapefruit – 2 colheres de sopa cheias são suficientes. Essa combinação de cítrico com cítrico me ajuda a enfrentar o dia. Como você prefere a sua? Rende 8-10 porções

100 g de aveia
1 colher (chá) de gengibre em pó
raspas de 1 limão-siciliano
1 colher (sopa) de óleo de coco
suco de ½ grapefruit
4 colheres (sopa) de xarope de agave
  ou maple syrup
50 g de avelã
30 g de pistache
30 g de sementes mistas,
  como abóbora ou girassol
100 g de figo seco

1. Preaqueça o forno a 160°C.
2. Coloque a aveia, o gengibre e as raspas de limão-siciliano em uma assadeira, misture e toste por cerca de 10 minutos.
3. Enquanto isso, derreta o óleo de coco em uma panela pequena. Junte o suco de grapefruit e o xarope de agave; misture.
4. Reserve algumas avelãs e pistaches e triture o restante em um almofariz. Reserve. Triture as sementes mistas em um almofariz ou miniprocessador e pique o figo seco grosseiramente. Misture tudo com a aveia tostada.
5. Regue com o líquido, cobrindo tudo. Espalhe em uma assadeira grande e asse por 40-45 minutos, chacoalhando a cada 10 minutos para evitar que grude. Retire do forno e espere esfriar completamente antes de transferir para um vidro. A granola dura cerca de 15 dias.

MAÇÃ ASSADA COM CREME DE AMÊNDOA

Se você for como eu, gosta da possibilidade de mudar a rotina do café da manhã de vez em quando para deixar tudo mais interessante. Essas maçãs assadas são tão doces e deliciosas que cairiam bem até no fim de uma refeição. Sobremesa no café da manhã? Pode contar comigo.

Rende 2 porções

½ colher (sopa) de óleo de coco, mais um pouco para untar
2 maçãs
1 colher (sopa) de aveia
1 colher (sopa) de amêndoa moída
1 colher (sopa) de linhaça
um punhado de uva-passa
1 colher (chá) de canela em pó, mais um pouco para polvilhar
3 colheres (sopa) de maple syrup

PARA O CREME DE AMÊNDOA
100 g de amêndoa sem pele
300 ml de água filtrada, mais um pouco para hidratar
1 colher (chá) de extrato de baunilha
1 colher (sopa) de xarope de agave
sal

1. Para fazer o creme, hidrate a amêndoa: cubra-a com água filtrada e reserve por pelo menos 6 horas. Escorra, lave e reserve.
2. Preaqueça o forno a 180°C e unte uma assadeira com um pouco de óleo de coco.
3. Corte e reserve o topo das maçãs. Com uma colher, retire a maior parte da polpa, deixando o suficiente perto da casca para a fruta manter a forma enquanto assa. Reserve a polpa para usar em smoothies.
4. Em uma tigela, misture a aveia, a amêndoa moída, a linhaça, o óleo de coco, a uva-passa e a canela, até obter uma farofa grosseira. Recheie as maçãs e leve à assadeira. Cubra com as tampas reservadas, regue com o maple syrup, polvilhe com um pouco de canela e asse por 45-50 minutos, até as frutas ficarem macias e a farofa dourar.
5. Enquanto a maçã estiver no forno, prepare o creme de amêndoa. Bata no processador a amêndoa hidratada, 300 ml de água filtrada, o extrato de baunilha, o xarope de agave e uma pitada de sal, até ficar cremoso e homogêneo – raspe as laterais da jarra diversas vezes para desfazer os grumos. Reserve na geladeira até a hora de servir.
6. Retire a maçã do forno e sirva quente com o creme de amêndoa.

SEM GLÚTEN

POLENTA COM AMEIXA ASSADA E ÁGUA DE ROSAS

Sei que não é comum associar polenta a um prato doce ou ao café da manhã, mas ela é uma excelente opção para quem está cansado de mingau. Adoço minha polenta com xarope de agave, mas você pode usar qualquer adoçante vegano. Se tiver tempo de preparar, a ameixa assada com água de rosas é um acompanhamento excelente. Junte algumas sementes moídas, regue com um pouco de xarope de ameixa, ou acrescente mais um pouco de leite vegetal, e pronto. O café da manhã perfeito está à sua espera. Rende 2-3 porções

400 ml de água filtrada
50 g de fubá
50 ml de Leite vegetal (p. 28)
2 colheres (sopa) de xarope de agave
1 colher (chá) de extrato de baunilha
pistache picado, para servir

PARA A AMEIXA

3 ameixas cortadas ao meio e sem caroço
½ colher (chá) de pimenta-da-jamaica
uma pitada de sumagre (opcional)
1 colher (sopa) de água de rosas
4 colheres (sopa) de xarope de agave
  ou maple syrup
1 colher (sopa) cheia de açúcar
  de palma ou mascavo
1 colher (sopa) de xarope de romã
2 anises-estrelados
1 pau de canela pequeno

1. Preaqueça o forno a 180°C. Coloque a ameixa em uma assadeira, com o lado cortado virado para cima. Distribua sobre ela a pimenta-da-jamaica, o sumagre, se desejar, a água de rosas, o xarope de agave, o açúcar de palma e o xarope de romã. Adicione o anis-estrelado e a canela e junte um pouco de água, para evitar que grude. Asse por 30 minutos, ou até a fruta ficar macia e caramelada. Deixe esfriar e leve à geladeira até a hora de servir.
2. Em uma panela, ferva a água e acrescente o fubá, mexendo sempre. Reduza o fogo para bem baixo e continue a mexer, até engrossar.
3. Junte o leite vegetal, o xarope de agave e o extrato de baunilha; mexa para incorporar. Cozinhe por alguns minutos até ficar denso e cremoso, mexendo de vez em quando para evitar que se formem grumos. Divida entre duas tigelas e cubra com a ameixa assada e o pistache picado.

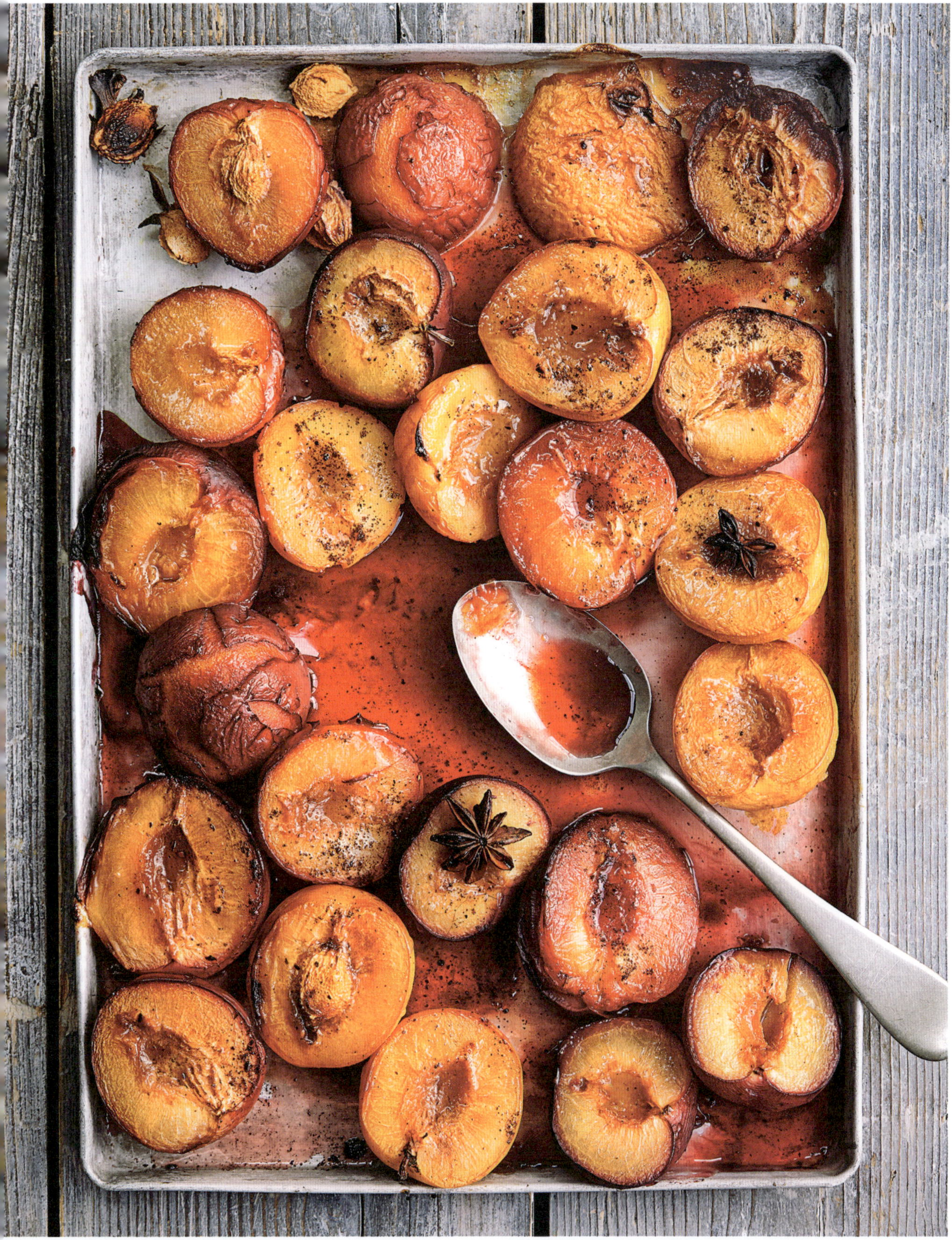

SEM GLÚTEN

WAFFLE GRELHADO DE TRIGO--SARRACENO

Das panquecas ao mingau de aveia, as receitas de café da manhã sempre foram minhas preferidas. Mas, como eu nunca quis comprar uma máquina de waffle (não sou muito ligada a aparelhos elétricos de cozinha), essa receita ficou fora de cogitação por um tempo. Isso mudou: agora preparo "waffles grelhados" deliciosos numa frigideira canelada. Aqui está o resultado sem glúten de meu trabalho incansável – se é que se pode chamar preparar e comer waffles de "trabalho". Mas não deixa de ser algo desbravador, caso você, como eu, não tenha uma máquina de waffle – e agora nem preciso de uma. Rende 2-3 porções (4-6 unidades, dependendo do tamanho)

DICA: A frigideira deve estar superlimpa para que a massa não grude.

* Confira a tabela nutricional na embalagem para saber se o fermento em pó é sem glúten.
** Para o creme de coco, bata com um mixer 1 xícara (chá) de leite de coco, 1½ colher (sopa) de óleo de coco, ½ colher (chá) de goma xantana ou goma guar e uma pitada de sal.

100 g de farinha de trigo-sarraceno
½ colher (chá) de fermento em pó (sem glúten)*
sal
125 ml de Leite vegetal (p. 28)
½ colher (sopa) de extrato de baunilha
2 colheres (sopa) de xarope de agave ou maple syrup
½ colher (sopa) de óleo de coco derretido, mais um pouco para grelhar

1. Em uma tigela grande, misture a farinha de trigo-sarraceno, o fermento em pó e uma pitada de sal.
2. Em outra vasilha, bata vigorosamente o leite vegetal, o extrato de baunilha, o xarope de agave e o óleo de coco até começar a espumar.
3. Faça uma cova na farinha, verta a mistura de leite e incorpore tudo delicadamente, sem mexer demais.
4. Aqueça a frigideira canelada em fogo médio, pincele-a generosamente com óleo de coco e despeje um quarto da massa – ela vai formar um círculo. No momento em que a superfície começar a criar bolhas e as bordas estiverem crocantes, passe a espátula por baixo do waffle para soltá-lo.
5. Depois de dourar, vire-o e pincele com um pouco mais de óleo de coco. Para que fique bem marcado e crocante, pressione o waffle com um prato.
6. Sirva quente, com um punhado de mirtilo e creme de coco** batido; regue com maple syrup.

BARRINHA DE GRANOLA SEM FORNO

Na cozinha, sou a favor de simplificar: quando algo se torna muito trabalhoso, procuro descobrir atalhos, desde que não comprometam a qualidade do prato. Nessa receita, o mais complicado era o tempo de forno, e foi por isso que resolvi pular essa parte e criar uma versão refrigerada que fica tão boa quanto a original – se não for melhor. Essas barrinhas são ideais para manhãs apressadas (ou lanchinhos durante a tarde) e combinam particularmente bem com uma xícara de chá quente.

Rende 10 unidades

DICA: Derreta gotas de chocolate amargo vegano e regue a massa com ele antes de cortar. Deixe na geladeira por mais 30 minutos antes de servir.

150 g de aveia
½ colher (sopa) de maca peruana em pó [nota p. 20] (opcional)
30 g de amêndoa picada grosseiramente
30 g de sementes de girassol
30 g de sementes de abóbora
30 g de uva-passa
2 tâmaras sem caroço e picadas
30 g de coco ralado
30 g de gotas de chocolate amargo vegano
1 banana madura
4 colheres (sopa) de óleo de coco derretido
3 colheres (sopa) de pasta de amendoim
2 colheres (sopa) de pasta de castanha-de-caju ou amêndoa
1 colher (chá) de extrato de baunilha
5 colheres (sopa) de xarope de agave
sal

1. Em uma tigela, misture todos os ingredientes secos e adicione uma pitada de sal.
2. Amasse a banana e junte o óleo de coco, as pastas de amendoim e castanha-de-caju, o extrato de baunilha e o xarope de agave; misture até ficar homogêneo. Acrescente os ingredientes secos e mexa para incorporar.
3. Forre uma assadeira com papel-manteiga e espalhe a massa, alisando com uma colher ou espátula. Leve à geladeira por pelo menos 1 hora. Corte em barras no sentido do comprimento e divida cada uma ao meio – você deve obter cerca de 10 unidades.

SEM GLÚTEN

MUFFIN DE TRIGO-SARRACENO

Organizar-se para o café da manhã pode deixar os dias menos estressantes. Esses muffins sem glúten são perfeitos para quem demora para se arrumar e não consegue preparar nada na hora. Adoçados com tâmaras, saciam e são nutritivos. A farinha integral de trigo-sarraceno ajuda a deixar essas belezinhas com a textura perfeita. Não há mais desculpa para pular o café da manhã. **Rende 6 unidades**

100 g de farinha de trigo-sarraceno
20 g de linhaça dourada moída, mais um pouco para polvilhar [nota p. 29]
20 g de amêndoa moída
10 g de sementes de chia, mais um pouco para polvilhar
¾ de colher (chá) de fermento em pó (sem glúten) [nota p. 36]
¼ de colher (chá) de bicarbonato de sódio
4 tâmaras sem caroço
1 colher (sopa) de maple syrup, mais um pouco para pincelar
1 banana
150 ml de Leite vegetal (p. 28)
1 colher (sopa) de nozes picadas
1 colher (sopa) de sementes de girassol, mais um pouco para polvilhar
um punhado de uva-passa

1. Preaqueça o forno a 180°C.
2. Em uma tigela grande, misture a farinha de trigo-sarraceno, a linhaça dourada, a amêndoa, a chia, o fermento em pó e o bicarbonato de sódio.
3. No processador ou no liquidificador, bata a tâmara e o maple syrup até obter uma pasta grossa.
4. Amasse a banana e junte a pasta de tâmara e o leite; mexa até ficar homogêneo.
5. Faça uma cova no centro da farinha e acrescente a massa de banana. Misture delicadamente, até incorporar. Adicione as nozes, as sementes de girassol e a uva-passa. Divida entre seis forminhas grandes de muffin e asse por 20 minutos.
6. Retire do forno e pincele o topo dos bolinhos ainda quentes com maple syrup. Em um almofariz, amasse um pouco de linhaça, chia e sementes de girassol; polvilhe os muffins com essa mistura. Sirva os bolinhos mornos ou guarde-os em um recipiente hermético. São mais gostosos frescos, mas podem ser mantidos por 2 dias.

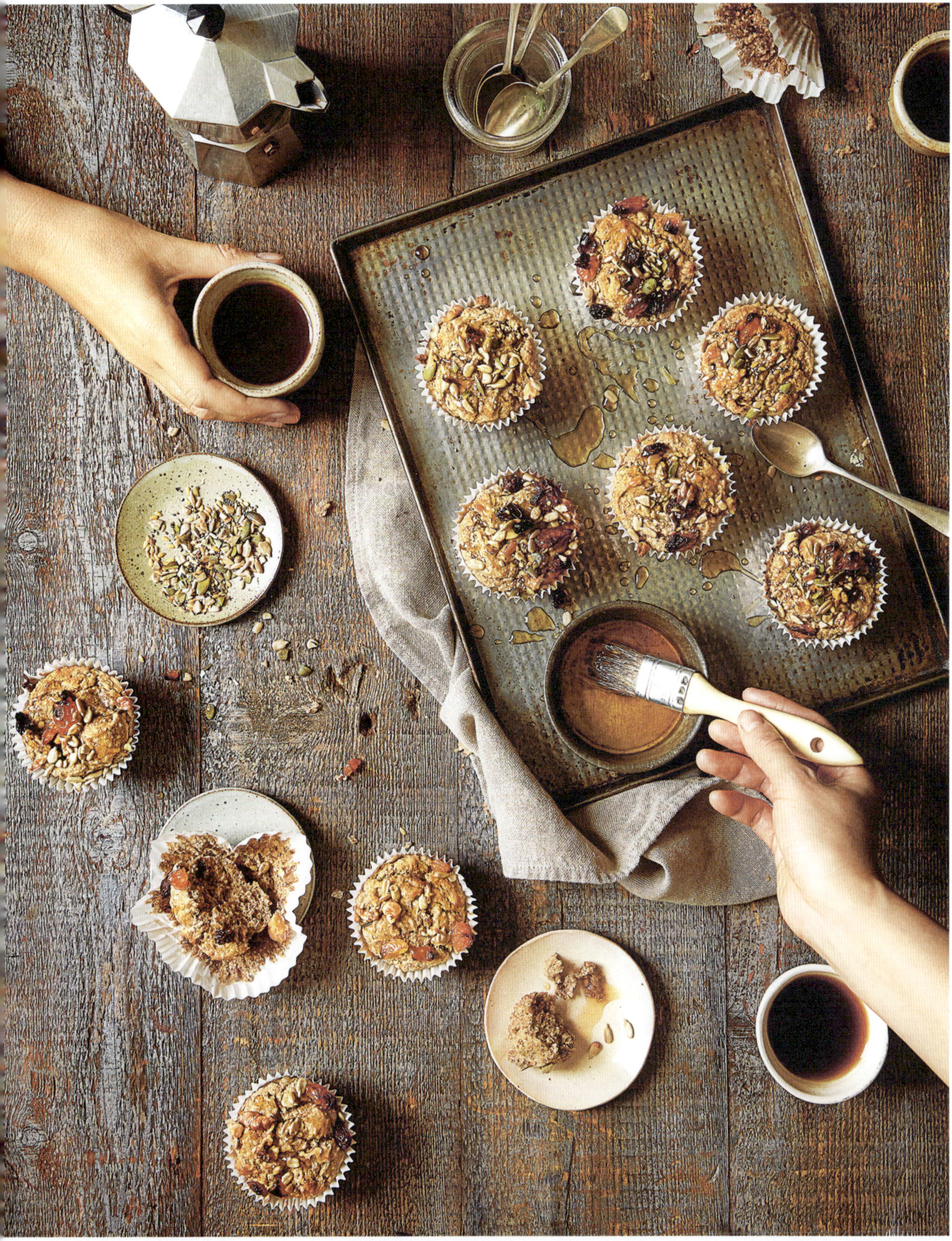

SEM GLÚTEN

GELEIA SIMPLES DE CHIA

Vamos falar a verdade: fazer geleia é cansativo. E já estraguei uma panela durante o processo – malditas amoras! Mas, quando comecei a testar essa alternativa feita com sementes de chia, foi como se eu tivesse encontrado o cálice sagrado das geleias. De tão vergonhosamente simples, fico até relutante em chamar de receita. Mas aqui está ela, em toda a sua glória, e com apenas 2 minutos de trabalho. Rende 6-8 porções

150 g de morango lavado e sem o cabinho
4 colheres (sopa) de xarope de agave ou maple syrup
1 colher (chá) de suco de limão-siciliano
1 colher (sopa) de extrato de baunilha
3 colheres (sopa) de sementes de chia

1. Em um liquidificador, bata o morango, o xarope de agave, o suco de limão-siciliano e a baunilha até obter um purê ralo. Passe por uma peneira.
2. Transfira para uma tigela, junte as sementes de chia e reserve na geladeira, para engrossar, por pelo menos 1 hora. Use para espalhar em torradas ou em sobremesas. Conserve por 5-7 dias na geladeira.

CRU
SEM GLÚTEN

PASTA DE COCO

Essa é, provavelmente, a receita mais fácil que você vai encontrar – o único senão é o tempo que demora para que o coco se transforme em uma pasta homogênea e cremosa. Arme-se de paciência e insista, pois ao final do processo você terá uma pasta encorpada para usos diversos. Sirva com torradas quentes, acrescente a smoothies, use para mergulhar frutas, como cobertura de cupcakes ou recheio de sobremesas cruas – prepare uma massa de nozes, recheie com pasta de coco e cubra com frutas frescas.

Rende 6-8 porções

200 g de polpa de coco fresco

Coloque a polpa de coco no processador ou liquidificador e bata por cerca de 10-15 minutos, até ficar homogêneo e pastoso. Raspe as laterais da jarra ou do copo de vez em quando. Transfira para um vidro esterilizado e mantenha em temperatura ambiente.

NOTA: O coco é muito sensível à temperatura, e a pasta pode voltar ao estado sólido quando armazenada. Se isso acontecer, coloque a embalagem em uma tigela com água morna até amolecer.

PÃO INTEGRAL FÁCIL

Não vou mentir: pão é fundamental na minha vida. Penso que não vale a pena existir em um mundo sem torradas. Talvez seja nostalgia, mas, para mim, o pão é a comida mais reconfortante que existe e deixa qualquer dia desastroso mais suportável. Mas preciso dizer que transformei os pães industrializados em meus inimigos. Repletos de conservantes, não satisfazem e me deixam inchada em vez de saciada. Aí é que entra essa receita integral e fácil. Ao contrário de outras, que demandam uma boa dose de atenção, essa só precisa ser sovada uma vez antes de ir ao forno, tarefa que até um cozinheiro amador consegue realizar. Melhor de tudo: rende ótimas torradas – e isso significa que o café da manhã está resolvido. **Rende 8-10 porções**

400 g de farinha de trigo integral
275 g de farinha de trigo, mais um pouco para polvilhar
sal
uma pitada de açúcar
7 g de fermento biológico seco instantâneo (cerca de 1½ colher de chá)
350 ml de água morna
2 colheres (sopa) de azeite ou margarina vegana
Leite vegetal, para pincelar (opcional, p. 28)

1. Em uma tigela grande, misture os dois tipos de farinha, uma pitada generosa de sal, o açúcar e o fermento biológico. Coloque a água morna em uma jarra medidora e acrescente o azeite.
2. Despeje metade do líquido sobre os ingredientes secos e mexa, para formar uma bola. Junte o restante aos poucos. Pare assim que estiver consistente. Se ficar muito úmida, ponha mais farinha.
3. Polvilhe a superfície de trabalho com farinha. Sove a massa por 5 minutos, até se tornar homogênea e elástica.
4. Unte uma fôrma de bolo inglês com capacidade para 1 kg com azeite. Estenda a massa com o comprimento da fôrma e o triplo da largura. Dobre as laterais sobre o centro e coloque com a emenda para baixo. Se não couber, dobre para ajeitar. Cubra com um pano de prato limpo e deixe em temperatura ambiente por 1 hora, até dobrar de tamanho. Estará pronto assim que a massa estiver elástica.
5. Preaqueça o forno a 220°C. Polvilhe a massa com farinha, para obter uma crosta, ou pincele com Leite vegetal, para ficar brilhante. Asse por 30-35 minutos, até dourar. Desenforme ainda morno – deve soar oco quando batido no fundo. Deixe esfriar sobre uma grade.

FEIJÃO INCREMENTADO

Preciso confessar uma coisa: um prato de feijão é meu ponto fraco, pois reconforta e alivia desde dores de cabeça até dores do coração... Decidi criar minha própria receita, e esse é o resultado. A base levemente oriental (a santíssima trindade: alho, pimenta e gengibre) é o elemento crucial. E a minha versão leva um pouquinho de maple syrup (para controlar a acidez) e o mínimo de sal. Cozinhar o molho é fundamental para a textura ficar perfeita antes de acrescentar o feijão-branco. Gosto de cozinhar até restar pouco líquido; se desejar mais molho, aumente um tanto a quantidade de água. Como o sabor se intensifica com o tempo, é um prato perfeito para preparar na véspera – quando você o reaquecer, o feijão terá absorvido os sabores e as especiarias. Adoro comer com torradas no café da manhã, mas você também pode servir como parte de um refogado vegano ou com arroz integral, para uma refeição robusta no meio da semana. Rende 2-4 porções

1 colher (sopa) de azeite
3 dentes de alho
2,5-3 cm de gengibre fresco
1 pimenta-malagueta pequena sem sementes
400 g de tomate pelado em lata
1 colher (sopa) de purê de tomate
½ colher (sopa) de maple syrup
½ colher (sopa) de vinagre balsâmico
1 colher (chá) cheia de Marmite [nota p. 10]
gotas de molho de pimenta (Tabasco, Cholula etc.)
400 g de feijão-branco cozido e escorrido
sal marinho
pimenta-do-reino moída na hora

1. Aqueça o azeite em uma panela de fundo grosso. Pique finamente o alho, o gengibre e a pimenta-malagueta, juntos, em uma tábua de cozinha limpa. Coloque-os na panela, tempere com um pouco de sal marinho e refogue em fogo baixo até ficar aromático.

2. Adicione o tomate pelado e amasse-o com o dorso de uma colher. Preencha metade da lata com água e agite para aproveitar o conteúdo restante; despeje na panela. Cozinhe por 10 minutos para que o tomate fique mais macio e você consiga amassá-lo, até ficar com a consistência de uma passata.

3. Acrescente o purê de tomate, misture e junte o maple syrup, o vinagre balsâmico, o Marmite e o molho de pimenta. Tempere com sal marinho e pimenta-do-reino e cozinhe por cerca de 45 minutos, ou até reduzir bastante.

4. Adicione o feijão-branco, verifique o tempero e mexa. Cozinhe por mais 15-20 minutos.

5. Sirva imediatamente com torradas quentes ou reaqueça no dia seguinte.

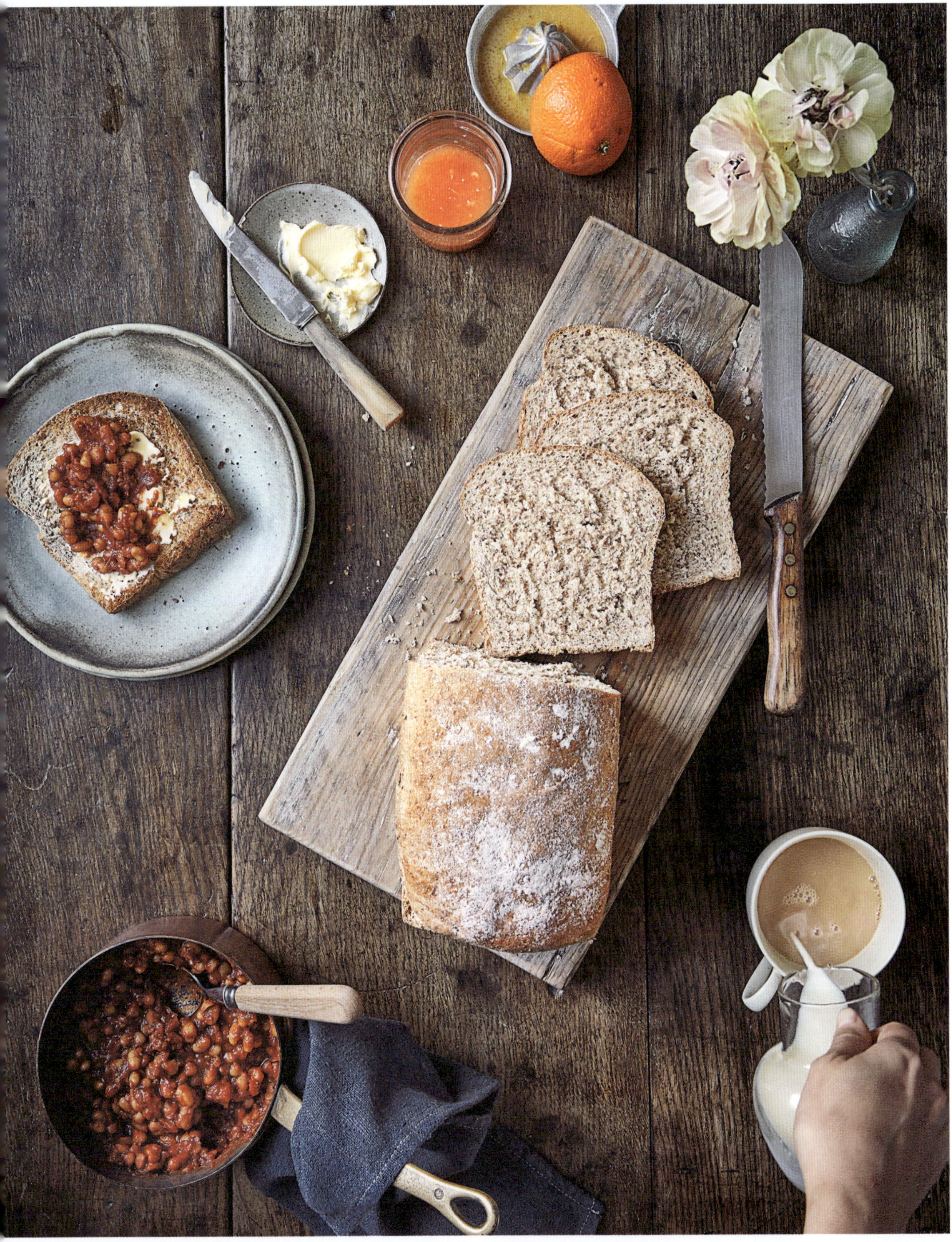

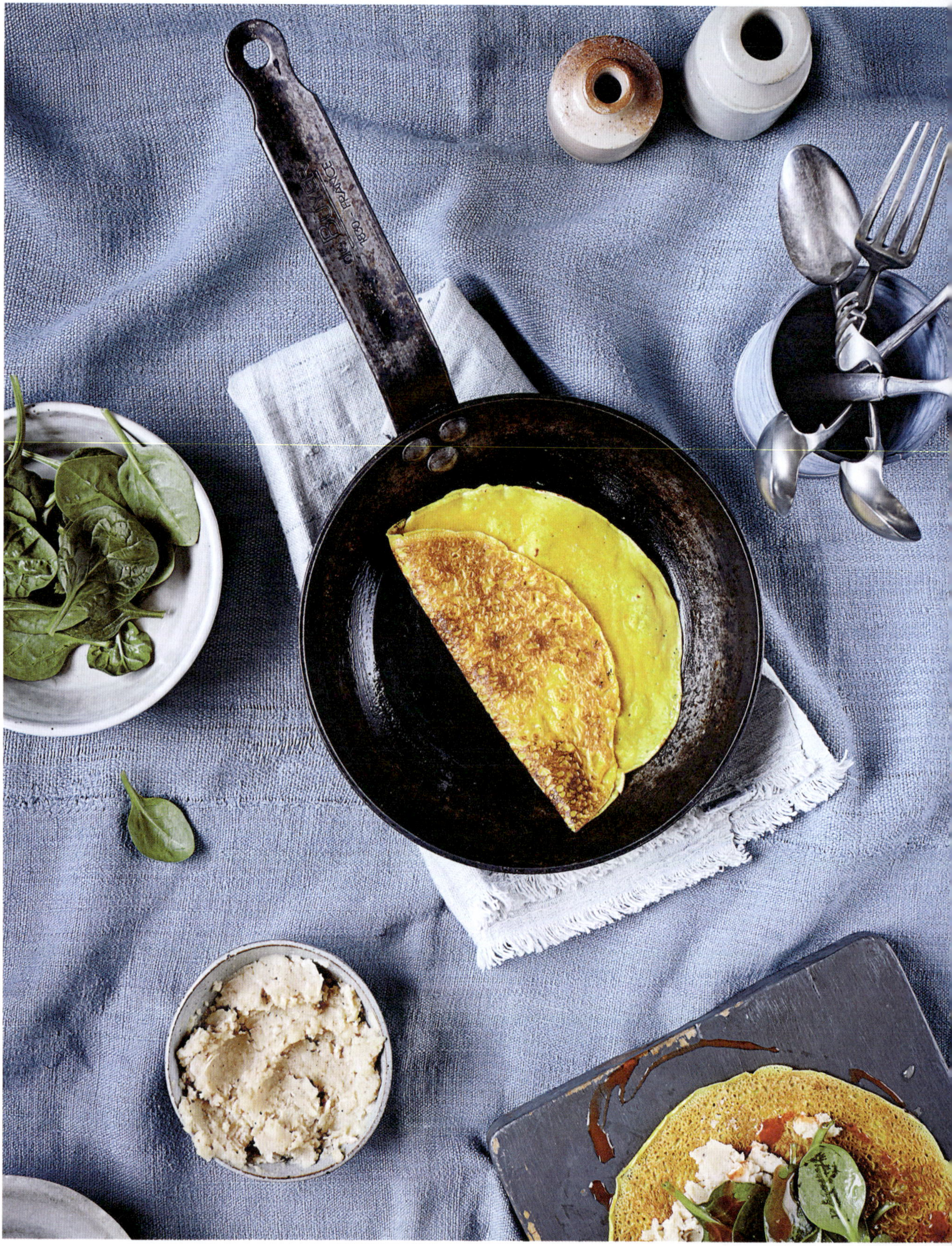

CREPE INDIANO SALGADO

De tão fáceis e rápidos de preparar, esses crepes podem ser feitos todos os dias – e, melhor de tudo, você não precisa ficar virando. Com um pequeno toque indiano (adoro minhas especiarias e a farinha de grão-de-bico), eles são melhores do que qualquer outra panqueca que sei fazer. Escolhi o recheio de fava-branca porque quero manter o prato fiel às suas origens. A cremosidade do recheio forma um par perfeito com o crepe crocante, e o espinafre dá aquele toque final verde imprescindível, embora rúcula também funcione bem.

Rende 2-3 porções

50 g de farinha de grão-de-bico
50 g de farinha de trigo
¼ de colher (chá) de bicarbonato de sódio
½ colher (chá) de sal marinho
1 colher (chá) de cúrcuma em pó
suco de ½ limão-siciliano
180 ml de água
½ colher (sopa) de óleo de coco, mais um pouco para untar
folhas de espinafre refogadas ou cruas (opcional)
molho de pimenta (Tabasco, Cholula etc., opcional)

PARA O RECHEIO DE FAVA-BRANCA
400 g de fava-branca cozida e escorrida
¼ de colher (chá) de sal marinho
suco de ½ limão-siciliano
½ colher (chá) de garam masala

1. Em uma tigela, amasse grosseiramente a fava-branca, o sal marinho, o suco de limão-siciliano e o garam masala. Reserve.
2. Misture os dois tipos de farinha com o bicarbonato de sódio, o sal marinho e a cúrcuma. Acrescente o suco de limão-siciliano e a água. Derreta o óleo em uma frigideira pequena com fundo grosso e junte à massa. Bata para incorporar.
3. Volte a frigideira ao fogo e, quando o calor estiver médio-alto, despeje pouco menos de metade de uma concha da massa. Gire, para espalhar; frite até aparecerem bolhas na superfície e as bordas ficarem crocantes.
4. Coloque uma camada de folhas de espinafre no centro do crepe e cubra com uma colherada do recheio e gotas de molho de pimenta. Enrole com uma espátula.
5. Retire da frigideira com cuidado e repita o processo. Mantenha os crepes aquecidos no forno baixo ou sirva imediatamente.

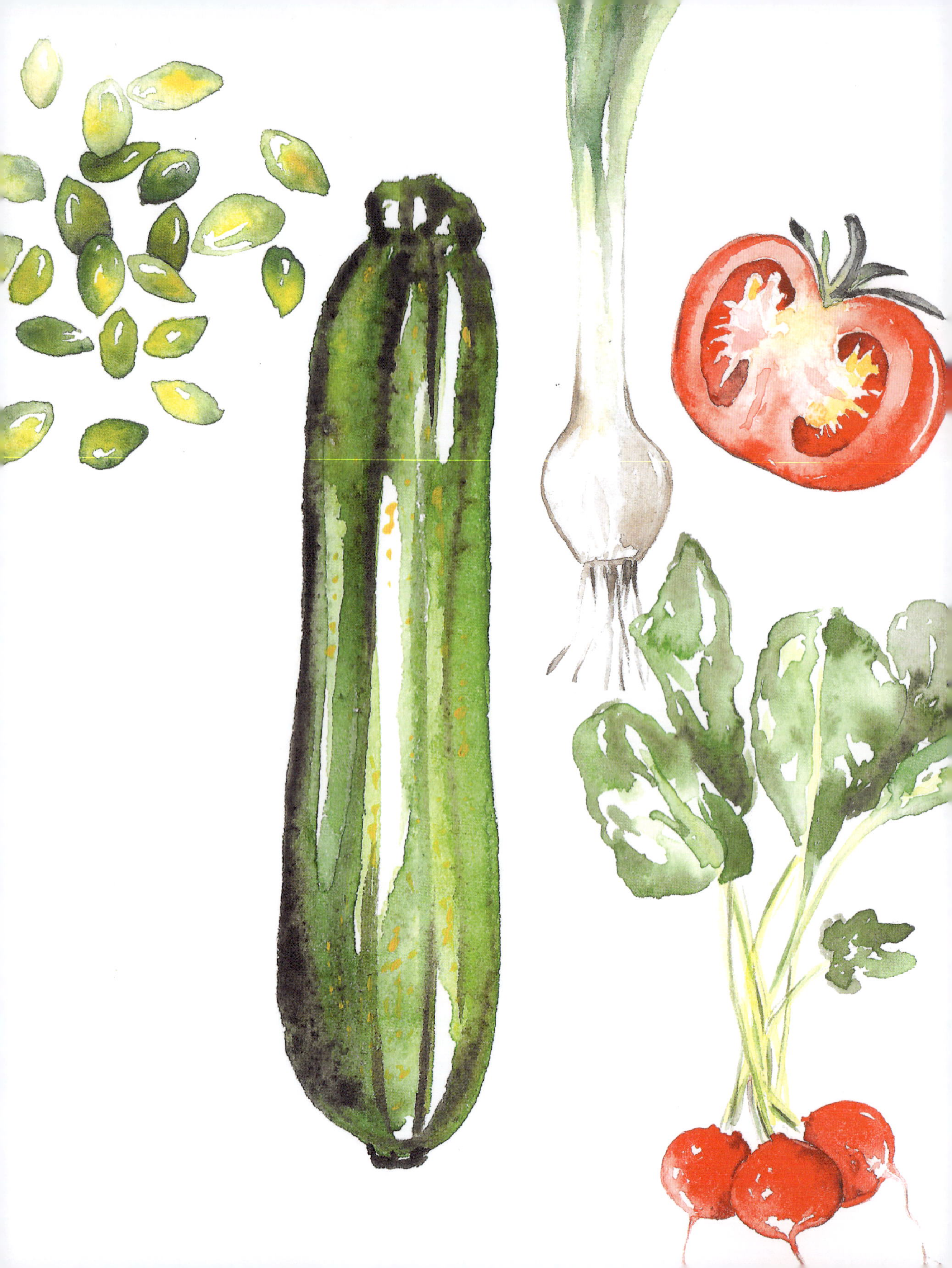

PETISCOS E PRATOS LEVES
GRÃO-DE-BICO CROCANTE COM CHIPOTLE
CHIPS DE COUVE COM CASTANHA-DE-CAJU
CASTANHA-DE-CAJU COM ALECRIM
HAMBÚRGUER DE FALÁFEL ASSADO
WRAP SIMPLES DE ALGA NORI
QUESADILHA SEM QUEIJO
 COM CHUTNEY DE MAÇÃ
BAGUETE "PO-BOY" COM TOFU FRITO
TOSTADA DE CENOURA E ABOBRINHA
PASTA CREMOSA DE ABOBRINHA
 COM CONSERVA RÁPIDA DE LIMÃO
PASTA DE FAVA-BRANCA
 COM AZEITE PERFUMADO DE MANJERICÃO
RECHEIO DE GRÃO-DE-BICO PARA SANDUÍCHE
SANDUÍCHES ABERTOS AO ESTILO ESCANDINAVO
TORRADA COM RICOTA DE TOFU
SANDUÍCHE DE BATATA-DOCE GRELHADA
BOLINHO DE BRÓCOLIS E QUINOA
SOPA GELADA DE PEPINO
 COM MOLHO DE COCO E TAHINE
SALADA EM ESPIRAL À MODA TAILANDESA
PICLES RÁPIDO DE RABANETE

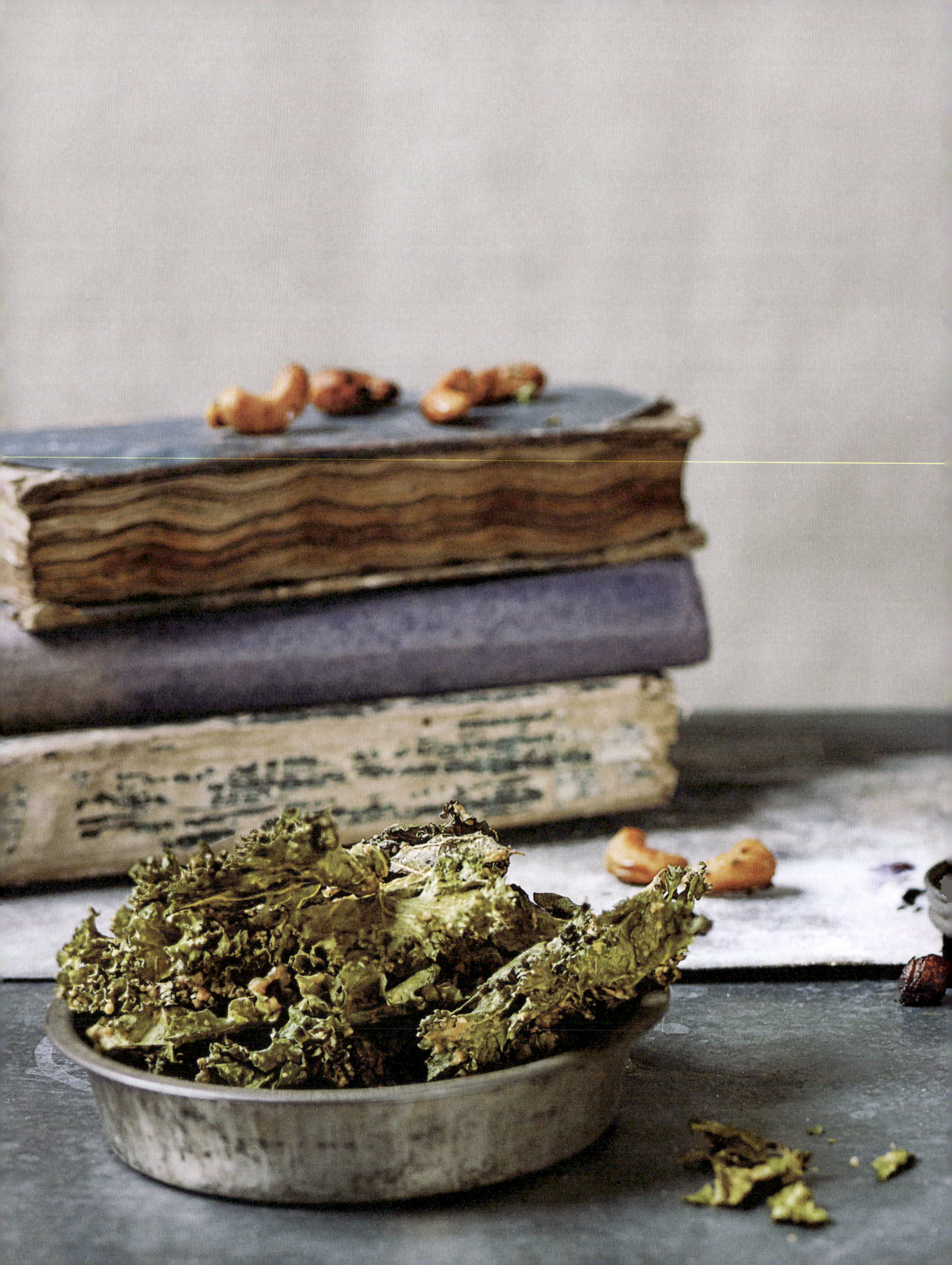

SEM GLÚTEN

PETISCOS VEGANOS

Sim, é verdade: nós, veganos, adoramos um petisco. Mas, em vez de gastar uma fortuna naqueles industrializados, gosto de fazer minhas próprias versões e mantê-las à mão para quando tiver vontade. Não são apenas deliciosas, mas nutritivas – o melado de cana é rico em ferro; a castanha-de-caju tem antioxidantes e a couve é um superalimento que está no topo da lista de minhas comidas preferidas. Vire a página para aprender a preparar alguns de meus petiscos favoritos.

GRÃO-DE-BICO CROCANTE COM CHIPOTLE
Rende 2-4 porções

200 g de grão-de-bico em conserva escorrido e lavado
1 colher (sopa) de melado de cana
½ colher (sopa) de molho de pimenta chipotle
1 colher (sopa) de molho de soja
1 colher (sopa) de azeite
1 colher (sopa) de xarope de agave
1 colher (chá) de cominho em pó
1 colher (chá) de páprica defumada
uma pitada de pimenta-de-caiena

1. Preaqueça o forno a 180°C.
2. Esfregue o grão-de-bico com um pano de prato para retirar a pele. Transfira para uma assadeira.
3. Em uma tigela pequena, bata o restante dos ingredientes e despeje sobre o grão-de-bico. Misture, para cobrir tudo, e asse por cerca de 30-35 minutos, chacoalhando a assadeira de vez em quando. Espere esfriar completamente antes de servir.

CHIPS DE COUVE COM CASTANHA-DE-CAJU
Rende 2-4 porções

100 g de couve-crespa sem os talos e rasgada em pedaços pequenos

PARA A PASTA DE CASTANHA-DE-CAJU
50 g de castanha-de-caju hidratada
suco de ½ limão-siciliano
1 colher (sopa) de tamari ou molho de soja (atenção: molho de soja contém glúten)
2 colheres (chá) de wasabi
1 colher (chá) de mostarda de Dijon
1 colher (chá) de vinagre de maçã

1. Preaqueça o forno na temperatura de 100°C – para isso, deixe-o levemente aberto.
2. Coloque os ingredientes da pasta em um processador ou liquidificador e bata até ficar homogêneo. Esfregue a pasta na couve-crespa e espalhe as folhas em uma assadeira, em uma única camada. Se necessário, prepare mais de uma fornada.
3. Asse por cerca de 1h20, até ficar crocante. Espere esfriar completamente.

CASTANHA-DE-CAJU COM ALECRIM
Rende 2-4 porções

1 colher (sopa) de xarope de agave
1 colher (chá) de azeite
150 g de castanha-de-caju
folhas de 2 ramos de alecrim picadas
1 colher (chá) cheia de sal marinho
2 colheres (chá) cheias de açúcar ou açúcar de palma

1. Preaqueça o forno a 175°C e forre uma assadeira com papel-manteiga.
2. Junte o xarope de agave e o azeite; bata para combinar. Coloque a castanha-de-caju na assadeira, regue com o líquido e misture bem. Adicione o alecrim e misture.
3. Tempere generosamente com sal marinho e açúcar. Asse por cerca de 1 hora ou até dourar, chacoalhando a assadeira com frequência para evitar que queime ou grude.
4. Retire do forno e polvilhe com mais sal marinho e açúcar. Espere esfriar completamente.

HAMBÚRGUER DE FALÁFEL ASSADO

Para mim e para muitos, o faláfel é o petisco salgado vegano mais autêntico que existe. Mas dá um trabalho enorme para fazer. Como o bolinho tende a se despedaçar quando frito em pouco óleo, há muito tempo decidi trocar essa parte da receita por uma versão assada, mais saudável. Esse hambúrguer aromático fica perfeito com pão pita ou sobre uma tigela de Triguilho com vegetais assados (p. 91). Em porções menores, pode ser servido como canapé, finalizado com um pouco de homus e uma fatia de figo. É uma receita infinitamente versátil. **Rende 2-4 porções**

DICA: Para ficar crocante por fora, passe o hambúrguer no gergelim antes de assar.

400 g de grão-de-bico em conserva escorrido e lavado
25 g de coentro fresco
2 dentes de alho
2 cebolinhas
1 colher (chá) cheia de cominho em pó
½ colher (chá) de páprica defumada
1 colher (sopa) de farinha de trigo
suco de ½ limão-siciliano
2 colheres (sopa) de azeite
sal marinho
pimenta-do-reino moída na hora

1. Preaqueça o forno a 200°C.
2. Em um processador ou liquidificador, bata o grão-de-bico, o coentro, o alho, a cebolinha, o cominho, a páprica, a farinha de trigo, o suco de limão-siciliano, o azeite e um pouco de sal marinho e pimenta-do-reino até incorporar e obter uma massa grosseira.
3. Transfira para um prato ou tábua de cozinha e modele quatro hambúrgueres de tamanho médio. Coloque em uma assadeira.
4. Asse por 20 minutos, vire e deixe no forno por mais 20 minutos.
5. Sirva em pão pita tostado acompanhado de verduras, molho de tahine, homus e molho de pimenta.

SEM GLÚTEN

WRAP SIMPLES DE ALGA NORI

Esse wrap tornou-se um tipo de almoço-padrão para mim – e ele também é perfeito para levar em piqueniques. Embora eu seja grande fã de sushis, prepará-los dá certo trabalho, mas esse wrap, que lembra um burrito, é fácil de fazer e, ao mordê-lo, dá até para enganar o cérebro para que ele pense que se trata de pão. E a alga nori é uma pequena fábrica de saúde que não deve ser desprezada – ela contém um grande número de nutrientes, incluindo proteínas, vitamina C, cálcio e até ômega 3. **Rende 2 porções**

---

100 g de quinoa
1 avocado
suco de ½ limão
1 cebolinha picada finamente
1 talo pequeno de aipo picado finamente
30 g de coentro fresco picado grosseiramente
2 folhas de alga nori
folhas de espinafre sem os talos (cerca de 5-6 folhas por wrap)
1 cenoura descascada e cortada em tiras finas
sal marinho

PARA O MOLHO DE MARACUJÁ
1 maracujá
suco de ½ limão
½ colher (chá) de xarope de agave
sal

1. Para o molho, passe a polpa do maracujá por uma peneira, para remover as sementes. Em uma tigela pequena, bata o maracujá coado com o suco de limão, o xarope de agave e uma pitada de sal. Reserve.
2. Numa panela, coloque a quinoa e cubra com o dobro da quantidade de água; tampe e deixe ferver. Cozinhe em fogo baixo por cerca de 20-25 minutos, ou até todo o líquido ser absorvido. Reserve, para esfriar.
3. Amasse a polpa do avocado com um pouco de sal marinho e o suco de limão.
4. Assim que a quinoa tiver esfriado, acrescente metade do avocado, a cebolinha, o aipo, o coentro e um pouco do molho de maracujá. Tempere com sal marinho.
5. Coloque as folhas de alga nori com o lado brilhante para baixo sobre a superfície de trabalho. No centro, perto da borda superior, espalhe uma colherada do avocado restante; cubra com folhas de espinafre. Divida a quinoa cozida entre as folhas de alga, sem encher demais (pode ser que haja sobras). Regue com parte do molho restante e cubra com a cenoura.
6. Dobre os dois lados da alga e, com delicadeza, mas de maneira firme, enrole-a em forma de burrito. Pincele as extremidades com água, para grudar. Umedeça uma faca afiada e corte cada wrap na diagonal. Sirva com o molho restante.

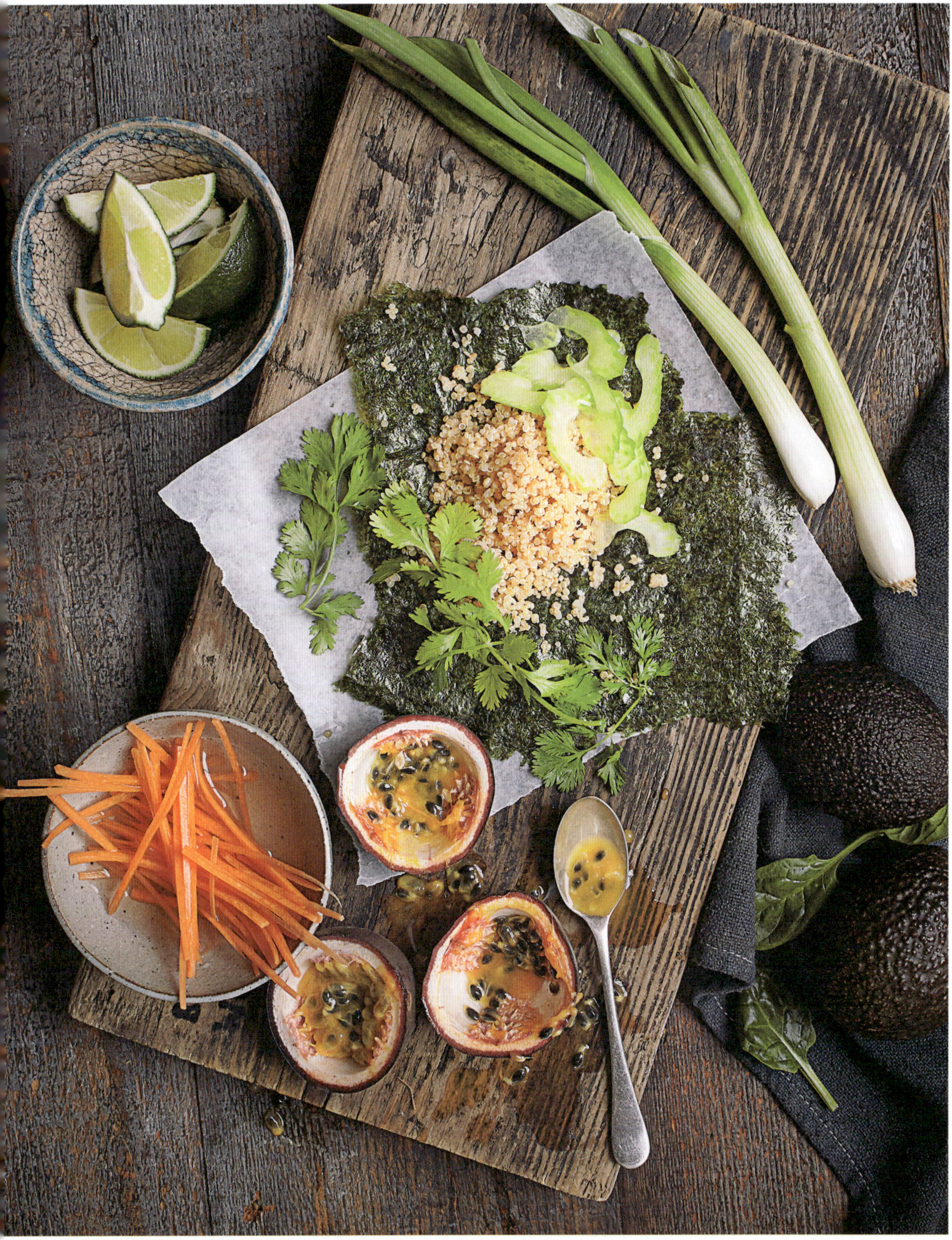

QUESADILHA SEM QUEIJO COM CHUTNEY DE MAÇÃ

Essa quesadilha sem queijo é superfácil de fazer uma vez que os recheios já estejam prontos. Quando sei que a semana será corrida, preparo uma porção de cada um com antecedência para ter um almoço quente e caseiro em minutos. Gosto de pensar nela como uma versão prática de um prato com tortilha – e ela se tornou uma constante em minha cozinha. **Rende 4 porções**

1 receita de Queijo fácil de castanha-de-caju (p. 61)
4 tortilhas grandes de farinha de trigo
um punhado de rúcula
azeite, para pincelar

PARA O CHUTNEY DE MAÇÃ E GENGIBRE
1 colher (sopa) de azeite
1 cebola pequena cortada em cubinhos
2 maçãs pequenas descascadas e sem sementes cortadas em fatias
1 colher (sopa) de suco de limão-siciliano
2 colheres (sopa) de vinagre de vinho tinto
3 colheres (sopa) de xarope de agave
1 colher (chá) de sambal oelek [ou sriracha]
um punhado de uva-passa branca ou escura
2,5-3 cm de gengibre fresco descascado e ralado
sal

1. Comece pelo chutney. Em uma panela pequena, aqueça o azeite, junte a cebola, tempere com sal e refogue até ficar translúcida.

2. Misture a maçã e o suco de limão-siciliano, para que não escureça. Leve-os à panela, acrescente o vinagre, o xarope de agave, o sambal oelek, a uva-passa e o gengibre. Mexa, adicione um pouco de água e cozinhe por 20 minutos, até a maior parte do líquido evaporar e a mistura ficar macia. Espere esfriar, transfira para um vidro esterilizado e conserve na geladeira.

3. Aqueça uma frigideira canelada e divida o Queijo fácil de castanha-de-caju entre as tortilhas, espalhando em meia-lua. Cubra com uma ou duas colheradas do chutney e folhas de rúcula. Dobre ao meio e pincele cada lado com azeite. Grelhe em fogo médio, até dourar dos dois lados. Corte cada tortilha em três triângulos e sirva.

BAGUETE "PO-BOY" COM TOFU FRITO

Esse sanduíche foi criado em New Orleans durante a Grande Depressão e faz sucesso até hoje; "po-boy" vem de *poor boy* (pobre rapaz) e tem origem na cozinha creole. O tempero é suficiente para tirar o tofu da mesmice, e essa maionese de soja vai enganar seus amigos, pode apostar. Agora, só precisamos de uma cerveja gelada – ou de um coquetel ao estilo New Orleans – e estamos prontos!

Rende 4 porções

DICA: Para deixar a maionese picante, acrescente 1 colher (chá) cheia de harissa ou outra pasta de pimenta.

150 g de tofu firme
60 g de farinha panko
1 colher (sopa) de farinha de trigo
1 colher (chá) de páprica, mais um pouco para servir
½ colher (chá) de páprica defumada
½ colher (chá) de tomilho seco
½ colher (chá) de orégano seco
uma pitada de pimenta-de-caiena
2 colheres (sopa) de mostarda de Dijon
1 colher (sopa) de suco de limão-siciliano
azeite, para fritar
sal marinho
pimenta-do-reino moída na hora

PARA A MAIONESE DE SOJA
150 g de tofu macio
suco de ½ limão-siciliano
1 colher (chá) de mostarda de Dijon
1 colher (chá) de sal marinho
75 ml de azeite

PARA SERVIR
1 baguete grande
alface-romana pequena
rabanete cortado em rodelas

1. Escorra e lave o tofu firme. Seque com papel-toalha e coloque em uma tigela rasa. Cubra com um prato, apoie latas para fazer peso e reserve por 1 hora. Escorra o líquido e reserve na geladeira por toda a noite.
2. Bata a farinha panko no processador até ficar bem fina. Transfira para uma vasilha e misture a farinha de trigo, os dois tipos de páprica, o tomilho, o orégano, a pimenta-de-caiena e um pouco de sal marinho e pimenta-do-reino.
3. Corte o tofu em retângulos de 1 cm de espessura. Pincele-os com uma mistura de mostarda de Dijon e suco de limão. Passe na mistura de panko e reserve.
4. Em uma frigideira pequena, aqueça 0,5 cm de azeite. Teste a temperatura com alguns flocos de panko – se dourarem, está no ponto. Mantenha o fogo médio.
5. Frite dois ou três retângulos por vez, virando para dourarem e ficarem crocantes por igual. Transfira-os para um prato e tempere-os ainda quentes. Repita com o restante.
6. Para a maionese, coloque o tofu macio, o suco de limão-siciliano, a mostarda de Dijon e o sal marinho no processador ou liquidificador. Bata até ficar homogêneo. Com o aparelho ligado, acrescente o azeite aos poucos, até emulsionar. Prove o tempero e leve à geladeira.
7. Aqueça a baguete e corte-a em quatro pedaços. Corte cada um ao meio e espalhe a maionese na parte de baixo. Recheie com folhas de alface-romana, mais maionese, rabanete e o tofu frito. Misture uma ou duas colheradas de maionese com 1 colher (chá) de páprica, espalhe na outra metade do pão e feche o sanduíche.

TOSTADA DE CENOURA E ABOBRINHA

Tenho feito receitas em porções individuais, principalmente na hora do almoço. Embora eu coma sozinha na maior parte das vezes, quero sempre ter uma experiência completa de sabores, mesmo que a refeição dure poucos minutos. Por sorte, essa tostada crocante (praticamente uma minipizza mexicana) é perfeita quando tenho pouco tempo, mas preciso de algo que sacie. As tiras de cenoura e abobrinha não são exatamente mexicanas, então vamos dizer que essa é a minha versão britânica para um clássico da América Central. Afinal, o que conta aqui é o sabor, e essa tostada é muito gostosa. Rende 1 porção

COMO TOSTAR SEMENTES
Toste as sementes de abóbora (ou outra de sua preferência) em uma frigideira seca, em fogo médio, até começarem a dourar. Mexa de vez em quando, para evitar que queimem.

DICA: Se não encontrar tortilhas para taco, basta colocar uma tigela pequena sobre a tortilha de farinha de trigo ou de milho e, com cuidado, cortar ao redor usando uma faca afiada. Et voilà, eis a tortilha para taco perfeita.

1 colher (sopa) de azeite
1 dente de alho cortado em fatias finas
1 cenoura pequena cortada em tiras finas
½ abobrinha cortada em tiras finas
1 tortilha pequena para tacos (amanhecida, de preferência)
1 colher (sopa) de sementes de abóbora tostadas, para finalizar
sal marinho
pimenta-do-reino moída na hora

PARA A PASTA DE AVOCADO
1 avocado maduro
suco de ½ limão-siciliano ou taiti
1 colher (chá) de mostarda de Dijon
sal

1. Em uma frigideira pequena, aqueça o azeite e refogue o alho com uma pitada de sal marinho por 1-2 minutos. Junte a cenoura e a abobrinha. Salteie em fogo baixo por alguns minutos, até começarem a ficar macias – não cozinhe muito, para não perder a intensidade e a textura. Reserve.
2. Para a pasta, amasse o avocado com um pouco de sal e o suco de limão, até ficar homogêneo. Acrescente a mostarda de Dijon, misture e reserve.
3. Aqueça uma frigideira canelada em fogo alto e pincele a tortilha com o azeite que sobrou na frigideira pequena. Grelhe cada lado até ficar marcado e crocante. Transfira para um prato e espere alguns minutos – se rechear imediatamente, a tostada pode ficar empapada.
4. Espalhe a pasta de avocado sobre a tortilha e cubra com as tiras de cenoura e de abobrinha. Finalize com as sementes de abóbora e sirva.

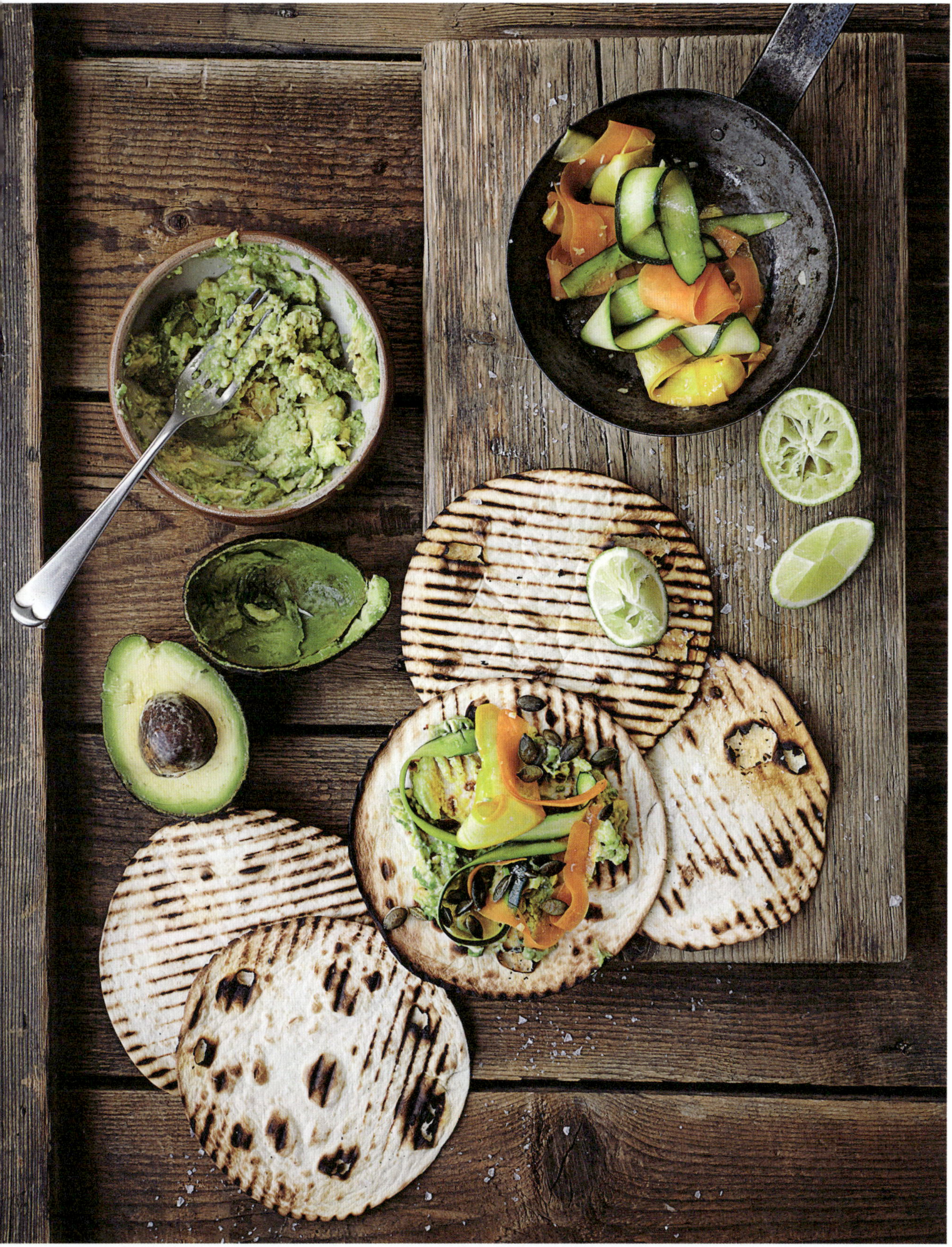

SEM GLÚTEN

PASTA CREMOSA DE ABOBRINHA COM CONSERVA RÁPIDA DE LIMÃO

Acompanhada da Conserva rápida de limão, essa pasta de abobrinha é perfeita para um mezze – refeição composta de porções pequenas variadas. Graças ao toque do Oriente Médio, ela surpreende e substitui o homus tradicional. Tome cuidado para não temperar demais, pois a abobrinha absorve o sal e com isso se torna amarga. Prove enquanto cozinha para obter o equilíbrio perfeito. **Rende 2-4 porções**

2 abobrinhas grandes cortadas ao meio no sentido do comprimento
azeite, para regar
1 colher (chá) de cominho
1 colher (chá) de orégano seco
1 dente de alho pequeno ralado
1 colher (sopa) de suco de limão-siciliano
3 colheres (sopa) de iogurte vegano (de soja ou coco) [nota p. 25]
1 colher (sopa) de azeite extravirgem
sal marinho
pimenta-do-reino moída na hora

1. Preaqueça o forno a 200°C. Coloque a abobrinha em uma assadeira e regue-a com azeite. Tempere com sal marinho e pimenta-do-reino, cubra folgadamente com papel-alumínio e asse por cerca de 1 hora, até ficar macia, virando uma vez.
2. Espere esfriar. Retire a polpa e bata no processador com o cominho, o orégano, o alho, o suco de limão-siciliano e o iogurte. Com o aparelho ligado, acrescente o azeite extravirgem aos poucos, até emulsionar e engrossar. Acerte o tempero e sirva com uma ou duas colheradas da Conserva rápida de limão (veja abaixo).

PARA A CONSERVA RÁPIDA DE LIMÃO

2 limões-sicilianos grandes, de preferência orgânicos
6 colheres (sopa) de xarope de agave
2 colheres (sopa) cheias de sal

1. Lave e seque o limão. Corte em pedaços pequenos e coloque em uma panela com o xarope de agave, o sal e um pouco de água.
2. Espere ferver, diminua o fogo e cozinhe por cerca de 10-15 minutos, até ficar macio. Transfira para um pote esterilizado com tampa e reserve até esfriar. Conserve na geladeira por 1 semana.

SEM GLÚTEN

PASTA DE FAVA-BRANCA COM AZEITE PERFUMADO DE MANJERICÃO

Essa receita rústica tem uma textura ao mesmo tempo cremosa e pedaçuda: uma delícia. Eu ficaria feliz em relaxar ao fim do dia tendo comigo uma tigela dessa pasta e um pouco de pão pita tostado na hora – uma taça de Pinot também não cairia mal. **Rende 2-4 porções**

400 g de fava-branca cozida e escorrida
suco de 1 limão-siciliano
2 colheres (sopa) de azeite extravirgem
1 colher (sopa) de tahine
sal marinho
pimenta-do-reino moída na hora

PARA O AZEITE DE MANJERICÃO
30 g de manjericão fresco
suco de ½ limão-siciliano
2 colheres (sopa) de azeite

1. Tire a pele da fava. Coloque-a em uma tigela rasa e amasse-a grosseiramente com um garfo. Junte metade do suco de limão-siciliano e tempere com um pouco de sal marinho e pimenta-do-reino. Amasse mais, até começar a ficar cremosa. Acrescente o azeite extravirgem, o tahine, o suco de limão restante e um pouco mais de tempero. Misture até ficar cremoso, na consistência de espalhar com colher, mas ainda mantendo alguns pedaços.
2. Coloque os ingredientes do azeite de manjericão no processador ou liquidificador e bata até emulsionar – deve parecer um molho.
3. Transfira a pasta para uma travessa. Faça ondas com um garfo e regue com uma ou duas colheradas do azeite de manjericão. Sirva com palitos de legumes ou pão pita tostado – ou como recheio para sanduíches.

SEM GLÚTEN

RECHEIO DE GRÃO-DE-BICO PARA SANDUÍCHE

Sanduíches são meu ponto fraco. Não consigo imaginar almoço melhor do que um pedaço enorme de carboidrato com um recheio generoso escapando. Por isso, tento ter sempre algum tipo de pasta na geladeira e, assim, tudo o que preciso fazer é espalhar um pouco no pão (bagel também funciona). Capricho no grão-de-bico amassado e pronto: já posso satisfazer inteira e deliciosamente meu desejo. **Rende 2-4 porções**

400 g de grão-de-bico em conserva escorrido, lavado e de preferência sem pele (p. 50)
suco de ½ limão-siciliano
½ cebola roxa pequena picada finamente
⅓ de talo de aipo picado finamente
¼ de pimentão vermelho sem sementes picado finamente
1 tomate seco grande picado finamente
1 colher (chá) de mostarda de Dijon
1 colher (sopa) de endro picado
sal marinho
pimenta-do-reino moída na hora

1. Coloque o grão-de-bico em uma tigela grande e amasse-o com um garfo, sem desmanchar completamente. Tempere com parte do suco de limão-siciliano, sal marinho e pimenta-do-reino.
2. Junte a cebola roxa, o aipo, o pimentão vermelho e o tomate seco. Mexa e acrescente a mostarda de Dijon e o suco restante. Tempere a gosto, adicione o endro e misture.
3. Sirva como recheio para sanduíches, em torradas ou para acompanhar saladas.

DICA: Gosto de tostar um bagel integral, passar um pouco de margarina vegana, espalhar o grão-de-bico e rechear com rodelas de pepino e verduras temperadas com vinagre balsâmico.

Sanduíches abertos são minha nova obsessão. Deixo um ou dois tipos de pasta na geladeira, então tudo o que preciso fazer é pegar uma fatia de pão de centeio ou pumpernickel* e algumas coberturas. É claro que você pode se divertir criando combinações, mas eis aqui três opções que facilitam meu almoço.

* Pumpernickel é um pão de centeio muito escuro, típico da Alemanha.

SANDUÍCHES ABERTOS AO ESTILO ESCANDINAVO

BETERRABA COM PURÊ DE ERVILHA E HORTELÃ

Rende 1-2 porções

100 g de ervilha descongelada
1 colher (chá) cheia de hortelã seca
1 colher (sopa) cheia de creme de coco [nota p. 36]
1 colher (sopa) de azeite extravirgem
pão de centeio ou pumpernickel, para servir [nota p. 60]
1 beterraba pequena cozida, descascada e cortada em rodelas
1 colher (sopa) de sementes mistas trituradas, como abóbora, gergelim e girassol
sal marinho
pimenta-do-reino moída na hora

1. Bata a ervilha, a hortelã, o creme de coco e um pouco de sal marinho e pimenta-do-reino no processador ou liquidificador. Com o aparelho ligado, acrescente o azeite até obter uma pasta grosseira. Acerte o tempero e leve à geladeira.
2. Para montar o sanduíche, toste o pão levemente. Cubra com uma camada generosa do purê de ervilha e hortelã e fatias de beterraba. Tempere com sal, pimenta-do-reino e azeite. Finalize com as sementes mistas.

TOMATE, QUEIJO FÁCIL DE CASTANHA-DE-CAJU E CEBOLA-ROXA

Rende 1-2 porções

1 tomate cortado em rodelas
½ cebola roxa pequena cortada em rodelas finas
1 colher (chá) de alcaparra
pão de centeio ou de sementes de girassol, para servir

PARA O QUEIJO FÁCIL DE CASTANHA-DE-CAJU

100 g de castanha-de-caju hidratada (p. 120)
suco de ½ limão-siciliano
1 dente de alho amassado
1 colher (chá) de vinagre de maçã
¼ de colher (chá) de mostarda de Dijon
1 colher (sopa) de cebolinha-francesa picada (opcional)
sal marinho
pimenta-do-reino moída na hora

1. No processador, bata a castanha-de-caju com o suco de limão-siciliano, o alho, o vinagre de maçã, a mostarda de Dijon e um pouco de sal marinho e pimenta-do-reino. Pode levar 10 minutos para adquirir a consistência certa – uma pasta densa. Se necessário, junte 1-2 colheres (sopa) de água. Seja paciente, pois a mistura passa por vários estágios; raspe a lâmina e as laterais da jarra sempre que precisar. Misture a cebolinha-francesa, acerte o tempero e leve à geladeira.
2. Para montar o sanduíche, espalhe 2 colheres (sopa) do queijo em uma fatia grande de pão. Tempere o tomate e coloque-o por cima com a cebola roxa e algumas alcaparras.

SANDUÍCHE DE PICLES RÁPIDO DE PEPINO E FEIJÃO-BRANCO

SEM GLÚTEN

Rende 1-2 porções

¼ de pepino cortado em rodelas finas
1 colher (sopa) de vinagre de maçã
1 colher (chá) de xarope de agave
10 g de endro fresco picado
pão pumpernickel [nota p. 60], para servir
brotos de agrião, para servir

PARA A PASTA DE FEIJÃO-BRANCO E BETERRABA

1 ramo de alecrim
1 dente de alho
suco de 1 limão-siciliano
3 colheres (sopa) de azeite extravirgem
1 colher (chá) de sal
360 g de feijão-branco cozido e escorrido
1 beterraba pequena cozida e descascada

1. Coloque o alecrim, o alho, o suco de limão-siciliano, o azeite e o sal até obter um azeite aromatizado. Passe pela peneira.
2. Em um processador ou liquidificador, bata o feijão-branco e a beterraba; aos poucos, junte o azeite aromatizado. Tempere e bata até obter uma pasta densa.
3. Coloque o pepino em uma vasilha rasa. Bata o vinagre de maçã e o xarope de agave. Despeje sobre o pepino e reserve por alguns minutos; junte o endro.
4. Para montar o sanduíche, espalhe a pasta sobre uma fatia de pão, cubra com o pepino e finalize com os brotos de agrião.

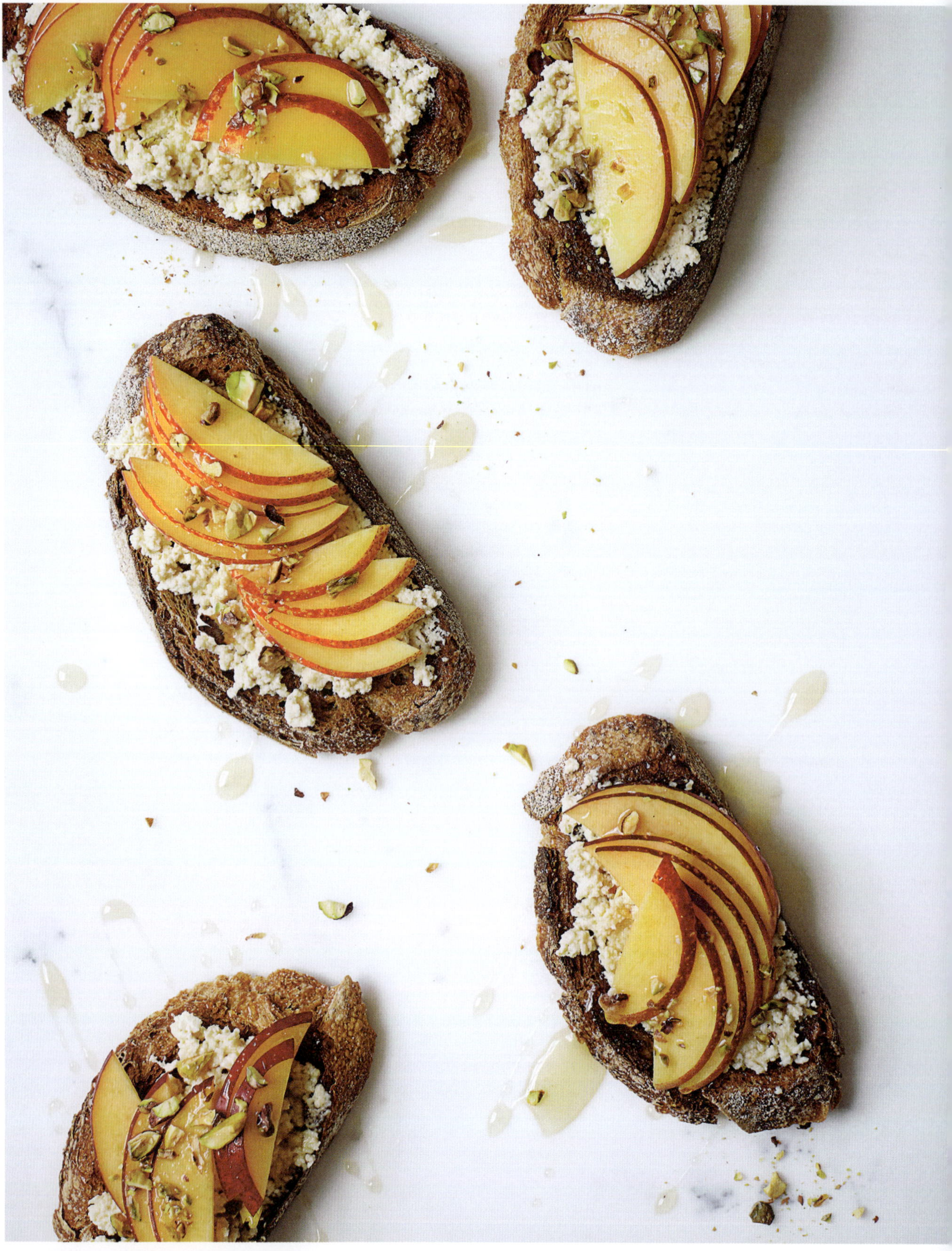

TORRADA COM RICOTA DE TOFU

A ricota de tofu vai muito bem com torradas, principalmente quando combinada com fatias de nectarina – é uma união criada nos céus. Você pode, é claro, acrescentar um toque pessoal, com ervas secas ou um pouco de vinagre balsâmico. Pense nela como uma base que pode ser temperada da maneira que quiser. **Rende 2-4 porções**

200 g de tofu firme
suco de ½ limão-siciliano
1 colher (sopa) de azeite extravirgem
sal marinho
pimenta-do-reino moída na hora

PARA SERVIR
pão fresco
1 nectarina cortada em fatias
um punhado pequeno de pistache picado
xarope de agave, para regar

1. Escorra e pressione o tofu seguindo as instruções da p. 55.
2. Esmigalhe-o sobre uma tábua de cozinha limpa e tempere generosamente com sal marinho e pimenta-do-reino. Regue com o suco de limão-siciliano e o azeite. Amasse com um garfo até ficar semelhante à ricota.
3. Prove o tempero (talvez precise de sal) e amasse novamente, até não restarem grumos grandes. Reserve na geladeira – pode ser refrigerado por 1 semana.
4. Toste o pão fresco e espalhe a ricota de tofu. Por cima, distribua a nectarina e o pistache; regue com xarope de agave.

SANDUÍCHE DE BATATA-DOCE GRELHADA

É hora de fazer nossos sonhos virarem realidade com o sanduíche que leva vários de meus ingredientes preferidos: pão, avocado, tomate, espinafre e batata-doce. Para coroar, um creme de coentro de dar água na boca. **Rende 2 porções**

1 batata-doce pequena cortada em rodelas de 1 cm de espessura
azeite, para pincelar
4 fatias de pão de fermentação natural levemente tostadas
1 avocado
suco de limão-siciliano, para regar
1 tomate grande cortado em rodelas grossas
um punhado de folhas de espinafre
sal marinho
pimenta-do-reino moída na hora

PARA O CREME DE COENTRO
100 g de amêndoa sem pele hidratada (p. 120)
200 ml de água
1 colher (chá) de vinagre de maçã
1 colher (chá) de mostarda de Dijon
30 g de coentro fresco

1. Comece pelo creme de coentro. Escorra a amêndoa hidratada e coloque em um liquidificador possante. Junte a água e bata até ficar homogêneo. Tempere e acrescente o vinagre de maçã, a mostarda de Dijon e o coentro; bata novamente, até incorporar tudo. Acerte o tempero e leve à geladeira.
2. Aqueça uma frigideira canelada. Pincele a batata-doce com azeite e grelhe por 8-10 minutos de cada lado, até ficar marcada – ao espetá-las com uma faca, as fatias devem estar macias, mas mantendo a forma e a textura. Reserve.
3. Distribua o pão em uma tábua ou prato. Divida metade do avocado entre duas fatias e amasse. Tempere e regue com um toque de suco de limão-siciliano. Nas outras fatias, espalhe uma camada fina do creme de coentro.
4. Tempere o tomate e coloque-o sobre o avocado. Cubra com o espinafre e a batata-doce. Por cima, espalhe o creme de coentro e complete com o avocado restante – em colheradas, amassado ou em fatias. Feche o sanduíche, pressione bem e sirva.

BOLINHO DE BRÓCOLIS E QUINOA

A quinoa é uma usina de nutrientes, mas, por ser vegana, eu a amo mesmo por causa das proteínas, e mais ainda por seu pequeno formato peculiar. Não conheço outro alimento capaz de ser crocante e macio na mesma medida. Você pode fazer bolinhos grandes ou pequenos, mas gosto de um tamanho intermediário, para mergulhar em maionese vegana picante ou servir sobre saladas de folhas. Por manter a forma consistente, você pode servir em um pãozinho, como um hambúrguer delicioso e rico em proteínas. A decisão é sua. Rende 4-6 porções

1 maço pequeno de brócolis
100 g de quinoa
2 dentes de alho amassados
suco de ½ limão-siciliano
1 colher (sopa) de azeite, mais um pouco para fritar
1 colher (sopa) de levedura nutricional (opcional, p. 10)
2 colheres (sopa) cheias de farinha de trigo
sal marinho
pimenta-do-reino moída na hora

1. Ferva água numa panela grande. Pique os brócolis grosseiramente, incluindo um pouco dos talos, e cozinhe em fogo baixo até ficarem macios. Escorra e reserve para esfriar.
2. Numa panela, leve a quinoa ao fogo com 1 xícara (chá) de água. Espere ferver, tampe, diminua o fogo e cozinhe até os grãos absorverem todo o líquido.
3. Pique finamente os brócolis cozidos. Misture-os com a quinoa, o alho, o suco de limão-siciliano, o azeite, sal marinho e pimenta-do-reino. No momento em que estiver incorporado, polvilhe com a levedura nutricional e a farinha de trigo e misture até a massa ficar homogênea para ser modelada em forma de bolinhos.
4. Em uma frigideira antiaderente com fundo grosso, aqueça 1 colher (sopa) de azeite em fogo médio (se esquentar muito, os bolinhos podem se desfazer). Pegue colheradas da massa, enrole e achate levemente com as mãos. Frite por 5-7 minutos de cada lado, até dourar por igual. Mantenha os bolinhos aquecidos no forno baixo enquanto termina de fritar.
5. Sirva com maionese picante e salada de folhas temperada.

SEM GLÚTEN

SOPA GELADA DE PEPINO COM MOLHO DE COCO E TAHINE

Mesmo que você não seja fã de pepino nem goste de sopas frias, eu o convido a experimentar essa receita. O molho de coco e tahine é fundamental para equilibrar os sabores e dar vigor ao prato, fazendo dessa simples entrada um acréscimo perfeito para aquelas refeições demoradas que ficam na memória – e, espero, no paladar. Não acredita? Desafio você a tentar. Rende 2-3 porções

⅓ de pepino descascado e sem sementes
½ avocado, mais um pouco para decorar
1 cebolinha
1 colher (sopa) de creme de coco [nota p. 36]
suco de ½ limão
150-200 ml de água
sal marinho
pimenta-do-reino moída na hora

PARA O MOLHO DE COCO E TAHINE
2 colheres (sopa) de tahine
2 colheres (sopa) de creme de coco [nota p. 36]
1 dente de alho pequeno picado finamente
suco de 1 limão
2-3 colheres (sopa) de água
1 colher (sopa) cheia de coentro fresco picado, mais um pouco para decorar

1. Comece pelo molho. Bata todos os ingredientes, exceto o coentro, até ficar homogêneo. Acrescente o coentro e leve à geladeira.
2. Coloque todos os ingredientes da sopa no processador ou liquidificador com 150 ml de água. Bata até ficar homogêneo, prove o tempero e verifique a textura: se estiver muito denso para passar pela peneira, coloque a água restante. Deve ser a mesma consistência do gaspacho.
3. Passe a sopa por uma peneira ou, de preferência, por um saquinho de voal. Leve à geladeira por pelo menos 1 hora.
4. Assim que estiver gelada, sirva em tigelas decoradas com um pouco de avocado picado, o molho de coco e tahine e o coentro.

SEM GLÚTEN

SALADA EM ESPIRAL À MODA TAILANDESA

Se você ainda não entrou na onda da espiral, essa salada de inspiração tailandesa é a introdução perfeita. Pode parecer demais comprar um fatiador de legumes em espiral (para ser honesta, demorei um pouco para adquirir um), mas, assim que você experimentar essas tiras saborosas, não vai conseguir voltar atrás. Se não quiser fazer o investimento, corte os vegetais em tiras usando um descascador de legumes e siga a receita. Há um futuro crocante e picante, com gosto de tamarindo, à sua espera.

Rende 2 porções

1 pepino cortado em espiral (ou em tiras, com um descascador de legumes)
2 abobrinhas cortadas em espiral (ou em tiras, com um descascador de legumes)
70 g de castanha-de-caju
óleo de gergelim, para regar
½ manga cortada em cubos
1 pimenta-malagueta grande sem sementes cortada em fatias finas
30 g de coentro fresco picado, mais um pouco para servir

PARA O MOLHO DE TAMARINDO
1 colher (sopa) de pasta de tamarindo
1 colher (sopa) de tamari ou molho de soja (atenção: molho de soja contém glúten)
1 colher (sopa) de maple syrup
suco de 1 limão

1. Preaqueça o forno a 200°C. Junte o pepino e a abobrinha em uma tigela grande. Coloque os ingredientes do molho de tamarindo em uma vasilha e bata até incorporar.
2. Despeje metade do molho sobre os vegetais e misture. Reserve por 10-15 minutos, para marinar.
3. Acrescente a castanha-de-caju ao molho restante e adicione um pouco de óleo de gergelim, para evitar que grude. Transfira para uma assadeira e asse por 15 minutos, chacoalhando de vez em quando. Retire do forno e espere esfriar completamente.
4. Junte a manga e a pimenta-malagueta aos vegetais, misture e acrescente o coentro e parte da castanha-de-caju assada (reserve um pouco para finalizar).
5. Transfira para uma saladeira. Finalize com a castanha-de-caju restante e o coentro.

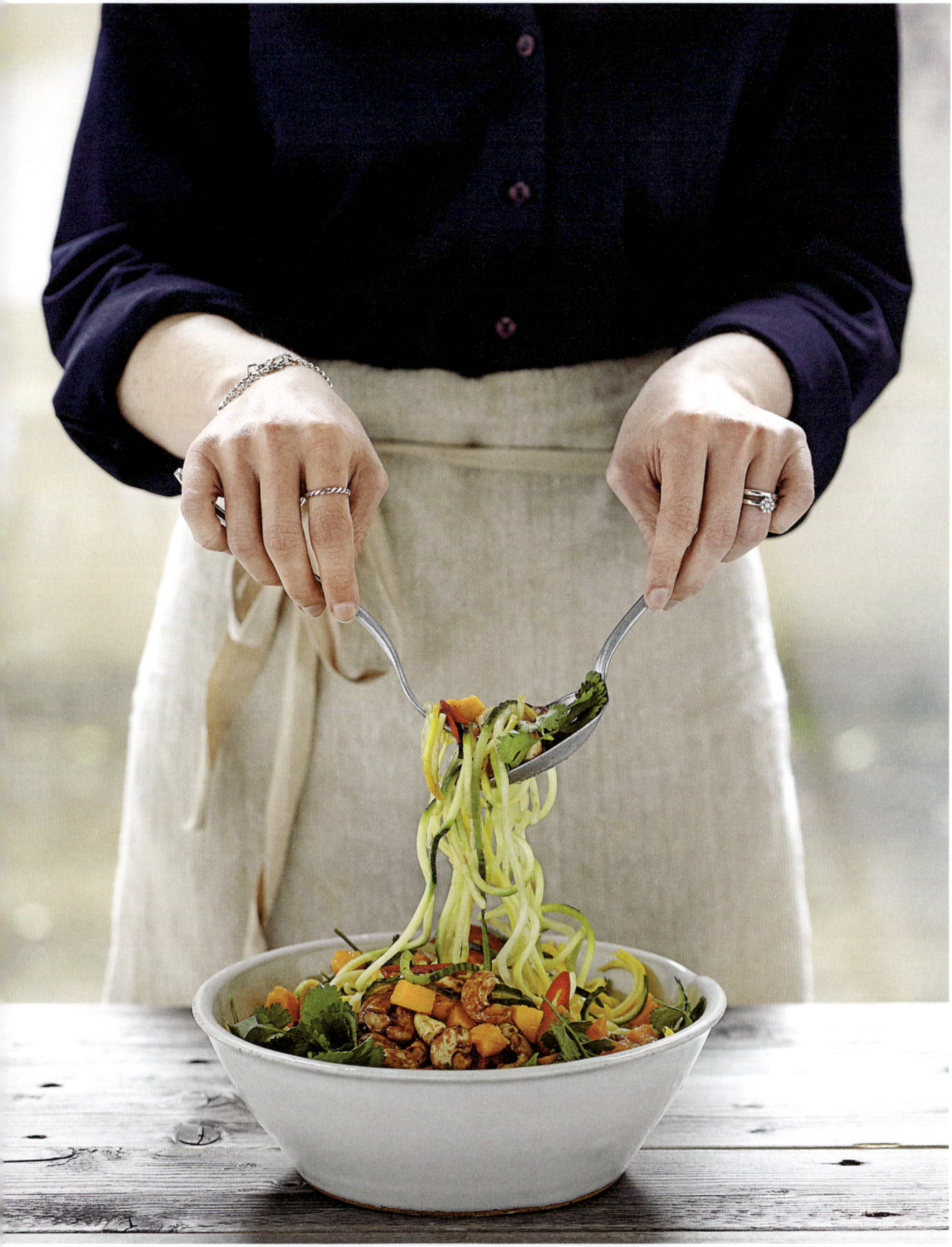

SEM GLÚTEN

PICLES RÁPIDO DE RABANETE

Sou louca por picles, mas tenho pouca paciência para prepará-los. Aí é que entra essa receita superfácil, que pode ser feita em minutos e usada quase imediatamente. Gosto de usá-lo para decorar sanduíches abertos, mas também ficam deliciosos em saladas ou como cobertura de pastas. É bom saber, porém, que o vinagre do picles é tão pungente que, durante algum tempo, sua cozinha ficará impregnada com seu odor agridoce – um problema que encaro com alegria, uma vez que recebo em troca uma conserva antioxidante que fica pronta num piscar de olhos.

Rende 2-4 porções

---

120 ml de vinagre de vinho tinto
120 ml de água
60 ml de xarope de agave
1 colher (chá) cheia de sal
1 colher (sopa) de pimenta-do-reino em grãos
1 anis-estrelado
100 g de rabanete

1. Em uma panela, junte todos os ingredientes, exceto o rabanete, e cozinhe em fogo baixo por 20 minutos, até reduzir.
2. Corte o rabanete em rodelas finas (uma mandolina ajuda na tarefa) e coloque em um vidro esterilizado com capacidade para 240 g.
3. Despeje no vidro o conteúdo da panela, tampe e reserve até esfriar. No momento em que estiver completamente frio, está pronto para ser usado. Mantém-se por cerca de 15 dias.

DICAS: Essa receita também funciona com repolho roxo e cebola roxa. Para esterilizar o vidro, lave bem com água e detergente neutro, enxágue com água fervente e seque no forno em temperatura média por alguns minutos.

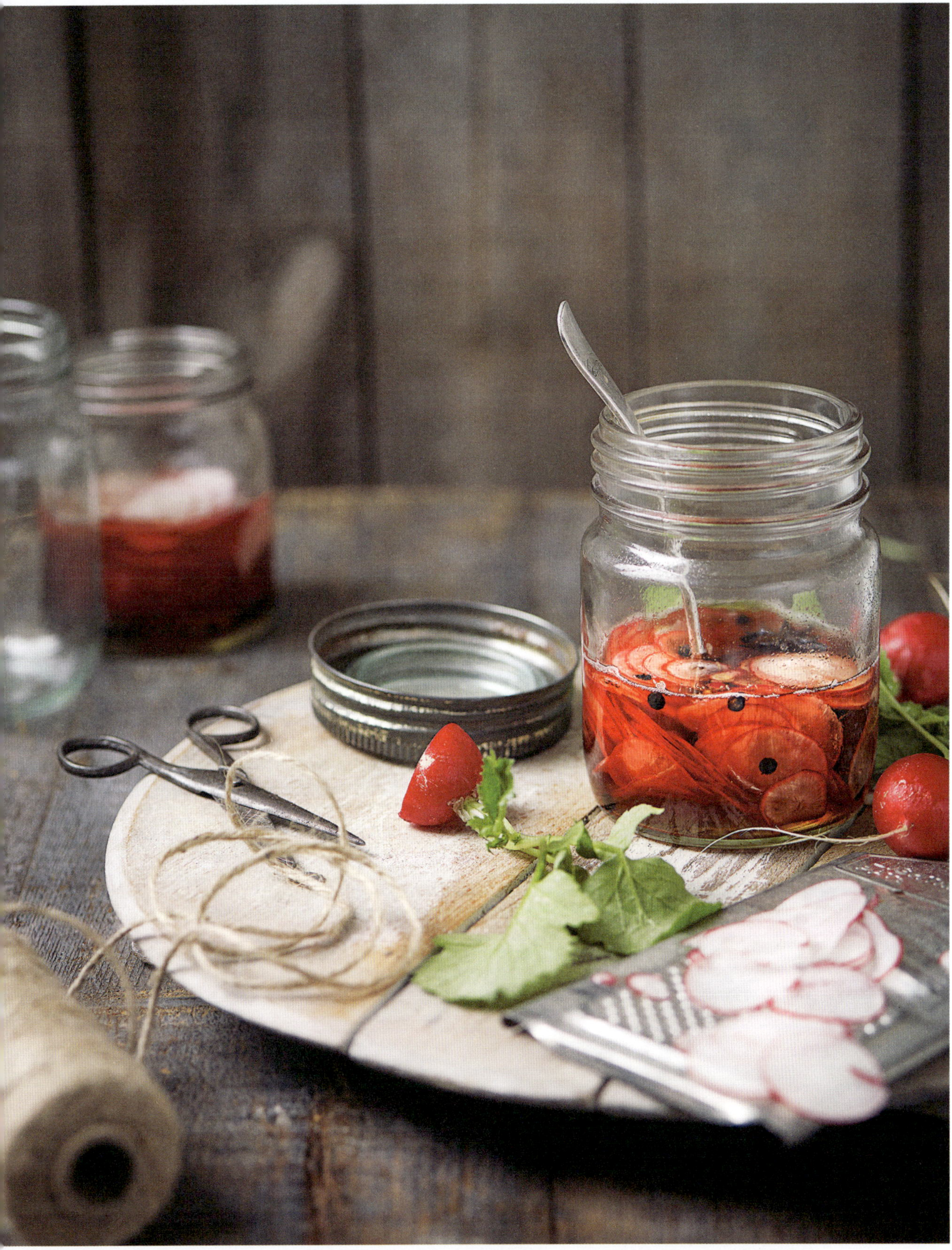

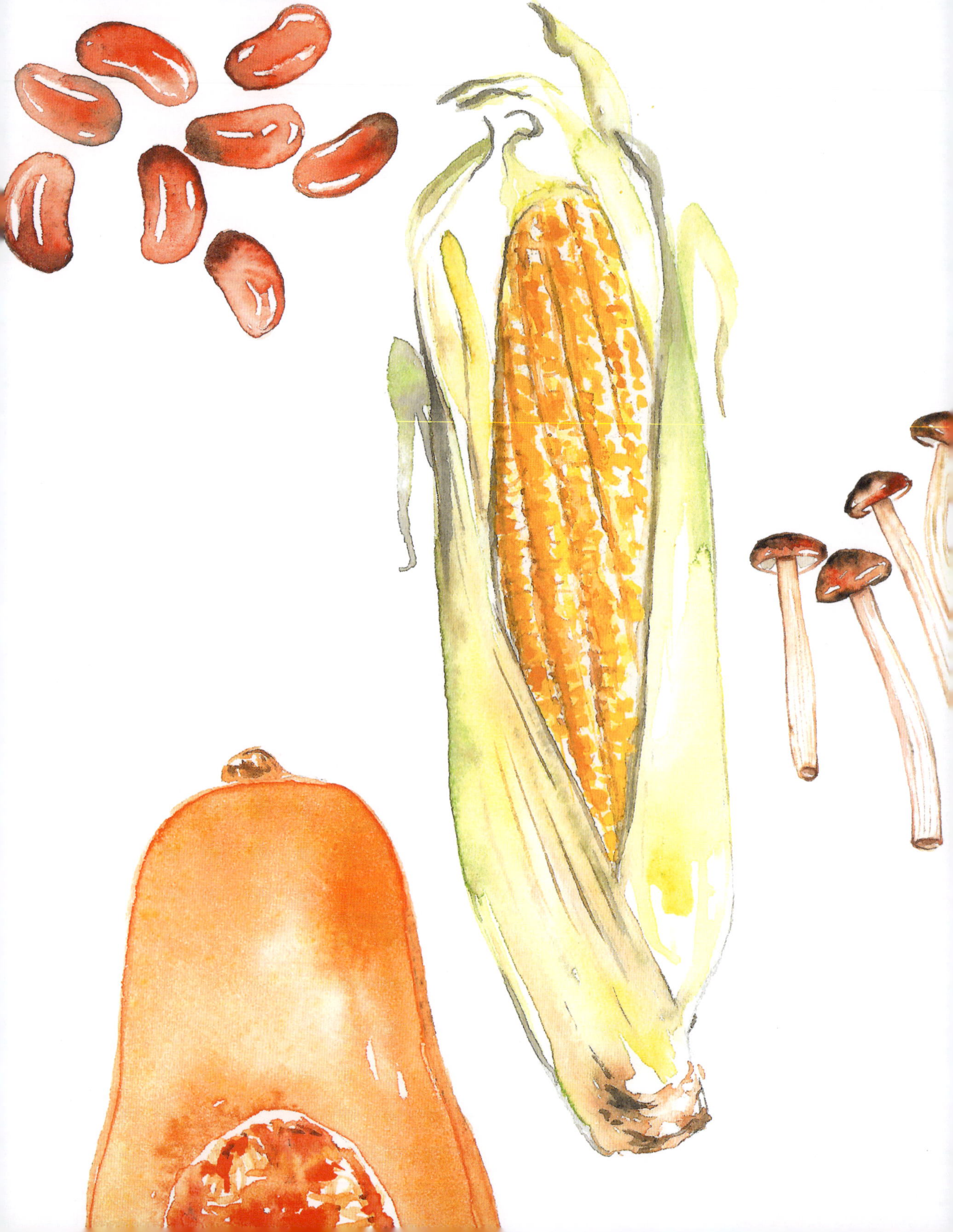

REFEIÇÕES FÁCEIS
SOPA DE TORTILHA
SOPA DE CHAMPIGNON
  COM GREMOLATA DE RÚCULA E NOZES
SOPA DE TOMATE ASSADO
 COM BATATA E ALECRIM
CURRY DE LENTILHA E ESPINAFRE
JAMBALAYA DE ORZO
BATATA RECHEADA COM MILHO-VERDE
SALADA CROCANTE DE BRÓCOLIS E CENOURA
 COM MOLHO DE ALHO E GENGIBRE
COGUMELO MARINADO NO MISSÔ
COLESLAW DE REPOLHO ROXO
TABULE DE QUINOA COM MOLHO DE HARISSA
CUSCUZ MARROQUINO DE COUVE-FLOR
 COM FIGO
MACARRÃO DE ARROZ VIETNAMITA
TRIGUILHO COM VEGETAIS ASSADOS
ESPAGUETE VERDE
TORTINHA DE CHAMPIGNON E GRÃO-DE-BICO
TACO COM NOZES
TAQUITO DE FEIJÃO-PRETO
 COM MOLHO ENCHILADA

SOPA DE TORTILHA

Essa receita aquece e satisfaz, é perfeita para um jantar durante a semana e resolve minha obsessão eterna pelo México. Com sabor intenso, ainda que não seja muito picante, é o prato que me ajuda a atravessar um período agitado. Na verdade, preparo a sopa com antecedência e reaqueço quando necessário. As tirinhas crocantes de tortilha são o ponto alto (daí o nome) e realmente enriquecem a combinação de texturas. Tenho certeza de que esse prato será um favorito também na sua cozinha.

Rende 4 porções

azeite, para refogar, mais 1 colher (sopa) para a tortilha
1 cebola roxa picada finamente
½ bulbo de erva-doce picado finamente
1 talo de aipo picado finamente
3 dentes de alho cortados em fatias
1 pimentão vermelho sem sementes picado finamente
1 abobrinha pequena picada finamente
1 pimenta-malagueta sem sementes cortada em rodelas
1 colher (chá) cheia de páprica defumada
½ colher (chá) de cominho em pó
uma pitada de pimenta-de-caiena
400 g de tomate pelado em lata
150 g de milho-verde cozido e escorrido
200 g de feijão-roxinho cozido e escorrido
1 colher (sopa) de purê de tomate
1 tortilha grande de farinha de trigo
1 avocado maduro cortado em cubos
folhas de coentro fresco e suco de limão, para servir
sal marinho
pimenta-do-reino moída na hora

1. Em uma panela grande, aqueça um pouco de azeite. Junte a cebola roxa, a erva-doce e o aipo. Tempere com sal marinho e pimenta-do-reino, tampe e refogue em fogo baixo até começar a ficar macio. Acrescente o alho e refogue por 5 minutos.

2. Adicione o pimentão vermelho, a abobrinha e a pimenta-malagueta. Tempere, tampe e refogue em fogo baixo até ficar macio.

3. Acrescente as especiarias. Tempere, tampe e deixe desprenderem seu aroma e sabor por alguns minutos. Junte o tomate, cozinhe por 5 minutos e amasse-o com o dorso de uma colher. Tempere e acrescente 1,5 litro de água. Adicione o milho-verde, o feijão-roxinho e o purê de tomate. Cozinhe em fogo baixo por 20 minutos, sem deixar ferver.

4. Preaqueça o forno a 200°C. Corte a tortilha em tirinhas, regue com 1 colher (sopa) de azeite, espalhe em uma assadeira e asse por 10-12 minutos, até dourar, virando uma vez.

5. Divida entre quatro tigelas e finalize com a tortilha e cubos de avocado. Sirva com coentro e suco de limão.

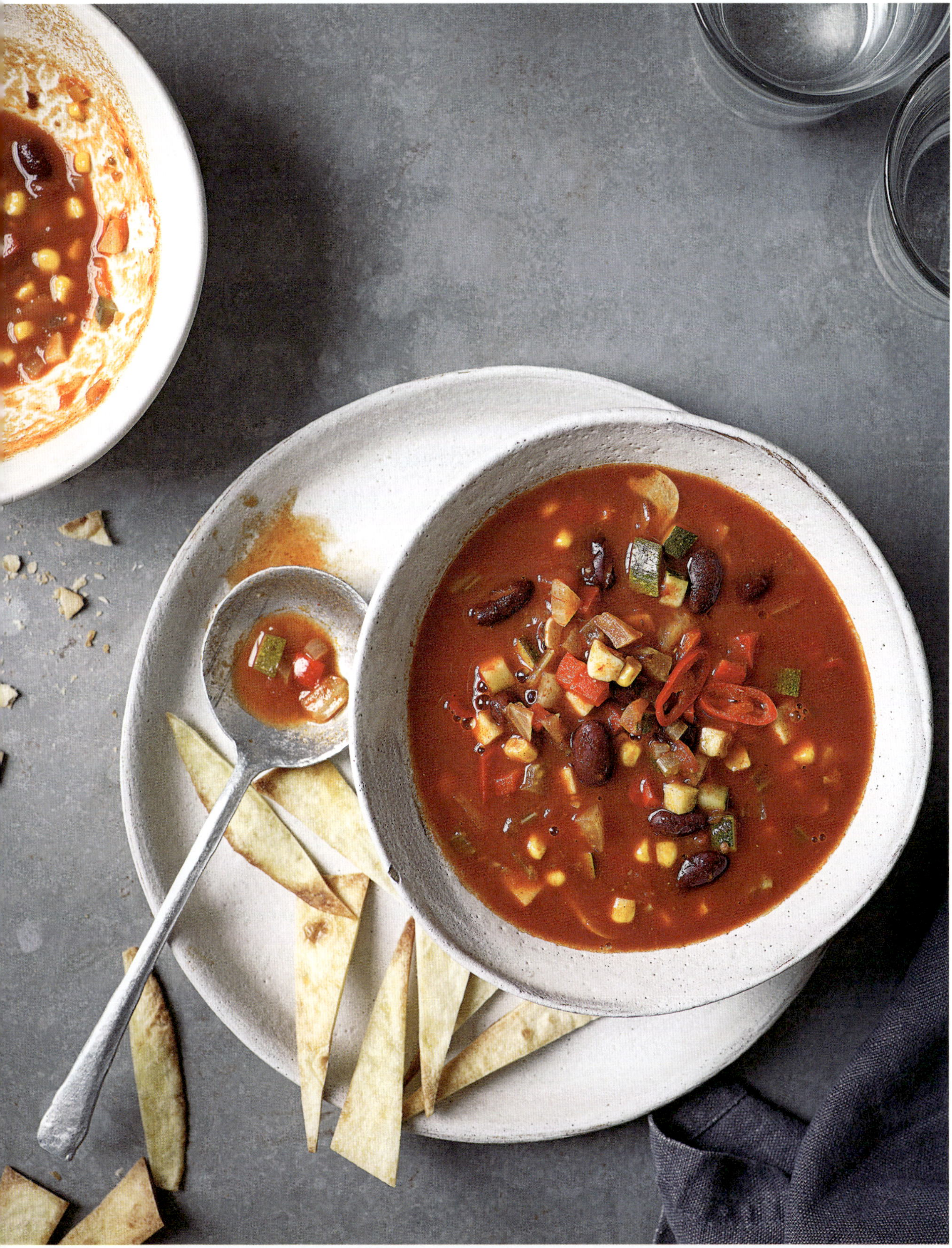

SOPA DE CHAMPIGNON COM GREMOLATA DE RÚCULA E NOZES

SEM GLÚTEN

O estragão não é um ingrediente muito comum e, embora eu não possa dizer que o use com frequência, gosto de adicionar um pouco do seu toque anisado a diversas de minhas receitas preferidas – sim, essa sopa de champignon é uma delas. Esse prato, em particular, é intenso, rústico e tem sabor pronunciado, e, mesmo que eu sugira dividi-lo em duas ou três tigelas na hora de servir, sou capaz de consumir tudo sozinha. A gremolata acrescenta a textura necessária para o que pode ser descrito, no meu estilo exagerado, como o "néctar dos deuses". **Rende 2-3 porções**

1-2 colheres (sopa) de azeite
1 cebola roxa picada finamente
3 dentes de alho amassados
250 g de champignon picado grosseiramente
15 g de estragão picado grosseiramente
suco de ½ limão-siciliano
1 tablete de caldo de legumes
uma colherada de creme de soja, mais um pouco para servir
sal marinho
pimenta-do-reino moída na hora

PARA A GREMOLATA
um punhado de rúcula
1 colher (sopa) de nozes
1 colher (sopa) de sementes de girassol
suco de limão-siciliano
1 colher (sopa) de azeite extravirgem

1. Em uma panela com fundo grosso, aqueça 1-2 colheres (sopa) de azeite. Junte a cebola roxa, tempere com sal marinho e pimenta-do-reino e refogue em fogo baixo até ficar translúcida.
2. Acrescente o alho e salteie por alguns minutos. Adicione o champignon, tempere e salteie até começar a ficar macio.
3. Junte o estragão, o suco de limão-siciliano e um pouquinho de pimenta-do-reino. Refogue em fogo baixo por alguns minutos, para impregnar os sabores. Cubra com 1 litro de água, acrescente o caldo de legumes e cozinhe por 10-15 minutos em fogo baixo.
4. Transfira para o processador ou liquidificador e bata até ficar homogêneo. Volte à panela, adicione um pouco de creme de soja e aqueça.
5. Enquanto a sopa está no fogo, você pode preparar a gremolata: com uma faca, pique juntos a rúcula, as nozes e as sementes de girassol. Tempere, regue com um pouco de suco de limão-siciliano e junte o azeite. Continue a bater com a faca até obter uma mistura grosseira e com sabor de nozes. Reserve até a hora de servir.
6. Divida a sopa entre duas tigelas aquecidas, regue com um pouco de creme de soja e finalize com a gremolata.

SEM GLÚTEN

SOPA DE TOMATE ASSADO COM BATATA E ALECRIM

Essa é uma receita que me traz muitas lembranças – e imagino que isso também ocorra com muita gente na Inglaterra. Mas hoje prefiro algo mais saudável àquela sopa enlatada da minha juventude. Preparar essa deliciosa sopa de tomate em casa não poderia ser mais fácil: basta colocar tudo na assadeira e deixar o trabalho pesado para o forno. O mesmo vale para as batatas. Agora, em vez de abrir a lata, é só abrir a porta do forno. **Rende 2 porções**

4 tomates grandes cortados ao meio
1 cebola roxa picada grosseiramente
3 dentes de alho descascados
3 ramos de alecrim
1 colher (sopa) de vinagre balsâmico
2 colheres (sopa) de azeite
1 colher (sopa) de maple syrup
sal marinho
pimenta-do-reino moída na hora

PARA A BATATA
400 g de batata-bolinha
folhas de 2 ramos de alecrim picadas finamente
1-2 colheres (sopa) de azeite

1. Preaqueça o forno a 200°C.
2. Coloque o tomate e a cebola roxa em uma assadeira grande. Por cima, distribua o alho e o alecrim; regue com o vinagre balsâmico, o azeite e o maple syrup. Tempere generosamente com sal marinho e pimenta-do-reino e asse por cerca de 1 hora, até o tomate ficar completamente cozido e borbulhante.
3. Enquanto isso, prepare a batata: coloque-a em uma assadeira pequena e distribua o alecrim por cima. Tempere e regue com azeite. Asse por cerca de 45 minutos, até dourar e ficar crocante.
4. Com cuidado, transfira o tomate assado para o processador ou liquidificador e bata até ficar homogêneo. Despeje em uma panela, junte 500 ml de água (ou um pouco mais, se quiser a sopa menos densa), acerte o tempero e aqueça em fogo baixo.
5. Divida a sopa em duas tigelas e sirva com a batata no centro.

SEM GLÚTEN

CURRY DE LENTILHA E ESPINAFRE

Não sou especialista em curry. Essa receita, na verdade, é uma combinação de diferentes tradições culinárias em uma única e harmoniosa panela. Seria indiana? Nepalesa? Quem sabe? Só tenho certeza de que sacia a vontade de comer a iguaria e, mesmo que pareça levar uma eternidade no fogo, o resultado vale a pena. Não é muito picante, tem sabor equilibrado graças ao leite de coco e usa uma pequena – mas crucial – quantidade de açúcar de palma (se não encontrar, use o mascavo). Sei que o açúcar faz parte da lista negra nutricional, mas um pouquinho aqui e ali faz bastante diferença em um molho.

Rende 2-4 porções

1 colher (sopa) de óleo de coco
1 cebola picada
1 cenoura picada
1 dente de alho
2,5-3 cm de gengibre fresco descascado
1 pimenta-malagueta
125 g de lentilha puy ou ervilha seca
400 ml de leite de coco
½ tablete de caldo de legumes sem glúten
1 colher (sopa) de purê de tomate
150 g de espinafre
30 g de coentro fresco picado grosseiramente
sal marinho
pimenta-do-reino moída na hora
arroz integral, para servir

PARA O MOLHO DE PEPINO E COCO
¼ de pepino pequeno
2 colheres (sopa) de creme de coco [nota p. 36]
suco de ½ limão
1 cebolinha picada finamente
sal

PARA O CURRY EM PÓ
sementes de 3 bagas de cardamomo
½ colher (chá) de garam masala
½ colher (chá) de açúcar de palmeira ou outro adoçante vegano
alguns grãos de pimenta-do-reino
uma pitada de pimenta-de-caiena

1. Comece pelo molho de pepino e coco. Retire as sementes do pepino e rale-o finamente, espremendo para retirar o excesso de líquido. Junte aos outros ingredientes e misture, sem salgar demais – uma pitada de sal é suficiente. Reserve na geladeira.

2. Em um almofariz, bata todos os ingredientes do curry até obter um pó fino.

3. Aqueça o óleo de coco em uma frigideira grande com fundo grosso. Junte a cebola e a cenoura, tempere e refogue, até começar a ficar macio.

4. Com uma faca, pique juntos o alho, o gengibre e a pimenta-malagueta. Leve-os à frigideira, tampe e refogue até ficar aromático. Adicione a lentilha puy, misture e deixe os grãos absorverem os sabores. Polvilhe com o curry em pó, tampe e refogue por vários minutos, até as especiarias ficarem tostadas e impregnarem os demais ingredientes.

5. Junte o leite de coco, o caldo de legumes e 150 ml de água. Tampe e cozinhe em fogo médio por 1 hora, até cozinhar a lentilha.

6. Adicione o purê de tomate e ferva para reduzir o molho, sem tampar, por 10 minutos. Junte o espinafre e tampe, até murchar.

7. Coloque o coentro (reserve um pouco para decorar). Assim que o molho estiver reduzido e o espinafre, murcho, sirva sobre arroz integral com uma colherada do molho.

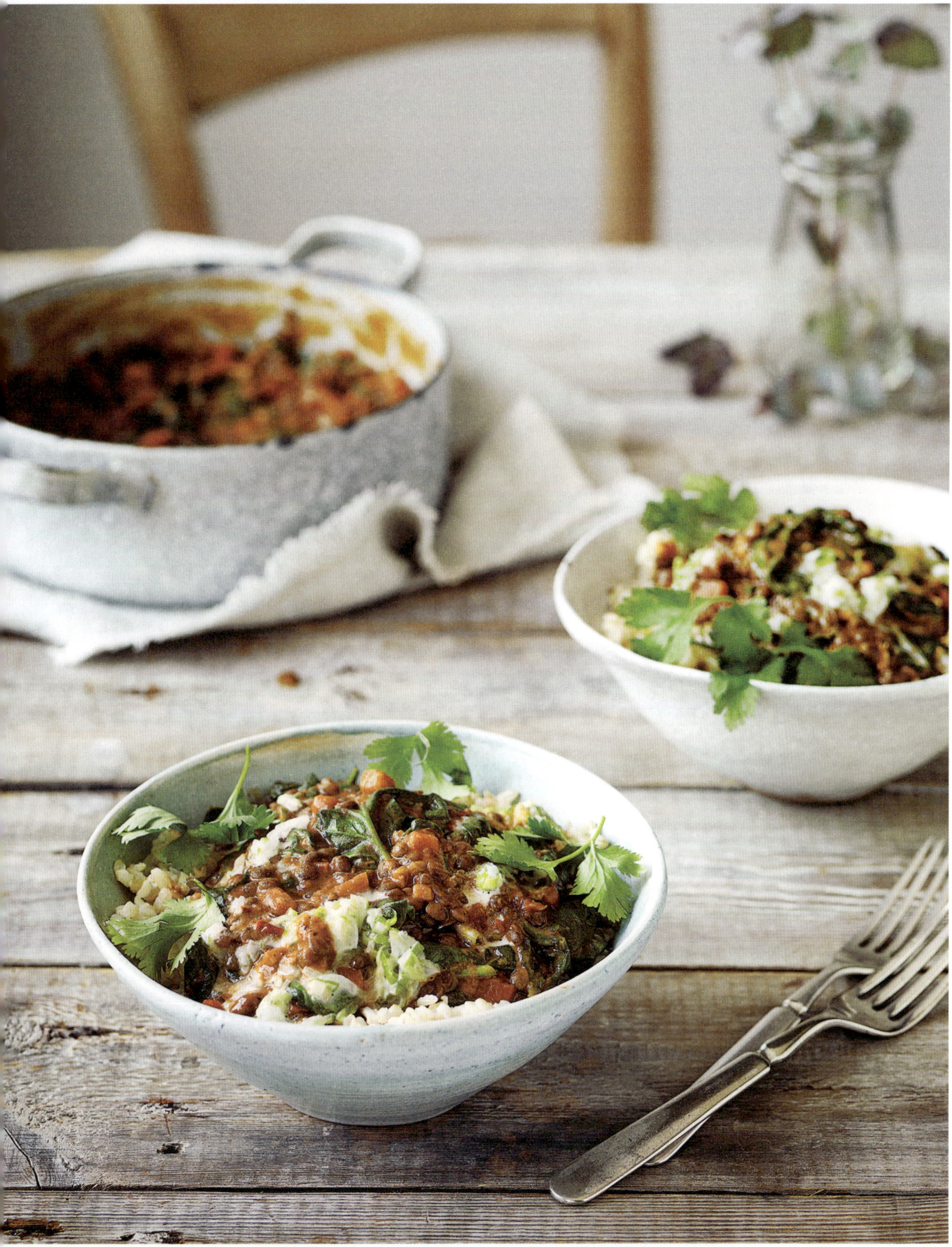

JAMBALAYA DE CEVADINHA

Essa é uma receita tão prática que nem precisa de muito preparo ou planejamento, e é ideal para jantares rápidos. Adoro substituir o arroz por orzo – na verdade, esse é meu jeito preferido de preparar esse tipo de macarrão. Chamei de jambalaya porque lembra um prato que descobri nos Estados Unidos – e também porque sou fã dos Carpenters. Fica com sabor um pouco defumado, adocicado e agradável – credenciais importantes para uma refeição durante a semana.

Rende 2-3 porções

1 colher (sopa) de azeite
1 cebola picada finamente
3 dentes de alho amassados
1 pimenta-malagueta sem sementes picada finamente
1 pimentão vermelho grande sem sementes picado grosseiramente
um punhado de tomate-cereja cortado ao meio
1 colher (chá) cheia de páprica defumada
200 g de cevadinha
1 litro de caldo de legumes
50 g de ervilha congelada
50 g de milho-verde congelado ou em lata escorrido
sal marinho
pimenta-do-reino moída na hora

PARA SERVIR
30 g de salsa fresca rasgada
azeite extravirgem, para regar
pimenta-calabresa em flocos, para finalizar

1. Em uma frigideira grande, aqueça o azeite, junte a cebola, tempere com sal marinho e pimenta-do-reino e refogue até ficar translúcida. Acrescente o alho e a pimenta-malagueta; refogue em fogo médio, até ficar aromático.
2. Adicione o pimentão e o tomate-cereja. Tempere, junte a páprica e refogue até o pimentão começar a ficar macio.
3. Misture o orzo e deixe que incorpore os sabores. Acrescente o caldo de legumes e cozinhe em fogo baixo até absorver todo o líquido, mexendo de vez em quando para não grudar. Adicione a ervilha e o milho; aqueça todos os ingredientes e, se necessário, coloque mais um pouco de água para evitar que o orzo grude.
4. Tempere e sirva com salsa, azeite e a pimenta-calabresa em flocos.

SEM GLÚTEN

BATATA RECHEADA COM MILHO-VERDE

Na minha opinião, a humilde batata assada não recebe a valorização que merece – e a tendência de colocá-la no micro-ondas tem certa responsabilidade sobre isso. Acredito que seja minha obrigação, portanto, trazer de volta a receita de casca crocante e miolo macio. Sim, é um prato simples, mas muitas vezes dá errado – e eu não tolero cascas empapadas. O truque é furar toda a pele, esfregar com azeite e sal e colocar diretamente sobre a grade do forno. Isso mesmo, sem assadeiras ou refratários: basta jogar as belezinhas lá dentro para obter a batata assada perfeita. E, como eu gosto de um recheio, dei um passo a mais e esse é o resultado, um pouquinho mais especial. Se quiser, use batata-doce seguindo as mesmas instruções.

Rende 2-4 porções

2 batatas grandes para assar, como Asterix ou Ágata
azeite, para untar e fritar
2 colheres (sopa) de creme de soja
1 colher (sopa) de pimentão vermelho cortado em cubos
1 colher (sopa) de pimentão amarelo cortado em cubos
1 espiga de milho
¼ de colher (chá) de páprica defumada
uma pitada de pimenta-de-caiena
1 cebolinha cortada em fatias
1 colher (chá) de mostarda de Dijon
levedura nutricional (p. 10), para polvilhar (opcional; nesse caso, não é um prato sem glúten)
sal marinho
pimenta-do-reino moída na hora

PARA SERVIR
1 colher (sopa) cheia de cebolinha-francesa picada
4 colheres (sopa) de Sour cream de castanha-de-caju (p. 121)

1. Preaqueça o forno a 200°C. Fure as batatas com um garfo, esfregue-as com o azeite e o sal marinho e coloque-as direto na grade do forno. Asse por cerca de 1 hora, até a casca ficar crocante.
2. Espere esfriar por alguns minutos, corte ao meio e transfira a polpa para uma vasilha grande. Tempere a polpa com sal marinho e pimenta-do-reino, junte o creme de soja e amasse grosseiramente com um garfo.
3. Em uma frigideira, aqueça um pouco de azeite e junte os dois tipos de pimentão. Tempere e refogue um pouco em fogo alto até começar a dourar e ficar macio.
4. Aqueça uma frigideira canelada em fogo alto. Esfregue a espiga de milho com um pouco de azeite e grelhe até ficar levemente chamuscada. Com uma faca afiada, retire os grãos e junte à frigideira com o pimentão. Tempere com páprica defumada e pimenta-de-caiena e refogue por 1-2 minutos; acrescente a cebolinha e refogue até ficar levemente macia.
5. Adicione essa mistura e a mostarda de Dijon à batata amassada. Tempere generosamente e mexa, para incorporar.
6. Transfira o recheio de volta para a casca das batatas, polvilhe-as com a levedura nutricional, coloque em uma assadeira e asse por 30 minutos, até dourar.
7. Misture a cebolinha-francesa ao Sour cream de castanha-de-caju; se necessário, junte um pouco de Leite vegetal (p. 28) para diluir. Coloque uma boa colherada sobre a batata e sirva.

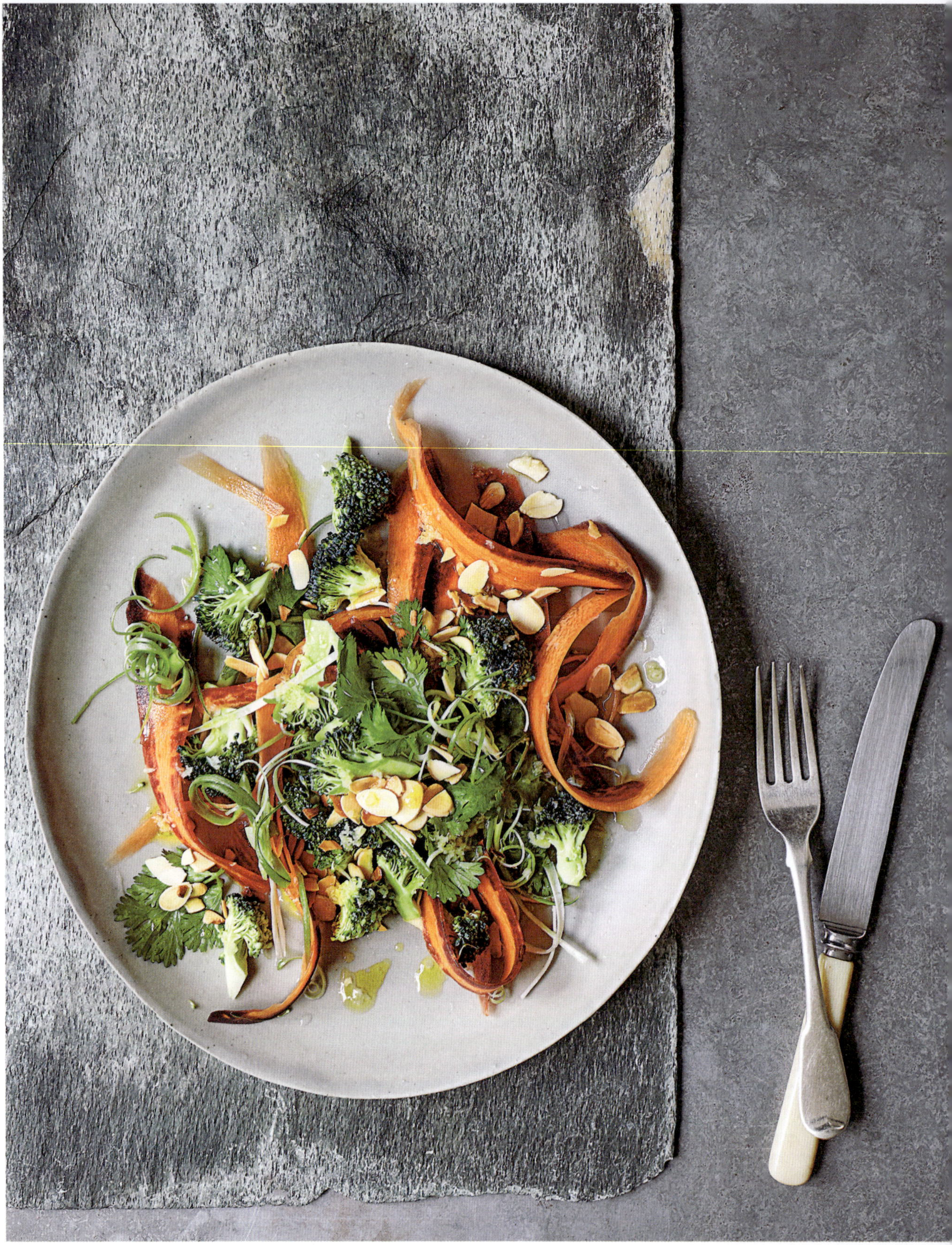

SEM GLÚTEN

SALADA CROCANTE DE BRÓCOLIS E CENOURA COM MOLHO DE ALHO E GENGIBRE

A simplicidade é a base da minha cozinha – e, na verdade, da minha alimentação. Posso até refletir um pouco sobre nutrientes e outras coisas, mas realmente sigo o instinto e, mais importante, o gosto. Essa salada faz parte das receitas que me dão imenso prazer no quesito sabor e ainda trazem benefícios. Fiz o prato para o meu pai, depois que ele passou por uma cirurgia, e tenho certeza de que ajudou em sua recuperação. O gengibre é ótimo para combater náuseas, e o alho tem diversas propriedades medicinais. Deixando isso tudo de lado, porém, acho que você vai gostar igualmente da consistência crocante, valorizada pelo que pode ser descrito como um molho de salada campeão.

Rende 2 porções

½ maço de brócolis cortado em pequenos floretes (sem os talos)
2 cenouras raladas
1 cebolinha cortada em fatias finas
30 g de folhas de coentro fresco
2 colheres (sopa) de amêndoa em lascas tostada

PARA O MOLHO
2 dentes de alho
2,5-3 cm de gengibre descascado
suco de ½ limão-siciliano
½ colher (sopa) de xarope de agave ou outro adoçante vegano
½ colher (sopa) de vinagre de maçã
2 colheres (sopa) de azeite

NOTA: Para tostar amêndoa em lascas, aqueça uma frigideira em fogo médio e toste por cerca de 10 minutos. Mexa com frequência, pois pode queimar em questão de segundos.

1. Em uma tigela média, misture os brócolis, a cenoura e a cebolinha.
2. Para o molho, bata o alho e o gengibre em um almofariz até obter uma pasta. Junte os outros ingredientes e bata vigorosamente até emulsionar.
3. Despeje metade do molho sobre os vegetais e misture. Acrescente a maior parte do coentro e o molho restante. Mexa e adicione a maior parte da amêndoa.
4. Sirva em uma saladeira rasa e finalize com o coentro e a amêndoa restantes.

SEM GLÚTEN

COGUMELO MARINADO NO MISSÔ

O missô é uma pasta poderosa, um presente dos deuses para minha despensa vegana e especialmente útil quando preciso de algum sabor intenso. Uso em muitos pratos (é uma base robusta para sopas), mas eu o adoro mesmo em marinadas, como as que se beneficiam da churrasqueira. O cogumelo portobello parece uma escolha preguiçosa para veganos (pode bocejar), porém, antes de esquecer de vez o ingrediente, experimente-o nessa marinada intensa e dê-lhe uma nova chance. Mas se você de fato não puder mais ver esse cogumelo pela frente, a marinada também fica ótima com berinjela assada – basta dividi-la ao meio, fazer alguns cortes e regar com o molho antes de cobrir com papel-alumínio e levar ao forno por cerca de 30 minutos, ou até ficar macia. Fica bom também com tofu e como molho para batata assada picada grosseiramente.

Rende 4 porções

---

4 cogumelos portobello

PARA A MARINADA
1 colher (sopa) cheia de missô
1 colher (chá) de tamari ou molho de soja (atenção: molho de soja contém glúten)
1 colher (chá) de óleo de gergelim
1 colher (sopa) de xarope de agave
1 colher (sopa) de azeite
suco de 1 limão

DICA: É uma ótima receita para churrascos: coloque o cogumelo na grelha quente por 30 minutos, virando uma vez, e vá pincelando com a marinada até assar.

1. Preaqueça o forno a 200°C. Limpe o cogumelo delicadamente, usando papel-toalha ou um pano de prato. Mantenha os talos.

2. Em uma tigela pequena, bata os ingredientes da marinada até ficar homogêneo e brilhante. Pincele o cogumelo generosamente e reserve por 30 minutos, para absorver o sabor. Reserve um pouco da marinada para pincelar durante o cozimento.

3. Coloque o cogumelo em uma assadeira e leve ao forno por 40 minutos, pincelando com a marinada restante a partir da metade do tempo.

4. Sirva com pão, num wrap ou em fatias com purê cremoso – meu jeito preferido.

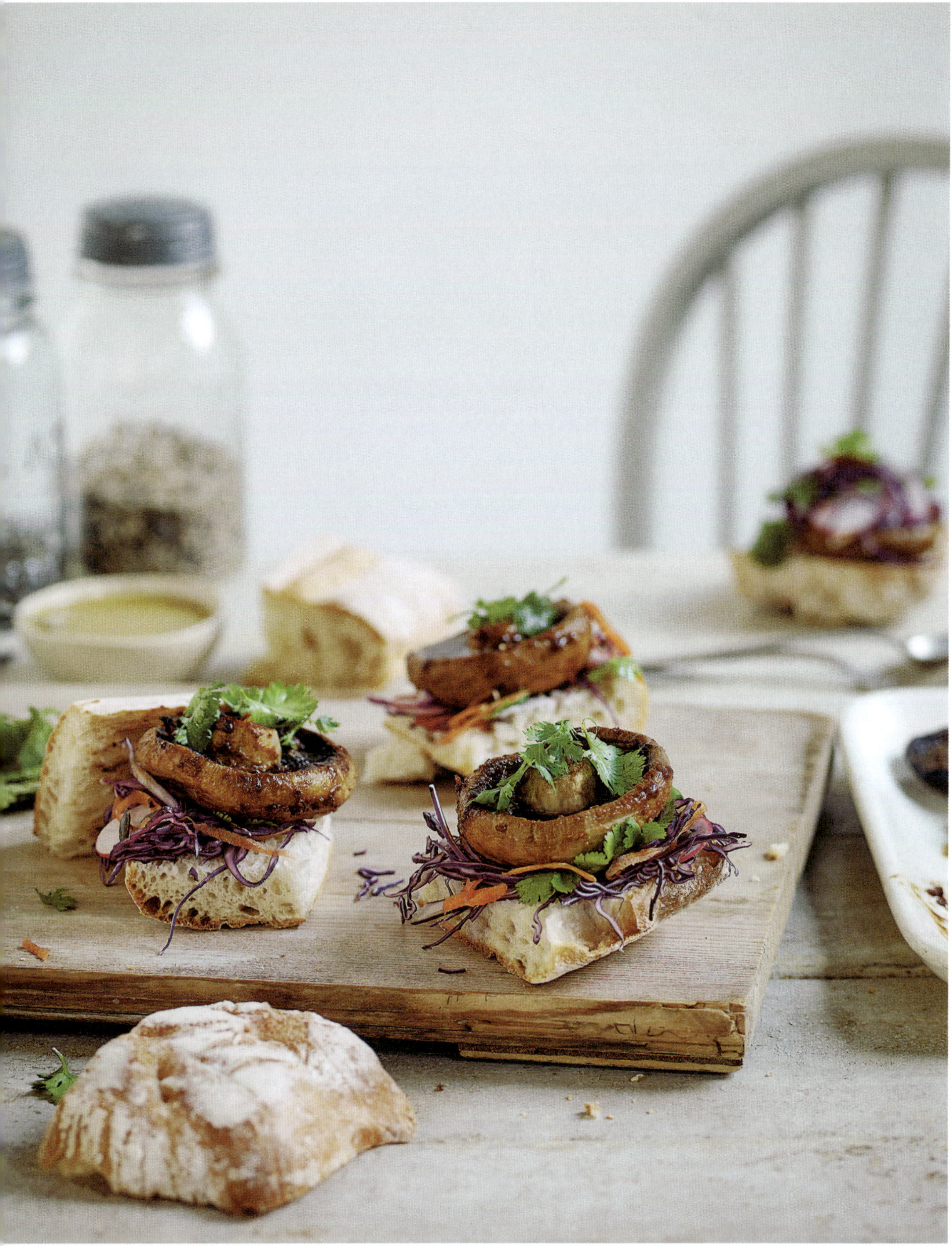

SEM GLÚTEN

COLESLAW DE REPOLHO ROXO

Esse é um dos pontos altos do meu churrasco. Nenhuma reunião fica completa sem uma grande travessa dessa salada ao lado de vegetais marinados e grelhados. Repleta de textura e personalidade, está a anos-luz da coleslaw encharcada de maionese que você provavelmente comia quando criança. O molho de mostarda de Dijon dá vida ao repolho sem mascarar os sabores – mas corte a verdura o mais fino possível, para aproveitá-la da melhor maneira. Se não tiver muita habilidade com as facas, a mandolina é o utensílio perfeito para realizar a tarefa. Só tome cuidado com seus preciosos dedinhos. **Rende 4-6 porções**

½ repolho roxo pequeno ralado ou cortado em fatias bem finas
1 cenoura grande ralada
½ cebola roxa cortada em fatias bem finas
um punhado de ervilha-torta cortada na diagonal
4 rabanetes cortados em rodelas bem finas ou 2 colheres (sopa) cheias do Picles rápido de rabanete (p. 68)
1 colher (sopa) cheia de sementes de abóbora
30 g de coentro fresco picado grosseiramente

PARA O MOLHO SIMPLES DE MOSTARDA DE DIJON
1 colher (sopa) de mostarda de Dijon
1 colher (sopa) de vinagre de vinho tinto
1 colher (sopa) de xarope de agave
2 colheres (sopa) de azeite extravirgem
suco de ½ limão-siciliano
sal marinho
pimenta-do-reino moída na hora

1. Em uma saladeira grande, misture delicadamente o repolho e a cenoura. Junte a cebola roxa.
2. Acrescente a ervilha-torta e o rabanete. Misture, para combinar os ingredientes – a melhor maneira é usar as mãos limpas.
3. Em outra vasilha, bata os ingredientes do molho até emulsionar. Regue a salada e mexa, para incorporar.
4. Adicione as sementes de abóbora e o coentro. Antes de servir, misture mais uma vez.

SEM GLÚTEN

TABULE DE QUINOA COM MOLHO DE HARISSA

Embora eu ame a receita tradicional, essa versão com quinoa é uma variação muito bem-vinda. Uso tomate seco no lugar do fresco e um pouquinho menos de salsa do que o normal, mas o suficiente para chamar o prato de tabule. Sirvo como acompanhamento, mas também fica ótimo em wraps – basta rechear, enrolar e comer.

Rende 2-4 porções

250 g de quinoa
suco de ½ limão-siciliano
1 cebolinha picada finamente
1 talo de aipo picado finamente
6 tomates secos picados
20 g de hortelã fresca picada finamente
150 g de salsa fresca picada finamente
30 g de sementes de abóbora sem casca
50 g de pinhole tostado
sal marinho
pimenta-do-reino moída na hora

PARA O MOLHO DE HARISSA
1 colher (chá) cheia de pasta de harissa
suco de ½ limão-siciliano
1 colher (chá) de vinagre de vinho tinto
1 colher (sopa) de azeite
1 colher (chá) de xarope de agave

1. Lave bem a quinoa e coloque-a em uma panela. Cubra com água (uso uma parte de quinoa para duas de água), tampe e cozinhe até absorver todo o líquido. Reserve, para esfriar, e afofe com um garfo.
2. Assim que estiver fria, transfira para uma tigela, regue com o suco de limão--siciliano e tempere com sal marinho e pimenta-do-reino. Misture, para incorporar.
3. Junte a cebolinha, o aipo e o tomate seco; misture.
4. Coloque os ingredientes do molho em uma vasilha e bata para incorporar. Despeje sobre a quinoa e misture.
5. Adicione as ervas, as sementes de abóbora e o pinhole. Acerte o tempero, mexa e sirva em temperatura ambiente.

SEM GLÚTEN

CUSCUZ MARROQUINO DE COUVE-FLOR COM FIGO

Embora muitos considerem a couve-flor insossa, essa receita tem uma combinação incrível de sabores que a deixa mais para "promessa de Oriente Médio" do que para "almoço sem graça de domingo". Crocante e com diversas texturas, tem aquele umami difícil de descrever – graças à adição de especiarias delicadas, figos doces assados e um molho de homus muito fácil – e tudo para se tornar sua maneira preferida de servir esse ingrediente familiar e reconfortante. Para matar a vontade de carboidratos sem as mesmas calorias nem a sensação de ficar inchado depois de comer, adote esse cuscuz sem grãos como um acompanhamento básico em suas refeições.

Rende 2 porções

* A echalota é um tipo de cebola com sabor levemente adocicado e mais suave. Caso não encontre, substitua por cebola-pérola ou cebola roxa, neste caso em menor quantidade que a pedida na receita.
** Ras el hanout é uma mistura de especiarias típica do Magreb.

1 couve-flor pequena separada em floretes
1 colher (chá) cheia de óleo de coco
2 echalotas* cortadas em cubos pequenos
1 cenoura grande cortada em cubos pequenos
2 dentes de alho ralados
1 cm de gengibre fresco descascado e ralado
1 colher (chá) cheia de Conserva rápida de limão (p. 58)
um punhado de uva-passa
um punhado de amêndoa em lascas tostada [nota p. 81]
sal marinho
pimenta-do-reino moída na hora

PARA O RAS EL HANOUT**
1 colher (chá) cheia de cominho em pó
1 colher (chá) de coentro em pó
1 colher (chá) de cúrcuma em pó
½ colher (chá) de gengibre em pó
½ colher (chá) de pimenta-da-jamaica em pó
½ colher (chá) de páprica em pó
¼ de colher (chá) de canela em pó
¼ de colher (chá) de noz-moscada ralada na hora

PARA O FIGO ASSADO
2 figos maduros
1 colher (chá) de óleo de coco
xarope de agave e xarope de romã
sal

PARA O MOLHO DE ABOBRINHA
4 colheres (sopa) cheias de Pasta cremosa de abobrinha (p. 58)
suco de ½ limão-siciliano
pimenta-do-reino moída na hora

1. Preaqueça o forno a 180°C.
2. Para o figo, faça dois talhos na fruta para separá-la em quartos, deixando a base unida. Unte um refratário pequeno com óleo de coco. Junte o figo, regue com um fio de xarope de agave e de xarope de romã e tempere com um pouco de sal. Asse por 25-30 minutos, ou até ficar macio e suculento.
3. Coloque a couve-flor no processador e pulse até obter a consistência de cuscuz.
4. Aqueça o óleo de coco em uma frigideira com fundo grosso. Refogue a echalota, a cenoura, o alho e o gengibre em fogo médio até começar a ficar macio. Refogue por mais 5 minutos e junte a couve-flor.
5. Acrescente as especiarias do ras el hanout e refogue, mexendo por cerca de 10 minutos. Retire do fogo e adicione a Conserva rápida de limão e a uva-passa. Acerte o tempero e deixe esfriar por alguns minutos. Reserve algumas amêndoas e junte o restante ao cuscuz.
6. Em uma tigela, bata a Pasta cremosa de abobrinha com o suco de limão-siciliano e um pouco de pimenta-do-reino, até ficar homogêneo.
7. Transfira o cuscuz para uma vasilha ou prato grande e cubra com o figo. Finalize com a amêndoa em lascas e o molho de abobrinha.

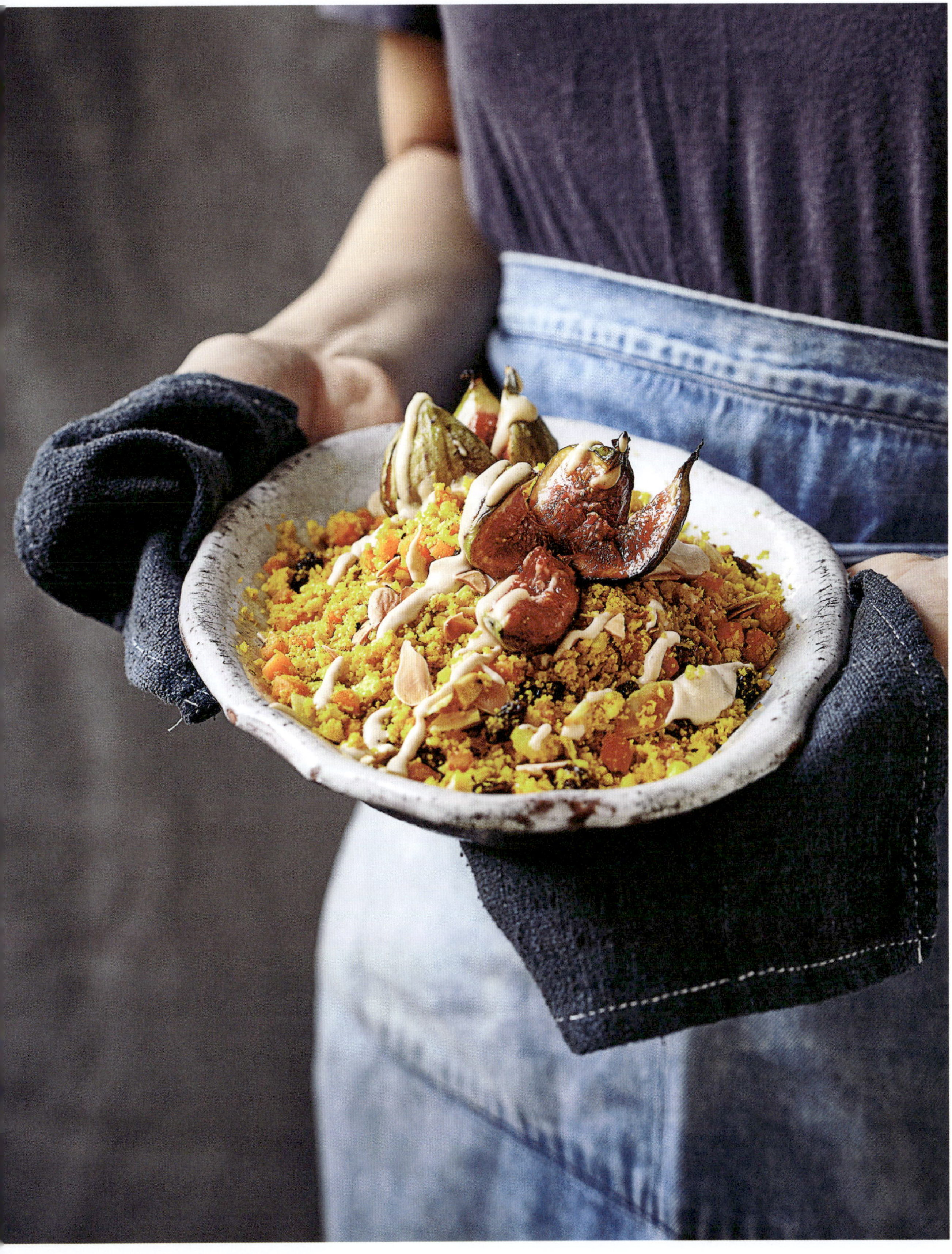

MACARRÃO DE ARROZ VIETNAMITA

Essa receita está mais para uma homenagem ao bun (prato vietnamita de macarrão de arroz bem fino com vegetais) do que para sua versão original – mas eu a adoro do mesmo jeito. Você pode acrescentar qualquer vegetal, mas sugiro fortemente a batata-doce cortada em espiral e a abóbora-cheirosa assada com teriyaki, uma combinação de outro mundo. Também adoro os complementos: lembre-se apenas de misturar tudo muito bem antes de comer, para não acabar com uma porção de macarrão sem molho. Falando nisso, você pode usar o molho que preferir, mas gosto da profundidade de sabores que essa receita caseira com amendoim oferece ao prato. P.S.: A melhor maneira de servir é em temperatura ambiente, então não se preocupe em manter o molho ou a massa superquente.

Rende 2 porções

½ abóbora-cheirosa em cubos
3 colheres (sopa) de molho de soja, mais um pouco para servir
2 colheres (sopa) de molho teriyaki, mais um pouco para servir
1 colher (sopa) de óleo de gergelim
1 colher (sopa) de óleo de canola, mais um pouco para fritar
1 dente de alho
2,5-3 cm de gengibre fresco descascado
1 pimenta-malagueta
1 batata-doce cortada em espiral
½ colher (sopa) de molho tamari
5 colheres (sopa) de coentro fresco picado
45 g de macarrão de arroz
50 g de milho-verde em lata escorrido
3-4 rabanetes cortados em rodelas bem finas
1 cebolinha picada finamente
1 colher (sopa) de sementes de gergelim
1 colher (sopa) de amendoim moído
uma pitada de pimenta-calabresa em flocos
molho de pimenta, como sriracha ou sambal oelek, para servir

PARA O MOLHO DE AMENDOIM
2 colheres (sopa) de pasta de amendoim
½ colher (sopa) de molho de soja ou tamari
½ colher (sopa) de xarope de agave ou maple syrup
½ colher (sopa) de molho teriyaki
½ colher (sopa) de sambal oelek [ou sriracha]
½ colher (sopa) de óleo de gergelim
suco de ½ limão

1. Preaqueça o forno a 200°C.
2. Coloque a abóbora-cheirosa em uma assadeira e misture com o molho de soja, o teriyaki e os dois tipos de óleo. Asse por cerca de 40 minutos, até ficar macia e caramelizada. Chacoalhe a assadeira de vez em quando para assar por igual.
3. Aqueça um pouco de óleo de canola. Pique o alho, o gengibre e a pimenta-malagueta juntos e leve-os à panela. Refogue em fogo baixo até ficar aromático. Acrescente a batata-doce e regue com o molho tamari. Adicione uma ou duas colheradas de água e cozinhe por alguns minutos, até começar a ficar macio. Junte 4 colheres (sopa) de coentro e reserve.
4. Despeje água fervente sobre o macarrão de arroz e deixe hidratar por cerca de 3-4 minutos. Escorra, enxágue e reserve.
5. Em uma tigela, bata os ingredientes do molho de amendoim com 2-3 colheres (sopa) de água até ficar homogêneo.
6. Divida o macarrão e a batata-doce entre duas vasilhas fundas. Por cima, de preferência em um dos lados, coloque a abóbora-cheirosa assada. Distribua o milho-verde, o rabanete, a cebolinha, as sementes de gergelim, o amendoim moído, a pimenta-calabresa e o coentro restante. Regue com um pouco de molho de amendoim, pingue molho de pimenta e misture antes de servir.

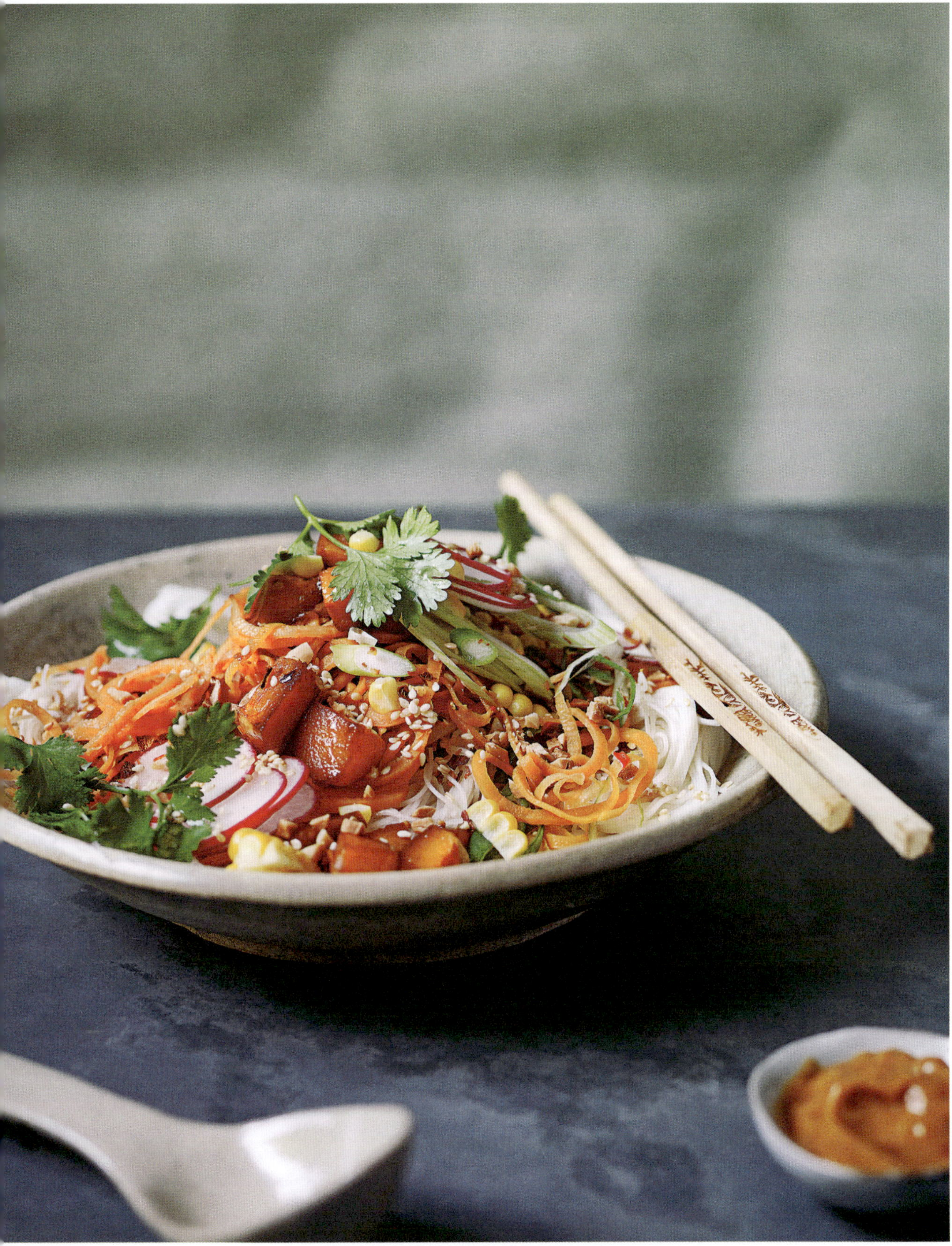

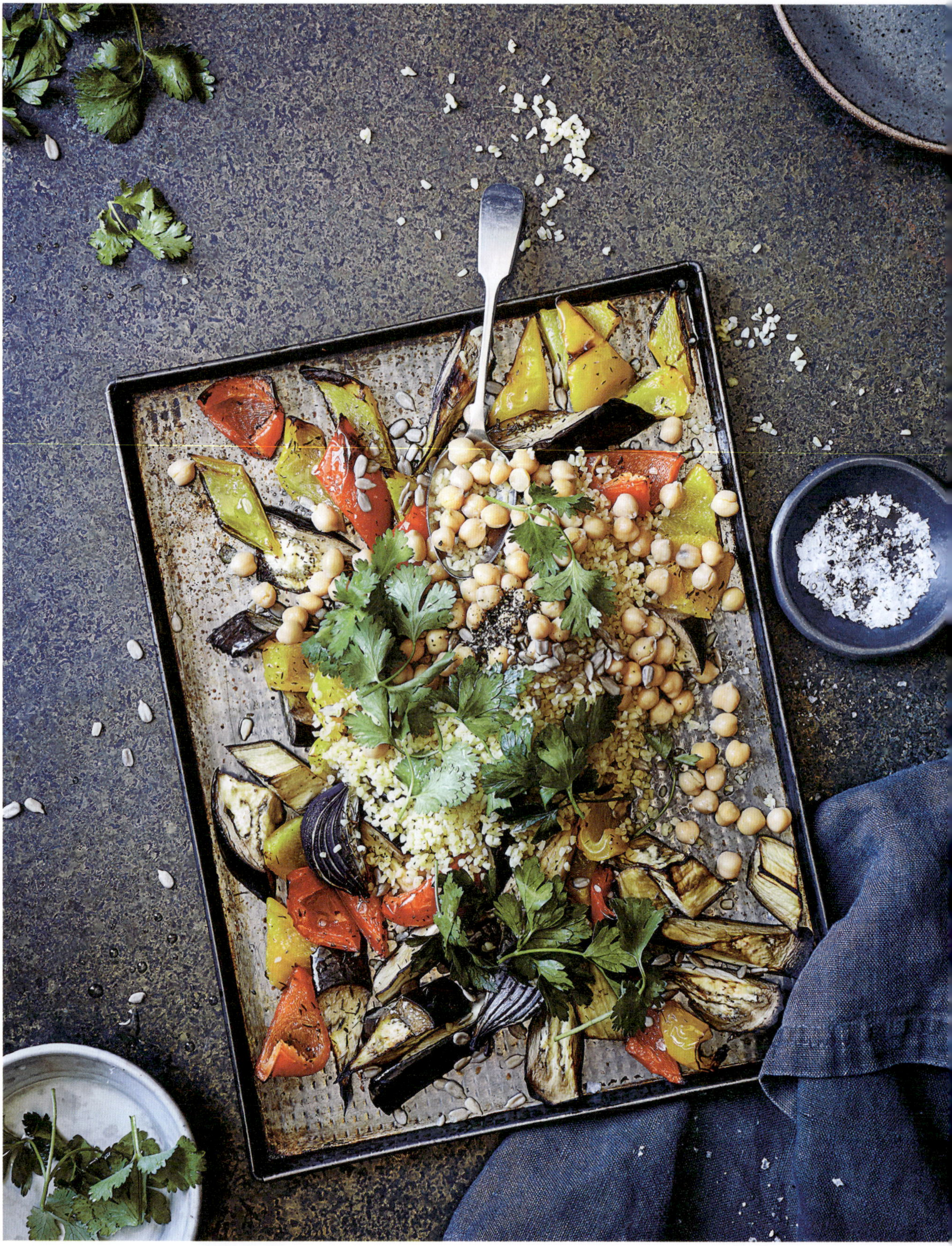

TRIGUILHO COM VEGETAIS ASSADOS

Essa é mais uma receita muito simples à qual recorro sempre que não tenho muito tempo para ficar na cozinha. Você só precisa chacoalhar a assadeira de vez em quando e deixar o forno fazer o trabalho enquanto cuida da vida. Muitas vezes sirvo esse prato com o Hambúrguer de faláfel assado (p. 51), mas se estou realmente com pressa apenas acrescento um pouco de grão-de-bico antes de regar com um molho de tahine. É a perfeição na tigela. **Rende 2-4 porções**

1 pimentão vermelho sem sementes picado grosseiramente
1 pimentão amarelo sem sementes picado grosseiramente
1 cebola branca ou roxa picada grosseiramente
1 berinjela pequena picada grosseiramente
1 colher (sopa) de azeite
1 colher (chá) de ervas mistas secas
100 g de triguilho
1 limão-siciliano cortado ao meio
100 g de grão-de-bico em conserva escorrido (opcional, caso não sirva com faláfel)
um maço pequeno de salsa picada grosseiramente (cerca de 40 g)
um maço pequeno de coentro picado grosseiramente (cerca de 40 g)
1 colher (sopa) de sementes de girassol
sal marinho
pimenta-do-reino moída na hora

1. Preaqueça o forno a 200°C.
2. Coloque os vegetais em uma assadeira rasa e misture com o azeite, as ervas secas, sal marinho e pimenta-do-reino. Asse por cerca de 1 hora, até ficarem macios e levemente chamuscados nas bordas; chacoalhe a assadeira de vez em quando.
3. Coloque o triguilho em uma tigela. Esprema metade do limão-siciliano e cubra com cerca de 100 ml de água fervente. Tampe e reserve até o líquido ser absorvido. Afofe com um garfo e esprema o que restar da metade do limão.
4. Transfira o triguilho (e o grão-de-bico, se usar) para a assadeira em que os vegetais foram assados. Misture muito bem, para que os grãos absorvam os sucos residuais. Esprema a outra metade do limão e, por fim, acrescente as ervas frescas e as sementes.

ESPAGUETE VERDE

Não é sempre que acontece, mas, quando estou sem ânimo para cozinhar, recorro a receitas como essa, e pronto, já está na minha barriga. Pode até parecer um atalho, mas ainda garante uma boa dose de nutrientes e um pouco de conforto – e nada é melhor, para isso, do que uma tigela quentinha de espaguete, certo? Como é feito em apenas uma panela, você ainda evita ter muita louça para lavar. É a opção perfeita para a noite em que você quer muito sabor e nada de estresse.

Rende 2-3 porções

200 g de espaguete integral
100 g de vagem-manteiga
um punhado de rúcula fresca
vinagre balsâmico
azeite extravirgem ou óleo de linhaça
sal marinho
pimenta-do-reino moída na hora

PARA O PESTO
30 g de folhas de manjericão fresco
30 g de espinafre
2 colheres (sopa) de oleaginosas variadas
   (nozes e pecãs funcionam melhor)
suco de ½ limão-siciliano
1 dente de alho pequeno
3 colheres (sopa) de azeite extravirgem
3 colheres (sopa) de óleo de linhaça

1. Leve ao fogo uma panela grande com água e sal, ferva e junte o espaguete.
2. Bata todos os ingredientes do pesto no processador ou liquidificador até ficar homogêneo. Prove e, se necessário, tempere com sal marinho e pimenta-do-reino.
3. Assim que o espaguete estiver fervendo por cerca de 5 minutos, junte a vagem e cozinhe por 4-5 minutos, ou até a massa ficar *al dente* e o vegetal estar cozido.
4. Reserve 1 xícara (chá) do líquido do cozimento e escorra o espaguete. Volte a massa e as vagens à panela. Junte o pesto e metade do líquido reservado; misture para incorporar. Se necessário, despeje mais líquido.
5. Tempere a rúcula com um pouco de vinagre balsâmico, azeite, sal marinho e pimenta-do-reino. Sirva o espaguete em tigelas aquecidas coberto com um punhado da salada de rúcula.

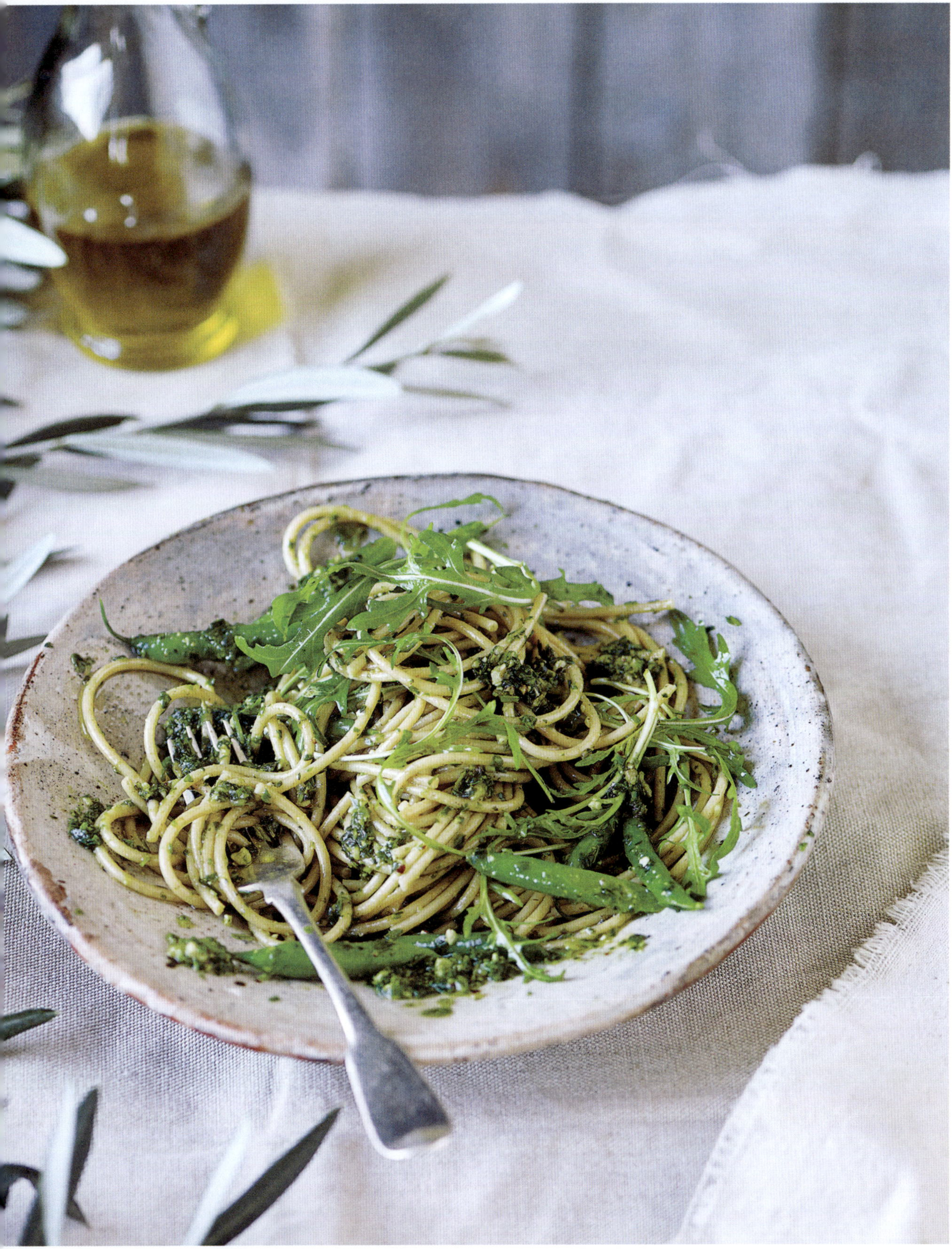

TORTINHA DE CHAMPIGNON E GRÃO-DE-BICO

Não tenho vergonha nenhuma em usar massa pronta para tortas. E não dou a mínima se isso é considerado traição. Para ser franca, tudo depende do recheio, não é mesmo? O casamento do champignon com o grão-de-bico é vigoroso, "carnudo" e delicioso, com uma ardência sutil que mantém o prato interessante. Perfeito para o meio da semana. **Rende 2 porções**

1 colher (sopa) de azeite
1 cebola picada grosseiramente
1 cenoura picada grosseiramente
1 aipo picado grosseiramente
1 dente de alho cortado em fatias finas
220 g de champignon fresco
1 colher (sopa) de vinagre de vinho tinto
1 colher (sopa) de ervas mistas secas, como ervas de Provence
uma pitada generosa de pimenta-calabresa em flocos
100 g de grão-de-bico em conserva escorrido e lavado
um punhado de folhas de espinafre picadas
1 tablete de caldo de legumes
1 colher (sopa) de farinha de trigo
1 folha grande de massa filo ou massa folhada vegana
1 colher (sopa) de Leite vegetal (p. 28)
sal marinho
pimenta-do-reino moída na hora

1. Preaqueça o forno a 200°C.
2. Em uma panela grande, aqueça o azeite, junte a cebola, a cenoura e o aipo, tempere com sal marinho e pimenta-do-reino e refogue até começar a ficar macio.
3. Acrescente o alho e refogue em fogo baixo até ficar aromático. Adicione os champignons frescos inteiros, tempere, tampe e refogue por alguns minutos. Junte o vinagre de vinho tinto.
4. No momento em que o vinagre evaporar, coloque as ervas mistas e a pimenta-calabresa. Tampe e salteie por 5 minutos, até o champignon começar a soltar seu líquido.
5. Adicione o grão-de-bico e o espinafre; tempere generosamente com pimenta-do-reino. Misture e deixe o espinafre murchar. Cubra com água e junte o caldo de legumes. Cozinhe em fogo baixo por cerca de 10 minutos.
6. Acrescente a farinha de trigo e bata até dissolver no caldo e o molho começar a engrossar. Cozinhe por 5 minutos e retire do fogo.
7. Desenrole a massa filo e corte quatro tirinhas iguais de uma extremidade. Vire quatro ramequins sobre a massa e corte ao redor da borda com uma faca afiada, para obter uma "tampa" para cada.
8. Com os dedos, umedeça a borda dos ramequins com um pouco de leite vegetal e pressione duas tirinhas de massa ao redor – isso ajuda a fixar a tampa. Com cuidado, divida o recheio entre os ramequins e cubra com a tampa de massa, dobrando as beiradas com um garfo. Com uma faca afiada, faça vários furinhos no centro de cada tampa (se quiser, também pode pincelar a massa com um pouquinho de leite vegetal). Asse por cerca de 20 minutos, ou até dourar. Sirva imediatamente.

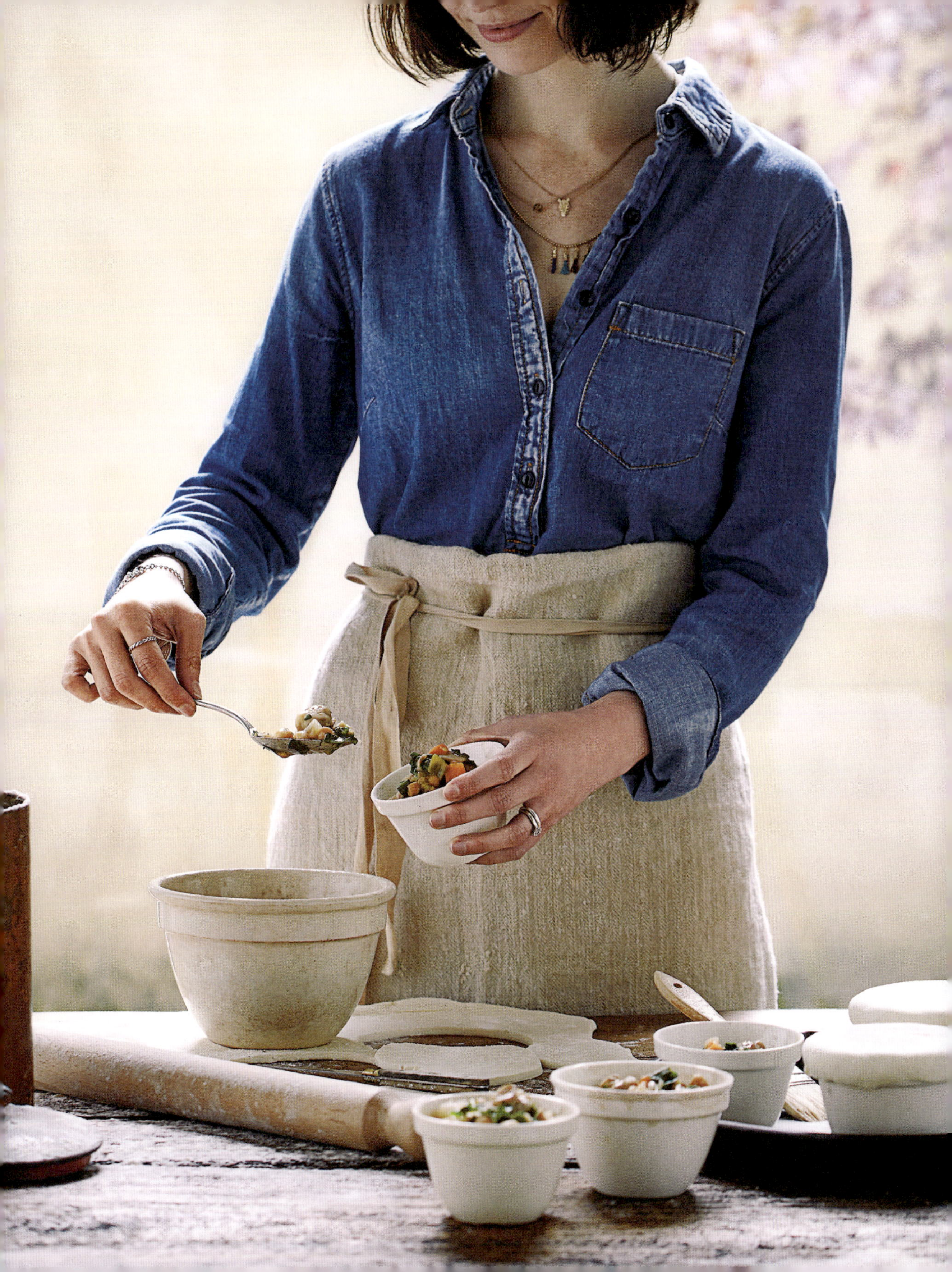

TACO COM NOZES

Mesmo que a ideia de crudivorismo não o anime muito, esses tacos com "carne" de nozes são uma ótima maneira de começar a desbravar esse tipo de cozinha. Como qualquer taco tradicional, a receita combina camadas harmoniosas de texturas e sabores – de tão agradáveis, você nem vai lembrar que nada aqui é cozido. Adoro equilibrar o sabor intenso das nozes com a salsa de abacaxi e o molho de avocado e alho.

Rende 2-4 porções

---

130 g de nozes
3 tomates secos
1 colher (chá) rasa de cominho em pó
¼ de colher (chá) de coentro em pó
¼ de colher (chá) de páprica defumada
uma pitada de pimenta-de-caiena
½ colher (sopa) de molho de soja ou tamari
2 colheres (sopa) de azeite extravirgem
2 alfaces-romanas pequenas

PARA A SALSA DE ABACAXI

½ abacaxi cortado em cubos
1 pimentão amarelo pequeno sem sementes cortado em cubos
2 cebolinhas cortadas em fatias
1 pimenta verde pequena sem sementes picada finamente
suco de 1 limão
20 g de coentro fresco picado grosseiramente

PARA O MOLHO DE AVOCADO E ALHO

1 avocado
1 colher (sopa) de creme de coco [nota p. 36] ou iogurte de coco vegano [nota p. 25]
1 dente de alho amassado
suco de 1 limão
2 colheres (sopa) de azeite extravirgem
2-4 colheres (sopa) de água
sal

1. Bata as nozes no processador ou liquidificador até obter uma farinha grossa. Adicione o tomate seco, as especiarias, o molho de soja e o azeite. Pulse até obter uma textura quebradiça e "carnuda".

2. Para a salsa, junte o abacaxi, o pimentão, a cebolinha e a pimenta. Regue com o suco de limão e misture. Coloque o coentro, mexa e reserve.

3. Para o molho, bata o avocado, o creme de coco, o alho, o suco de limão e uma pitada de sal no processador ou no liquidificador até ficar homogêneo. Com o aparelho ligado, despeje o azeite aos poucos, até encorpar. Se preferir um molho mais fluido, dilua com algumas colheres (sopa) de água. Prove e, se necessário, acrescente mais sal. Reserve na geladeira.

4. Separe as folhas da alface-romana. Espalhe um pouco do molho de avocado e alho no centro de cada uma, cubra com uma colherada generosa de nozes e finalize com a salsa de abacaxi. Sirva como se fosse um taco.

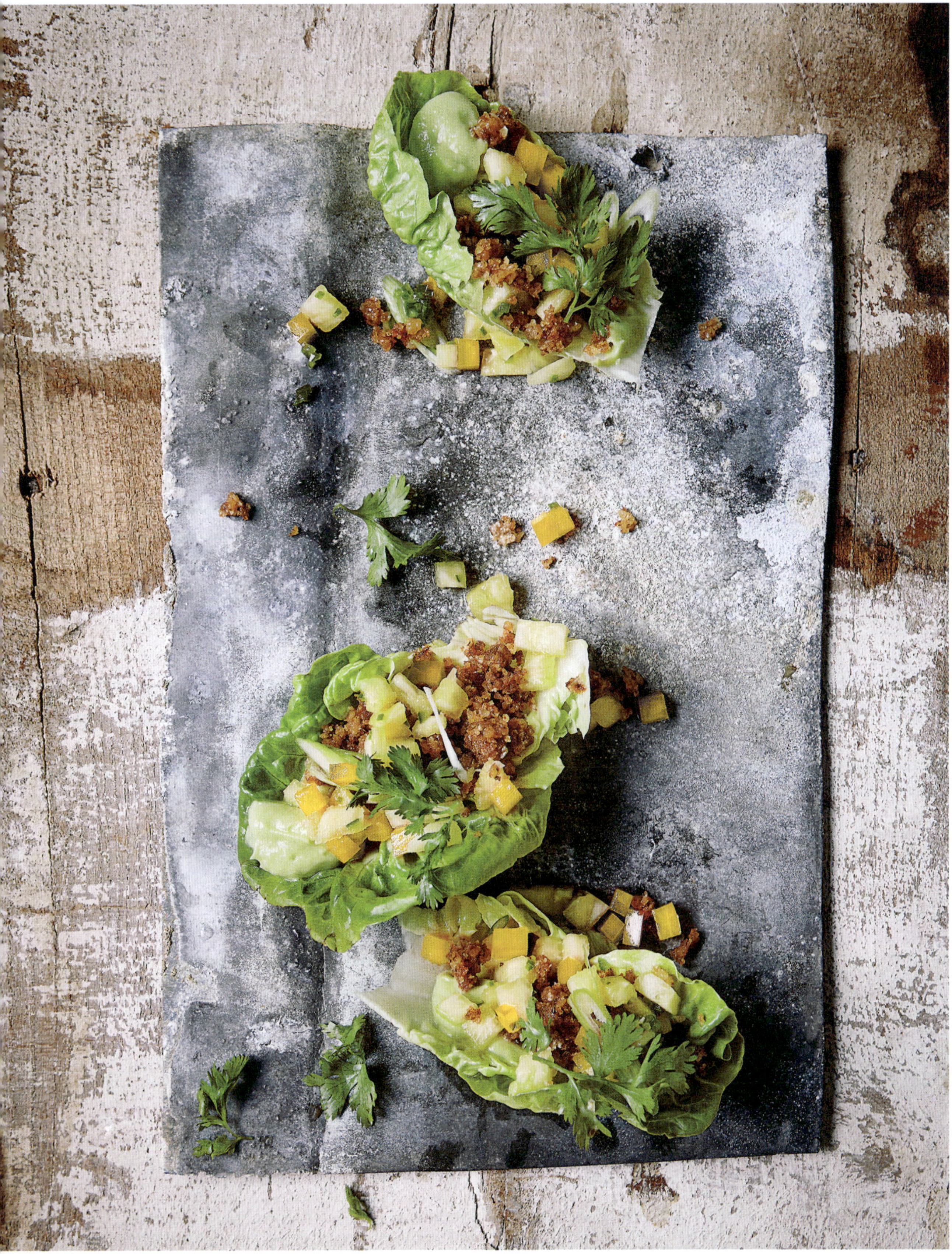

TAQUITO DE FEIJÃO-PRETO COM MOLHO ENCHILADA

Por serem em geral fritos em muito óleo, os taquitos não estão entre os pratos mexicanos mais saudáveis – aqui, diminuí a quantidade de calorias, embora mantendo aquela consistência crocante fundamental. Em vez de fritar, pincelei cada tortilha com azeite e tostei em uma frigideira – faz o mesmo efeito, mas com muito menos gordura. O molho enchilada superpicante arredonda a receita, uma de minhas preferidas (e mais frequentes) no jantar de segunda a sexta. Tem convidados? Não se preocupe. Prepare os taquitos em porções e mantenha-os aquecidos no forno médio. **Rende 2-4 porções**

1 colher (sopa) de azeite, mais um pouco para pincelar
1 cebola picada finamente
¼ de bulbo de erva-doce picado finamente
1 dente de alho
400 g de feijão-preto cozido e escorrido
1 colher (chá) de cominho em pó
folhas de 1 ramo de alecrim picadas finamente
½ tablete de caldo de legumes
30 ml de creme de soja (ou outro creme vegetal)
suco de ½ limão, mais um pouco para servir
4 tortilhas de farinha de trigo integral
sal
pimenta-do-reino moída na hora
fatias de avocado e coentro fresco picado, para servir

PARA O MOLHO ENCHILADA
1 colher (sopa) de azeite
1 cebola picada finamente
2 dentes de alho amassados
1 pimenta-malagueta sem sementes picada finamente
1 colher (chá) de páprica defumada
¼ de colher (chá) de pimenta-de-caiena
½ colher (sopa) de maple syrup
400 g de tomate pelado em lata
suco de ½ limão

1. Em uma panela, aqueça o azeite, junte a cebola, tempere com sal e pimenta-do-reino e refogue em fogo baixo até ficar translúcida. Acrescente a erva-doce e refogue até começar a ficar macia.
2. Adicione o alho. Quando estiver aromático, junte o feijão-preto, o cominho e o alecrim, tempere e salteie por cerca de 5 minutos.
3. Cubra com água, coloque o caldo de legumes e cozinhe por cerca de 10 minutos, até o líquido reduzir bastante. Incorpore o creme de soja e cozinhe por 1-2 minutos. Regue com o suco de limão, amasse grosseiramente, acerte o tempero e reserve.
4. Para o molho enchilada, aqueça o azeite em uma panela com fundo grosso. Junte a cebola, tempere e refogue até ficar translúcida. Coloque o alho, a pimenta-malagueta, a páprica defumada, a pimenta-de-caiena e o maple syrup. Refogue em fogo baixo até ficar aromático. Adicione o tomate, tempere e amasse com o dorso de uma colher. Refogue por mais 20 minutos.
5. Transfira o molho para o processador e bata até ficar homogêneo. Volte à panela, junte o suco de limão, acerte o tempero e aqueça.
6. Divida o recheio de feijão-preto entre as tortilhas e enrole cada uma, bem apertado, como se fosse um charuto. Pincele levemente com azeite e toste em uma frigideira grande, até dourarem e ficarem crocantes. Sirva imediatamente com o molho enchilada, o avocado e o coentro.

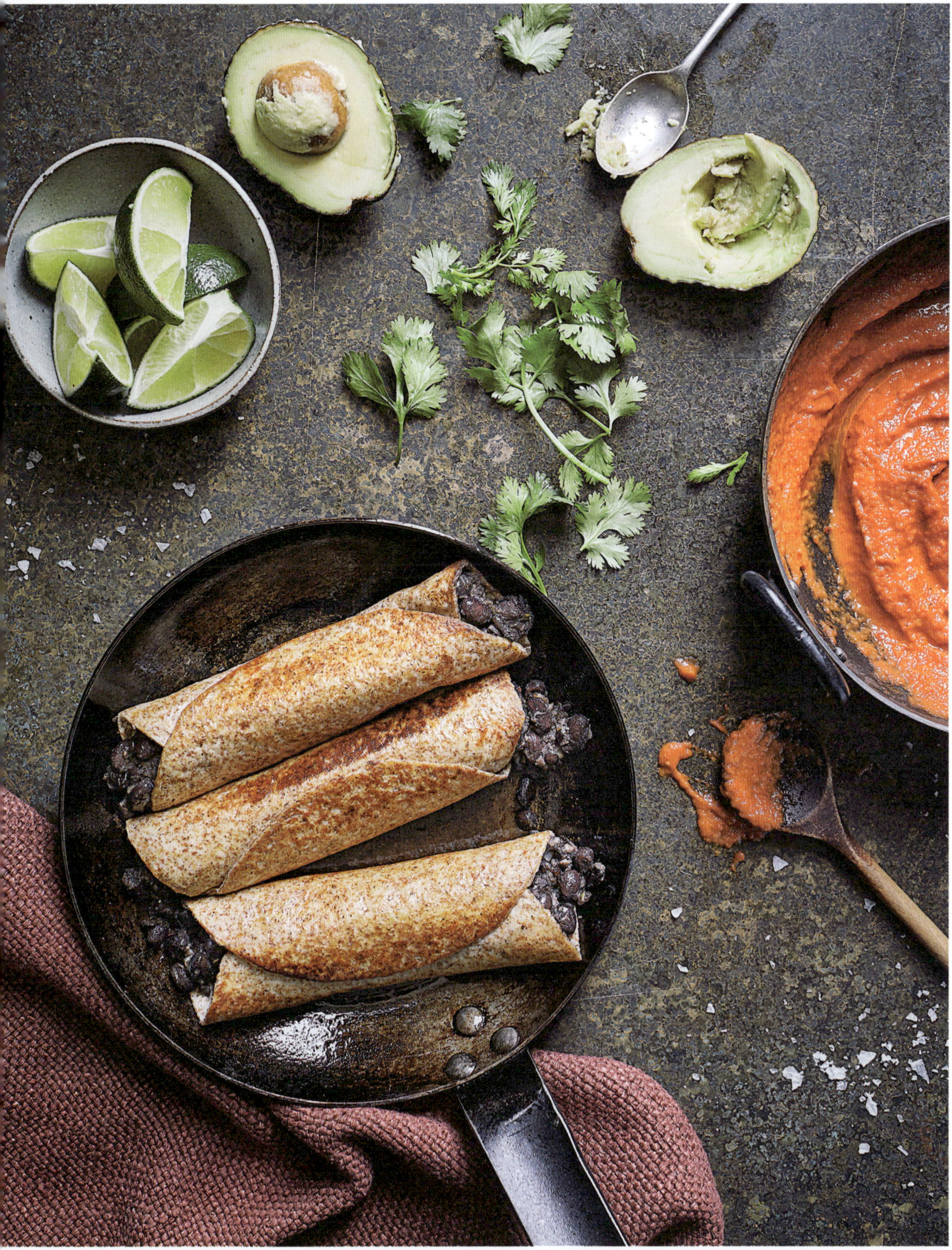

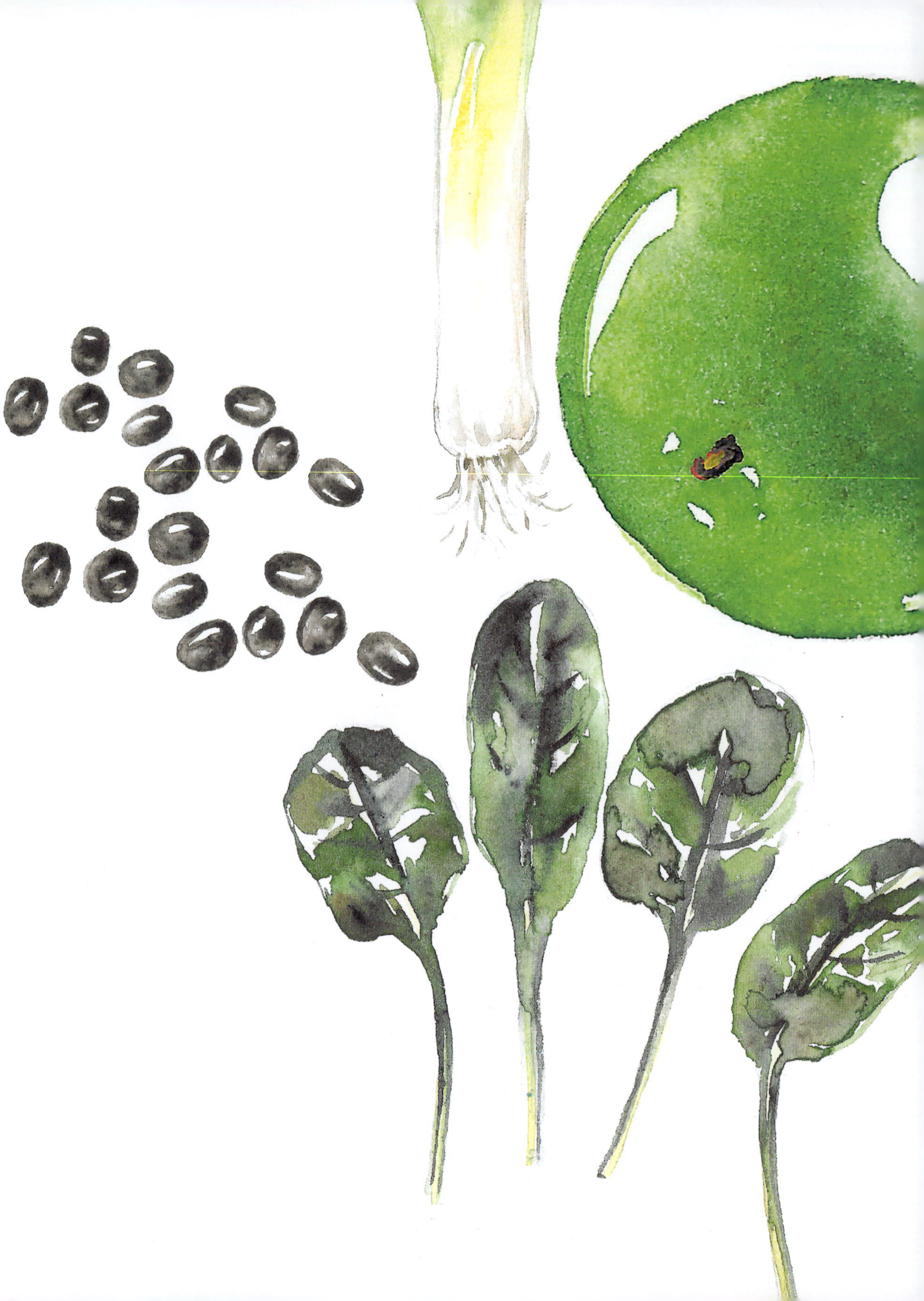

REFEIÇÕES ESPECIAIS
CEVICHE DE COGUMELO
SALADA DE COUVE, MAÇÃ E ERVA-DOCE
 COM PECÃS CARAMELADAS
TORTA DE PESTO SEM FORNO
COLCANNON
BRÓCOLIS COM MOLHO ROMESCO
STROMBOLI DE PIMENTÃO E ESPINAFRE
SALADA DE LENTILHA PUY E BETERRABA ASSADA
 COM MOLHO DE LARANJA E MAPLE SYRUP
PASTINACA ASSADA COM MAPLE SYRUP
FILÉ DE COUVE-FLOR MARINADO
ARROZ JOLLOF
FATUCHE DE COUVE-FLOR ASSADA
CAÇAROLA DE FEIJÃO-AZUQUI
QUEIJOS E CREMES VEGANOS
COZIDO DE FEIJÃO-BRANCO
 COM SOUR CREAM DE CASTANHA-DE-CAJU
COQUETEL DE SÁLVIA E ROMÃ SEM ÁLCOOL

SEM GLÚTEN | CRU

CEVICHE DE COGUMELO

Perfeitos para o verão, esses cogumelos preparados como ceviche são ideais para qualquer piquenique ou almoço. O suco cítrico os deixa tão suculentos que é quase como se estivessem cozidos – uma ótima maneira de enganar os amigos que têm medo de alimentos crus. Gosto de servi-los de várias maneiras (são ótimos como recheio de tacos ou com o Tabule de quinoa, p. 85), e você pode fazer como achar melhor – alguma coisa me diz que vai acabar comendo muito dessa receita.
Rende 2-4 porções

200 g de cogumelo shimeji
raspas e suco de 1 limão
1 cebolinha picada finamente
1 colher (sopa) de azeite extravirgem
30 g de coentro fresco picado grosseiramente
sal marinho
pimenta-do-reino moída na hora

1. Separe os shimeji em porções pequenas e coloque-os em uma tigela com o suco e as raspas de limão, a cebolinha, o azeite e um pouco de sal marinho e pimenta-do-reino.
2. Misture e reserve por cerca de 30 minutos, até o shimeji absorver os sabores e ficar macio.
3. Acrescente o coentro, prove o tempero e sirva.

VARIAÇÃO: Para uma versão com cogumelo portobello, utilize a mesma quantidade cortada em fatias, use limão-siciliano em vez de taiti, substitua a cebolinha por 1 dente de alho cortado em fatias finas, aumente a quantidade de azeite para 2 colheres (sopa) e substitua o coentro por salsa.

SEM GLÚTEN

SALADA DE COUVE, MAÇÃ E ERVA-DOCE COM PECÃS CARAMELADAS

Salada, para mim, diz respeito a textura. Sem algo crocante, não dá prazer em comer. Já precisei encarar bastante alface e tomate para saber que folhas sem tempero e um vegetal mal cortado simplesmente não servem – jurei que nunca faria algo parecido na minha cozinha. Então, adeus salada ruim. Veja aqui como transformar o prato familiar de cada dia em uma receita incrível – e com apenas alguns ingredientes. Essa salada encanta, e não há nem sinal de um tomate sem graça. **Rende 2 porções**

2 colheres (sopa) de maple syrup
um punhado de pecãs
1 maçã pequena sem sementes
½ bulbo de erva-doce
1 colher (sopa) de suco de limão-siciliano ou taiti
150 g de couve-crespa sem talos e rasgada em pedaços médios
sal marinho

PARA O MOLHO
1 colher (sopa) cheia de mostarda extraforte
1 colher (sopa) de vinagre de vinho tinto
1 colher (sopa) de azeite extravirgem
suco de ½ limão
½ colher (sopa) de maple syrup

1. Em uma panela pequena com fundo grosso, aqueça o maple syrup em fogo baixo até começar a borbulhar. Junte as pecãs, tempere com um pouco de sal marinho e salteie para cobri-las. Transfira imediatamente para uma tábua de cozinha, adicione um pouco mais de sal marinho e deixe esfriar. Não se preocupe se grudar – elas vão se soltar facilmente depois de frias.
2. Corte a maçã em fatias e, depois, em palitos. Junte a erva-doce cortada em fatias o mais fino possível. Regue com suco de limão-siciliano, para evitar que escureça.
3. Coloque os ingredientes do molho em um vidro e chacoalhe vigorosamente, para emulsionar. Despeje metade sobre a couve-crespa e esfregue delicadamente sobre as folhas, até começarem a amolecer. Reserve por 10 minutos, para que a verdura absorva os sabores e murche.
4. Disponha a couve sobre a maçã e a erva-doce. Regue com o molho restante.
5. Para servir, quebre as pecãs carameladas e distribua por igual sobre a salada.

CRU
SEM GLÚTEN

TORTA DE PESTO SEM FORNO

Não vou mentir. Na primeira vez em que ouvi falar em comida crua, fiquei assustada. Embora eu já devorasse crudités e amasse comer frutas, a ideia de fazer uma refeição completa apenas com alimentos crus não era algo que me apetecia. Mal sabia da rica e deliciosa variedade culinária que envolve esse movimento. Depois de experimentar alguns pratos em restaurantes especializados, como o Saf, em Londres, virei adepta. Quase seis anos depois, não paro de fazer experiências com comida crua na minha cozinha. Essa combinação de cenoura, castanha-de-caju e pesto é ótima como entrada em um jantar entre amigos ou como prato principal em um almoço caprichado. Diante das camadas de texturas e sabores, seus convidados vão imaginar que você passou horas cozinhando. **Rende 4-6 porções**

PARA A MASSA

2 cenouras pequenas raladas finamente
70 g de nozes
1 colher (sopa) de sementes mistas
1 colher (sopa) cheia de cominho em pó
½ colher (chá) de páprica
½ colher (sopa) de óleo de coco
sal
pimenta-do-reino moída na hora

PARA O CREME DE CASTANHA-DE-CAJU

130 g de castanha-de-caju hidratada (p. 120)
suco de ½ limão-siciliano
½ colher (sopa) de óleo de coco

PARA O PESTO

seguir a receita da p. 92

PARA O MOLHO DE CENOURA

½ tâmara sem caroço

1 colher (sopa) de sementes mistas, como abóbora, gergelim e girassol quebradas, para servir

1. Esprema o excesso de líquido da cenoura e reserve o suco para o molho. Coloque todos os ingredientes da massa no processador ou liquidificador e bata até obter uma farofa fina. Prove e, se necessário, adicione sal e pimenta-do-reino.
2. Forre uma fôrma para torta ou para bolo inglês com papel-manteiga. Pressione a massa na base, de maneira homogênea, deixando as bordas um pouco mais altas. Leve ao freezer ou à geladeira por 30 minutos, até firmar.
3. Bata os ingredientes do creme no processador ou liquidificador com 50 ml de água até ficar totalmente homogêneo, raspando as laterais da jarra ou do copo de vez em quando. Pode demorar um pouco, mas insista até ficar uniforme. Acerte o tempero e despeje o creme sobre a massa de cenoura gelada, deixando as bordas livres; reserve 1 colher (sopa) cheia para o molho. Alise com uma espátula e leve à geladeira por 1 hora.
4. Bata todos os ingredientes do pesto no processador ou liquidificador; deve ficar grosseiro, mas na consistência para espalhar. Prove o tempero e, se necessário, acrescente sal e pimenta-do-reino. Leve à geladeira por 20 minutos.
5. Coloque o suco de cenoura no processador ou liquidificador com 1 colher (sopa) de creme de castanha-de-caju e a tâmara. Bata até ficar homogêneo.
6. Com cuidado, desenforme a torta gelada e transfira para uma tábua de servir. Cubra com o pesto e espalhe com uma espátula. Regue com o molho de cenoura e decore com as sementes.

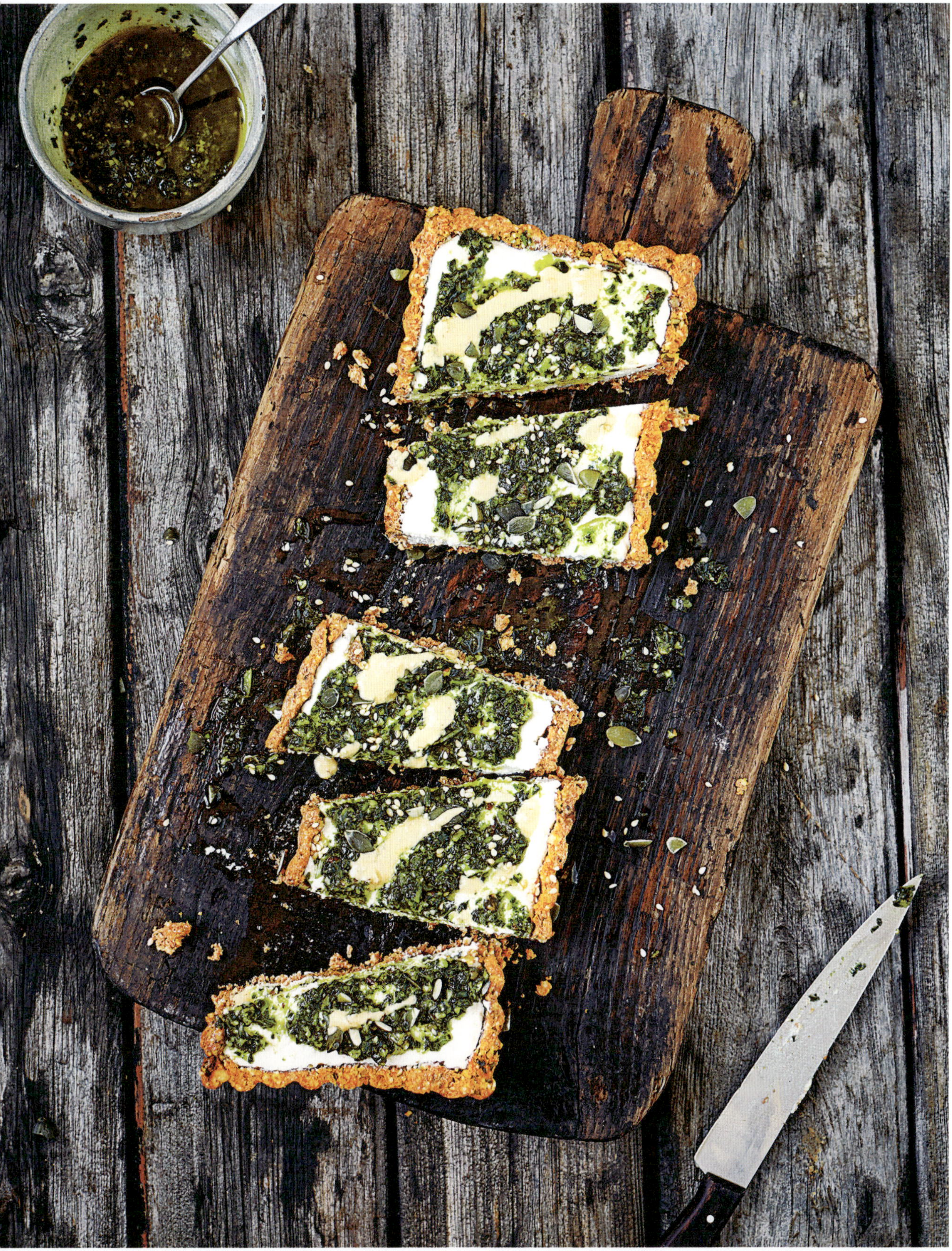

SEM GLÚTEN

COLCANNON

Se você ainda tinha dúvidas sobre minhas origens, esse prato entrega que sou uma autêntica irlandesa: eu vivo, respiro e sonho com batatas. Colcannon é um prato irlandês típico, preparado basicamente com purê de batata e couve-crespa. Nessa adaptação vegana, uso creme e leite de soja, mas fique à vontade para substituir por qualquer creme ou leite vegetal que quiser. E embora eu me sinta absolutamente feliz em comer uma tigela de colcannon sozinha, essa receita também combina com uma torta salgada e como cobertura para qualquer assado de batatas. **Rende 2-4 porções como acompanhamento**

4 batatas Asterix grandes descascadas e cortadas em pedaços pequenos
1 colher (sopa) de azeite
1 alho-poró cortado em rodelas e lavado
2-4 colheres (sopa) de margarina vegana
150 g de couve-crespa lavada, sem os talos e rasgada em pedaços pequenos
um pouco de leite de soja (ou Leite vegetal, p. 28)
1 colher (sopa) cheia de mostarda de Dijon
creme de soja ou de aveia
sal marinho
pimenta-do-reino moída na hora

1. Coloque a batata em uma panela grande, tempere com sal marinho e cubra com água. Tampe, espere ferver, reduza o fogo e cozinhe por cerca de 15-20 minutos.

2. Enquanto isso, aqueça o azeite em outra panela. Junte o alho-poró, tempere com sal marinho e pimenta-do-reino e refogue até começar a ficar macio. Adicione 1-2 colheres (sopa) de margarina vegana, tempere e refogue até o alho-poró ficar macio, sem deixar dourar.

3. Junte a couve-crespa, tempere generosamente e deixe murchar. Reserve.

4. Escorra a batata e coloque-a de volta na panela. Acrescente 1-2 colheres (sopa) de margarina vegana, um pouco de leite de soja, tempere generosamente e amasse. Incorpore a mostarda de Dijon e uma boa colherada de creme de soja. Adicione o refogado de alho-poró e couve, misture, acerte o tempero e sirva.

SEM GLÚTEN

BRÓCOLIS COM MOLHO ROMESCO

Uma de minhas missões permanentes é encontrar várias e ótimas maneiras para servir brócolis. Não que eu não adore *au naturel* (porque adoro, adoro mesmo), mas nada me dá mais prazer do que acentuar seu discreto brilho próprio. Descobri que é um vegetal versátil e que realmente pode absorver sabores mais fortes com personalidade – talvez por isso funcione com esse supermolho romesco defumado, ao estilo espanhol. Claro que você também pode usar o molho em outras receitas – fica particularmente bom em sandubas –, mas, se quero impressionar, sei que um prato de brócolis enfeitado com porções de romesco dá conta do recado. Logo, logo seus convidados também vão decretar o esplendor do vegetal.

Rende 2-4 porções como acompanhamento

1 pimentão vermelho sem sementes cortado em quartos
1 pimenta-malagueta
3 tomates-cereja
1 dente de alho grande com casca
50 g de amêndoa em lascas tostada [nota p. 86]
1 colher (sopa) de azeite
1 colher (sopa) de vinagre de vinho tinto
250 g de brócolis do tipo ramoso
sal marinho
pimenta-do-reino moída na hora

1. Aqueça uma frigideira canelada em fogo alto. Coloque o pimentão vermelho, com o lado da pele para baixo, a pimenta-malagueta, o tomate-cereja e o alho; grelhe até a pele do pimentão e da pimenta-malagueta ficar chamuscada. Embrulhe o pimentão e a pimenta-malagueta em filme de PVC e reserve até esfriar.

2. Depois de frios, é fácil tirar a pele do pimentão e da pimenta. Descasque o alho e coloque tudo no processador com a amêndoa, o azeite, o vinagre, sal marinho e pimenta-do-reino. Bata até obter uma pasta grossa.

3. Branqueie ou cozinhe os brócolis no vapor. Sirva com colheradas generosas do molho romesco.

REFEIÇÕES ESPECIAIS

STROMBOLI DE PIMENTÃO E ESPINAFRE

Se você quer algo rápido, procure outra receita. Mas esse prato vale cada minuto que você gasta no preparo. O stromboli é, basicamente, uma grande pizza enrolada que você pode rechear com o que quiser. Só não exagere, porque com muito recheio a massa pode ficar menos crocante. **Rende 4-6 porções**

200 g de farinha de trigo
1 colher (chá) de açúcar mascavo
sal
1 colher (chá) rasa de fermento biológico seco instantâneo
2 colheres (sopa) de azeite, mais um pouco para regar
140 ml de água morna

PARA O MOLHO
1-2 colheres (sopa) de azeite
3 dentes de alho fatiados
uma pitada de açúcar mascavo
1 colher (chá) cheia de ervas italianas mistas ou orégano seco
400 g de tomate pelado em lata
um pouco de vinagre balsâmico
sal marinho
pimenta-do-reino moída na hora

PARA O RECHEIO
350 g de espinafre
1 pimentão vermelho grande sem sementes cortado em oito pedaços
50 g de queijo vegano ralado ou 2 colheres (sopa) de levedura nutricional (opcional, p. 10)

1. Peneire a farinha de trigo, o açúcar mascavo, uma pitada de sal e o fermento biológico sobre uma superfície de trabalho. Em uma tigela, bata o azeite e a água. Faça uma cova no meio da mistura de farinha e despeje o líquido aos poucos, incorporando com um garfo ou batedor de arame, até obter uma massa grosseira – talvez não precise usar todo o líquido.
2. Com as mãos, forme uma bola e sove por 10 minutos, até ficar macia e elástica.
3. Unte uma tigela grande com azeite, coloque a bola e vire, para envolvê-la no azeite. Cubra com filme de PVC e reserve por 1 hora em temperatura ambiente, para crescer.
4. Para o molho, aqueça 1 colher (sopa) de azeite em uma frigideira grande com fundo grosso. Junte o alho e refogue em fogo médio até ficar aromático. Tempere com uma pitada de sal, o açúcar e as ervas. Refogue por alguns minutos.
5. Acrescente o tomate e amasse com o dorso de uma colher. Tempere com sal e pimenta-do-reino e refogue por 20 minutos. Adicione o vinagre balsâmico e cozinhe por 30-40 minutos, ou até engrossar.
6. Para o recheio, aqueça uma frigideira canelada grande e coloque o pimentão com o lado da pele voltado para baixo; toste-o até ficar chamuscado. Embrulhe imediatamente em filme de PVC e espere esfriar por 10 minutos antes de tirar a pele, que deve sair facilmente. Corte a polpa em tirinhas iguais.
7. Ferva água em uma panela e junte o espinafre. Cozinhe por 5 minutos em fogo baixo, retire com uma escumadeira e esprema para retirar o excesso de líquido. Transfira para uma tábua de cozinha e pique com uma faca afiada, até obter um purê. Tempere e reserve.
8. Assim que a massa crescer, vire-a sobre a superfície de trabalho e sove por 1-2 minutos, para retirar o ar. Polvilhe uma assadeira grande com farinha e forre com a massa aberta em um retângulo, deixando um pouco de espaço nas bordas. Preaqueça o forno no máximo (cerca de 250°C).
9. Espalhe o molho frio sobre a massa, deixando 2,5 cm na borda superior – isso facilita na hora de enrolar o stromboli.
10. Distribua o espinafre e o pimentão. Coloque o queijo vegano ralado.
11. Enrole o stromboli a partir da borda mais próxima a você, deixando a emenda para baixo quando chegar ao final. Vire na diagonal, para que tenha espaço para crescer, e faça cortes na superfície com uma faca enfarinhada.
12. Asse por 15 minutos, ou até dourar e ficar crocante. Transfira para uma tábua de cozinha e corte em fatias grossas.

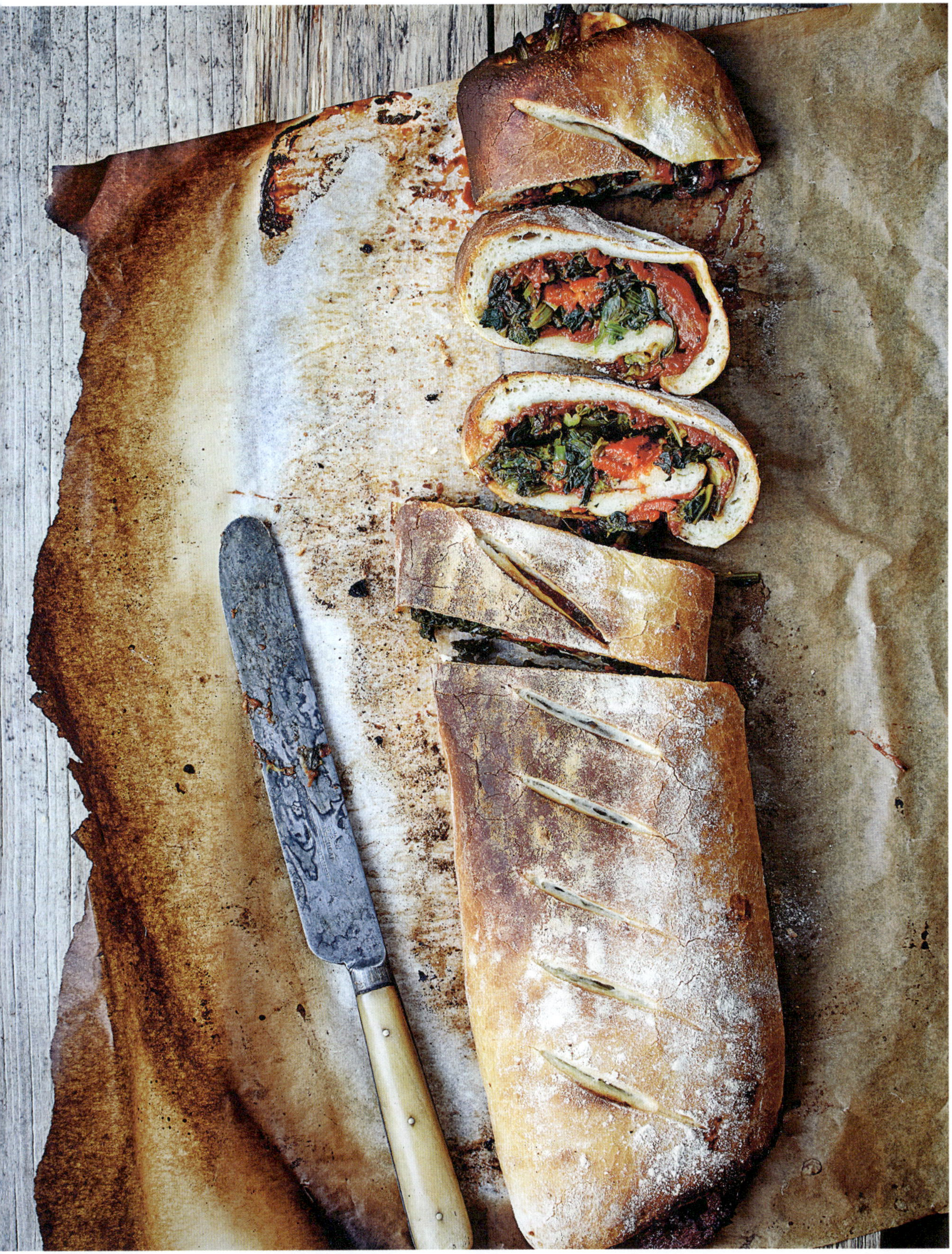

SEM GLÚTEN

SALADA DE LENTILHA PUY E BETERRABA ASSADA COM MOLHO DE LARANJA E MAPLE SYRUP

Se você procura uma salada gostosa e saudável, está com sorte. Essa receita tem um pouco de tudo: proteína, graças à lentilha, vitamina C, que vem das verduras – mas as estrelas do prato são o molho delicioso, que envolve todos os ingredientes, e, é claro, a beterraba assada, que ajuda a baixar a pressão arterial. Rende 2 porções

4 beterrabas pequenas descascadas e cortadas em fatias
1 colher (sopa) de azeite
1 colher (sopa) de vinagre de vinho tinto
200 g de rúcula
1 colher (sopa) de sementes mistas
sal marinho
pimenta-do-reino moída na hora

PARA A LENTILHA PUY
250 g de lentilha puy [ou ervilha seca] cozida
4 tomates secos picados
suco de ½ limão-siciliano
um punhado de salsa fresca picada
azeite extravirgem, para regar

PARA O MOLHO
1 colher (sopa) de mostarda de Dijon
suco de ½ laranja
2 colheres (sopa) de vinagre de vinho tinto
1 colher (sopa) de maple syrup
1 colher (sopa) de alcaparra picada

1. Preaqueça o forno a 200°C. Coloque a beterraba em uma assadeira, regue com o azeite e o vinagre, tempere com sal marinho e pimenta-do-reino, cubra com papel-alumínio e asse por 45 minutos, ou até ficar macia. Reserve.
2. Coloque a lentilha puy e o tomate seco em uma tigela grande. Tempere generosamente. Junte o suco de limão-siciliano, a salsa e um fio de azeite. Misture.
3. Bata os ingredientes do molho até emulsionar. Tempere a rúcula com um pouco do molho e divida entre duas vasilhas.
4. Por cima, distribua a mistura de lentilha e a beterraba assada. Regue com o molho restante e finalize com as sementes mistas.

SEM GLÚTEN

PASTINACA ASSADA COM MAPLE SYRUP

Esse acompanhamento, com um toque açucarado do maple syrup, é perfeito para enriquecer um almoço tradicional. Fica com uma textura interessante e realça o sabor da raiz – tudo acentuado, de maneira perfeita, por duas ervas encorpadas, a sálvia e o alecrim. Para mim, o mais sutil perfume de sálvia já evoca memórias de infância, quando eu esperava o assado ficar pronto – e não é por ser vegana que não posso ceder à lembrança, mesmo que sem a carne. E quem precisa de carne com essa pastinaca magnífica roubando as atenções? Passe o molho, por favor. **Rende 2-4 porções**

4 pastinacas [ou mandioquinhas] grandes
25 g de sálvia fresca picada finamente
10 g de alecrim fresco picado finamente
1 colher (sopa) de óleo de canola
3 colheres (sopa) de maple syrup
um punhado de avelã moída
sal marinho
pimenta-do-reino moída na hora

1. Preaqueça o forno a 200°C.
2. Corte cada pastinaca ao meio no sentido do comprimento. Coloque em uma assadeira.
3. Adicione as ervas com o óleo de canola e regue-as com 2 colheres (sopa) de maple syrup. Tempere generosamente com sal marinho e pimenta-do-reino e asse por cerca de 30-35 minutos.
4. Regue com o maple syrup restante, tempere com mais sal e asse por 10-15 minutos, até dourarem, ficarem brilhantes e cozidas.
5. Aqueça uma frigideira seca e toste a avelã em fogo médio, até ficar aromática e levemente crocante.
6. Polvilhe a pastinaca com a avelã e sirva.

REFEIÇÕES ESPECIAIS

SEM GLÚTEN

FILÉ DE COUVE-FLOR MARINADO

Adoro fazer experiências com especiarias e injetar sabores em ingredientes que costumam ter gosto pouco acentuado. A couve-flor é um deles, sutil o suficiente para absorver uma marinada e ainda manter-se *al dente*. Cozinhar os "filés" no vapor dentro do forno garante que os temperos penetrem no vegetal, mas é a finalização, na frigideira canelada, que deixa o prato elegante. Para uma combinação bem picante, sirva com Arroz jollof (p. 115). Também combina com uma salada verde temperada e com triguilho com ervas e espinafre refogado.

Rende 4 porções

1 couve-flor média

PARA A MARINADA
35 g de coentro fresco
2,5-3 cm de gengibre fresco descascado
1 pimenta scotch bonnet [ou pimenta-de-bode]
2 dentes de alho
1 colher (sopa) de azeite
½ colher (sopa) de maple syrup
1 colher (chá) de cominho em pó
½ colher (chá) de coentro em pó
½ colher (chá) de páprica
1 colher (chá) de páprica defumada
¼ de colher (chá) de pimenta-de-caiena
suco de ½ limão
sal marinho
pimenta-do-reino moída na hora

1. Preaqueça o forno a 200°C.
2. Coloque todos os ingredientes da marinada no processador ou liquidificador. Bata até obter uma textura grosseira, mas que possa ser espalhada.
3. Retire as folhas ao redor da couve-flor, sem remover o bulbo da base – isso mantém os "filés" intactos. Divida-a ao meio e corte fatias com cerca de 1½ cm de espessura – pode ser que você só obtenha dois filés de cada metade, mas dá para preparar os floretes que restarem da mesma maneira.
4. Pincele os "filés" generosamente com a marinada. Se quiser preparar com antecedência, deixe-os marinando na geladeira até a hora de cozinhar.
5. Coloque-os em uma assadeira e cubra folgadamente com papel-alumínio. Asse por 15-20 minutos, retire o papel e deixe por mais 10 minutos, virando uma vez.
6. Aqueça uma frigideira canelada em fogo médio-alto e grelhe os "filés", para selar dos dois lados. Sirva com o acompanhamento que preferir.

REFEIÇÕES ESPECIAIS

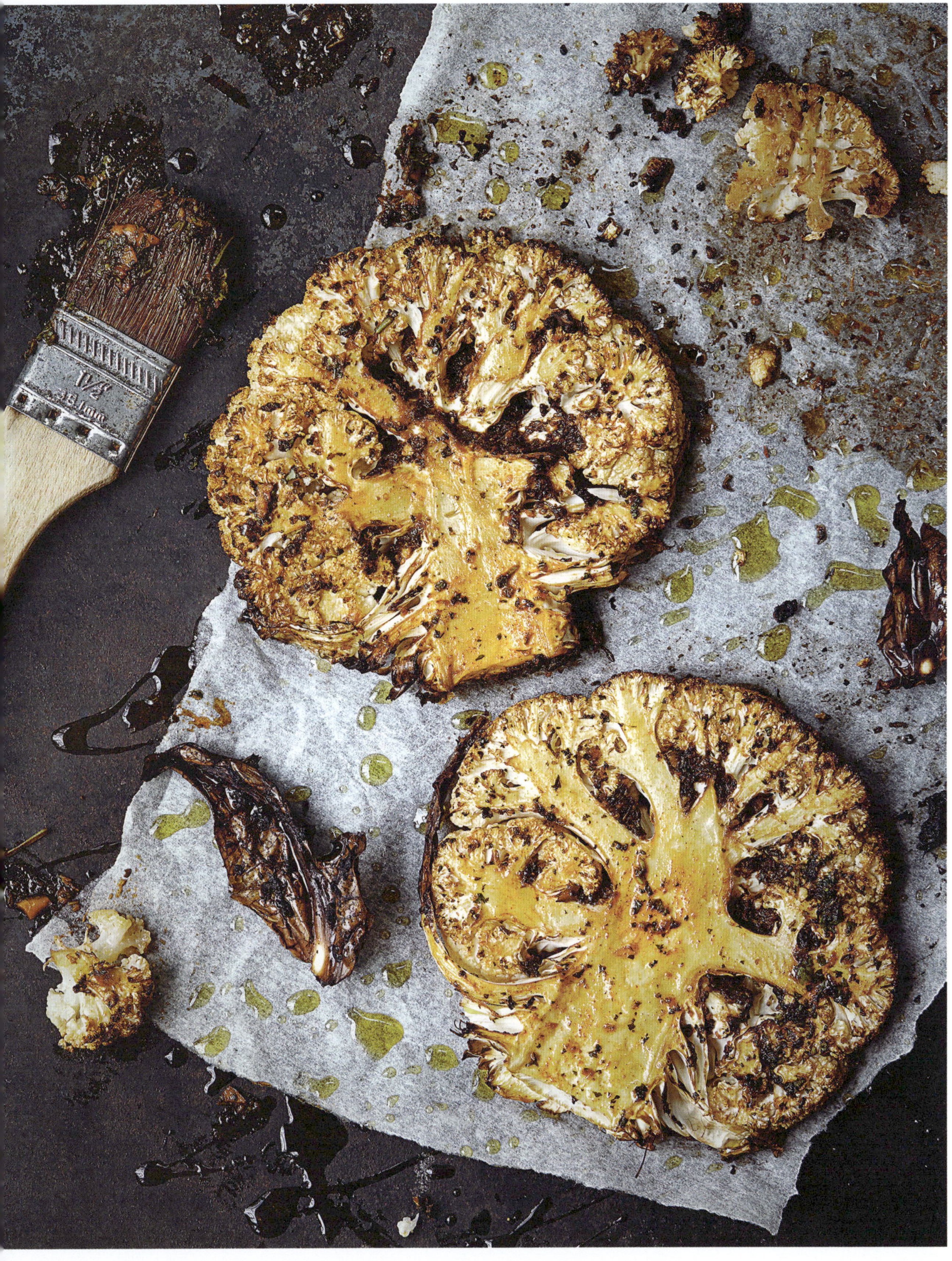

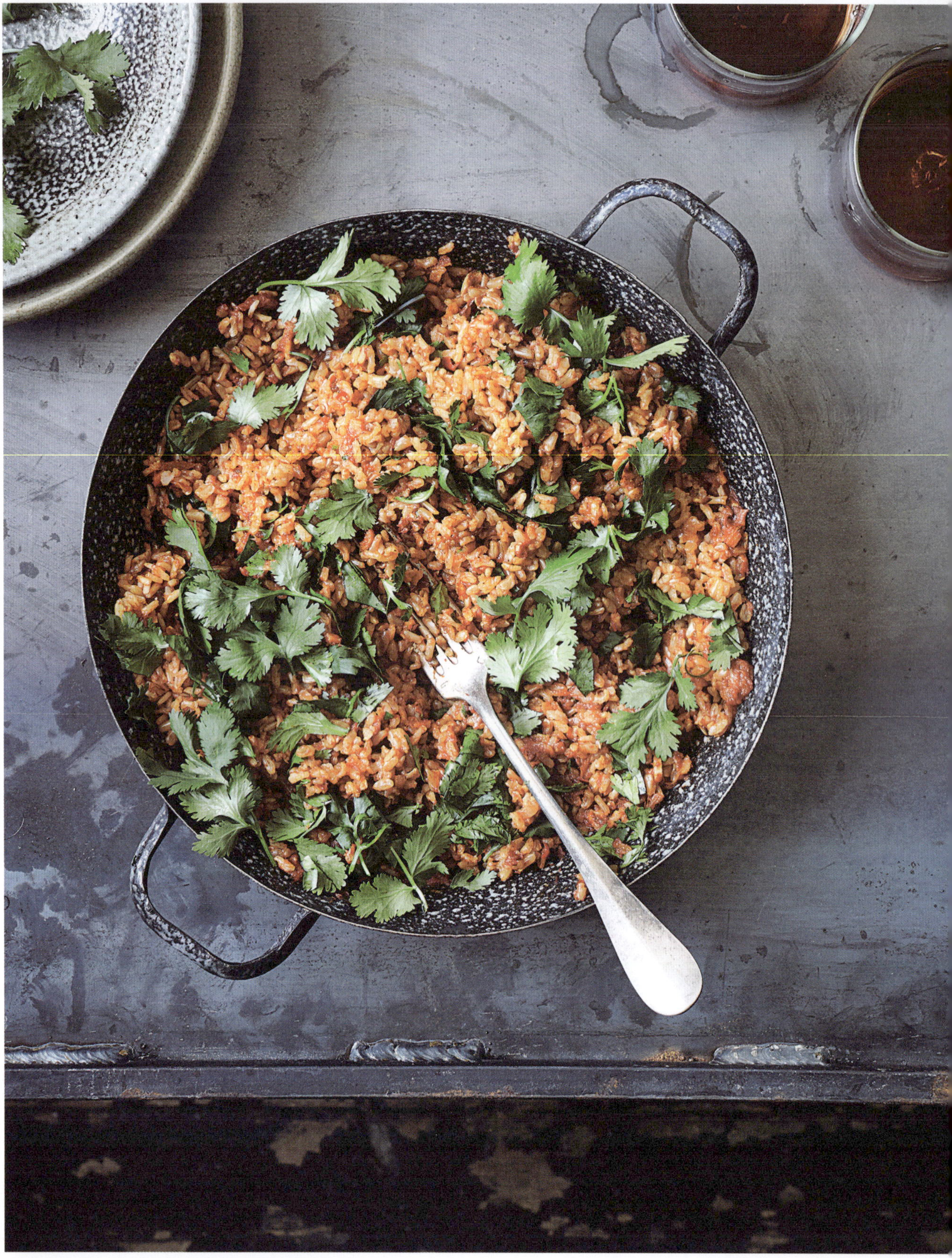

SEM GLÚTEN

ARROZ JOLLOF

Se eu disser que conheci o arroz jollof pela TV, você me julgaria? Basta dizer, porém, que, na hora em que vi aquela panela borbulhante com tomate, soube que precisava recriá-la em casa. Claro que essa é minha versão "britanizada" – portanto, se você procura uma receita autêntica do que hoje eu sei ser um dos pratos típicos da África Ocidental, provavelmente não será essa. Mas é um verdadeiro caldeirão de conforto, com especiarias, carboidratos e arroz integral que farão você sorrir depois de comer. **Rende 2-4 porções**

1 colher (sopa) de azeite
1 cebola grande picada finamente
3 dentes de alho grandes cortados em fatias finas
2,5-3 cm de gengibre fresco descascado e ralado
1 colher (chá) de páprica
¼ de colher (chá) de pimenta-de-caiena
¼ de colher (chá) de coentro em pó
400 g de tomate pelado em lata
1 colher (chá) de açúcar ou açúcar de palma
1 pimenta scotch bonnet [ou pimenta-de-bode] cortada em fatias
200 g de arroz integral
1 tablete de caldo de legumes
um maço grande de coentro fresco picado grosseiramente
sal marinho
pimenta-do-reino moída na hora

1. Aqueça o azeite em uma panela com fundo grosso, junte a cebola, tempere com sal marinho e pimenta-do-reino e refogue por alguns minutos, até começar a ficar macia. Coloque o alho, espere soltar o aroma e adicione o gengibre. Refogue por cerca de 10 minutos, até a cebola ficar totalmente macia.

2. Junte as especiarias e refogue por alguns minutos. Acrescente o tomate, misture e refogue em fogo baixo por cerca de 5 minutos, até ficar macio o suficiente para ser amassado com o dorso de uma colher.

3. Adicione o açúcar e a pimenta scotch bonnet; tempere. Refogue por mais 15 minutos, até o molho reduzir e o tomate ficar quase homogêneo.

4. Lave o arroz e coloque-o na panela. Encha a lata de tomate vazia com água e junte ao caldo de legumes na panela. Cozinhe por cerca de 1 hora, ou até o arroz absorver o líquido e ficar cozido. Tente não mexer muito, mas não deixe grudar no fundo – use um garfo para misturar. Pode ser que precise acrescentar um pouco mais de água; mas, como o prato deve ficar razoavelmente seco, evite adicionar muito. Com o cozimento, o arroz vai absorver todo o molho.

5. Com um garfo, misture delicadamente o coentro ao arroz e reserve um pouco para decorar o prato na hora de servir.

REFEIÇÕES ESPECIAIS

FATUCHE DE COUVE-FLOR ASSADA

Saladas não são necessariamente sem graça; elas precisam apenas de um pouco de criatividade – e talvez aquele toque de temperos – para ficar interessantes. Aqui, estou falando sobre floretes de couve-flor combinados com pedaços de pão pita tostados e um molho cremoso de tahine que vão apagar suas lembranças ruins de folhas murchas e transportá-lo para o que chamo de "alimentação no século 21": é quando obtemos tudo – sabor, textura e frescor. Não há nada que desagrade nessa receita, tanto que eu a serviria tranquilamente em almoços, jantares e até mesmo em festas. Nunca deixei de ganhar cumprimentos e comentários entusiasmados como "hummm" e "uau". Quando foi a última vez em que ouviu elogios assim a respeito de uma salada? **Rende 2-4 porções**

1 couve-flor pequena cortada em floretes pequenos
1 alface-romana pequena
5-6 tomates-cereja cortados ao meio
⅓ de pepino grande descascado, sem sementes e cortado em meia-lua
5-6 rabanetes picados grosseiramente
2 pães pita tostados
30 g de salsa fresca
30 g de coentro fresco
15 g de hortelã fresca
sal marinho
pimenta-do-reino moída na hora

PARA A MARINADA DA COUVE-FLOR
1 colher (chá) de páprica defumada, mais um pouco para servir
1 colher (chá) de cominho em pó
½ colher (chá) de canela em pó
½ colher (chá) de pimenta-calabresa em pó
½ colher (chá) de pimenta-da-jamaica
uma pitada de pimenta-de-caiena
suco de ½ limão
1 colher (chá) de xarope de agave
½ colher (sopa) de azeite

PARA O MOLHO DE PIMENTA
1 colher (chá) de pasta pronta de pimenta (como sambal oelek ou sriracha)
1 colher (sopa) de vinagre de vinho tinto
1 colher (chá) de xarope de agave
suco de ½ limão
3 colheres (sopa) de azeite

PARA O MOLHO DE TAHINE
3 colheres (sopa) de homus
2 colheres (sopa) de tahine
1 colher (chá) de xarope de agave
suco de ½ limão

1. Preaqueça o forno a 200°C. Coloque os floretes de couve-flor em uma assadeira. Misture os ingredientes da marinada, tempere com sal e pimenta-do-reino e bata com um garfo até obter uma pasta homogênea; despeje sobre a couve-flor. Mexa para cobrir tudo e asse por cerca de 45 minutos, ou até dourar.
2. Coloque a alface, o tomate-cereja, o pepino e o rabanete em uma tigela. Bata os ingredientes do molho de pimenta e misture um terço com a salada.
3. Toste levemente o pão pita e corte-o em pedaços médios triangulares. Regue com cerca de um terço do molho de pimenta e o restante do molho de tahine, se quiser, e junte à salada.
4. Pique finamente a salsa, o coentro e a hortelã, juntos, sobre uma tábua de cozinha. Coloque dois terços sobre a salada e misture com delicadeza.
5. Bata os ingredientes do molho de tahine com 60 ml de água, até ficar homogêneo; se necessário, adicione mais água.
6. Retire a couve-flor do forno e tempere levemente com sal marinho. Junte à salada e misture. Sirva em uma tigela, regue com o molho de tahine, polvilhe com um pouco de páprica defumada e finalize com as ervas restantes.

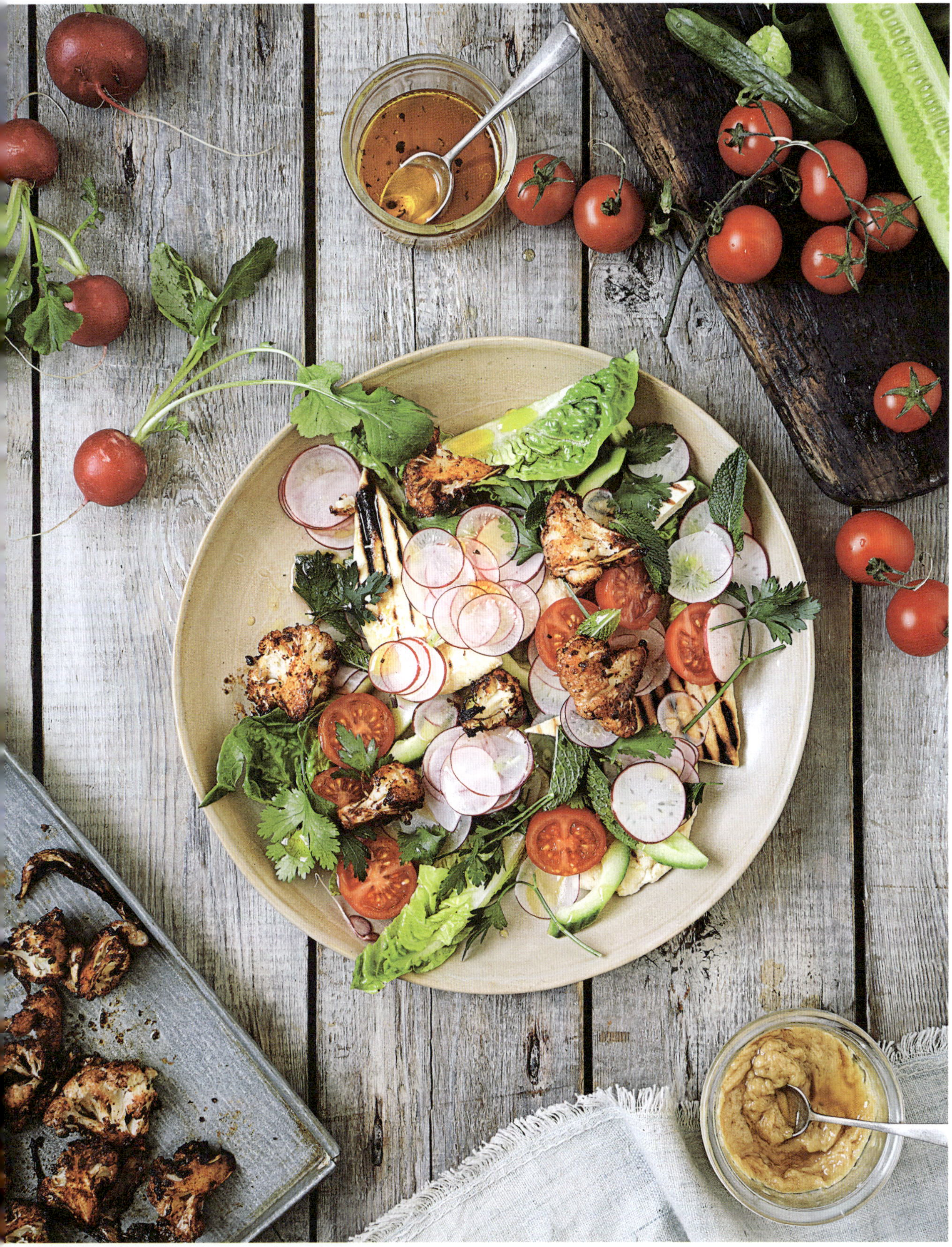

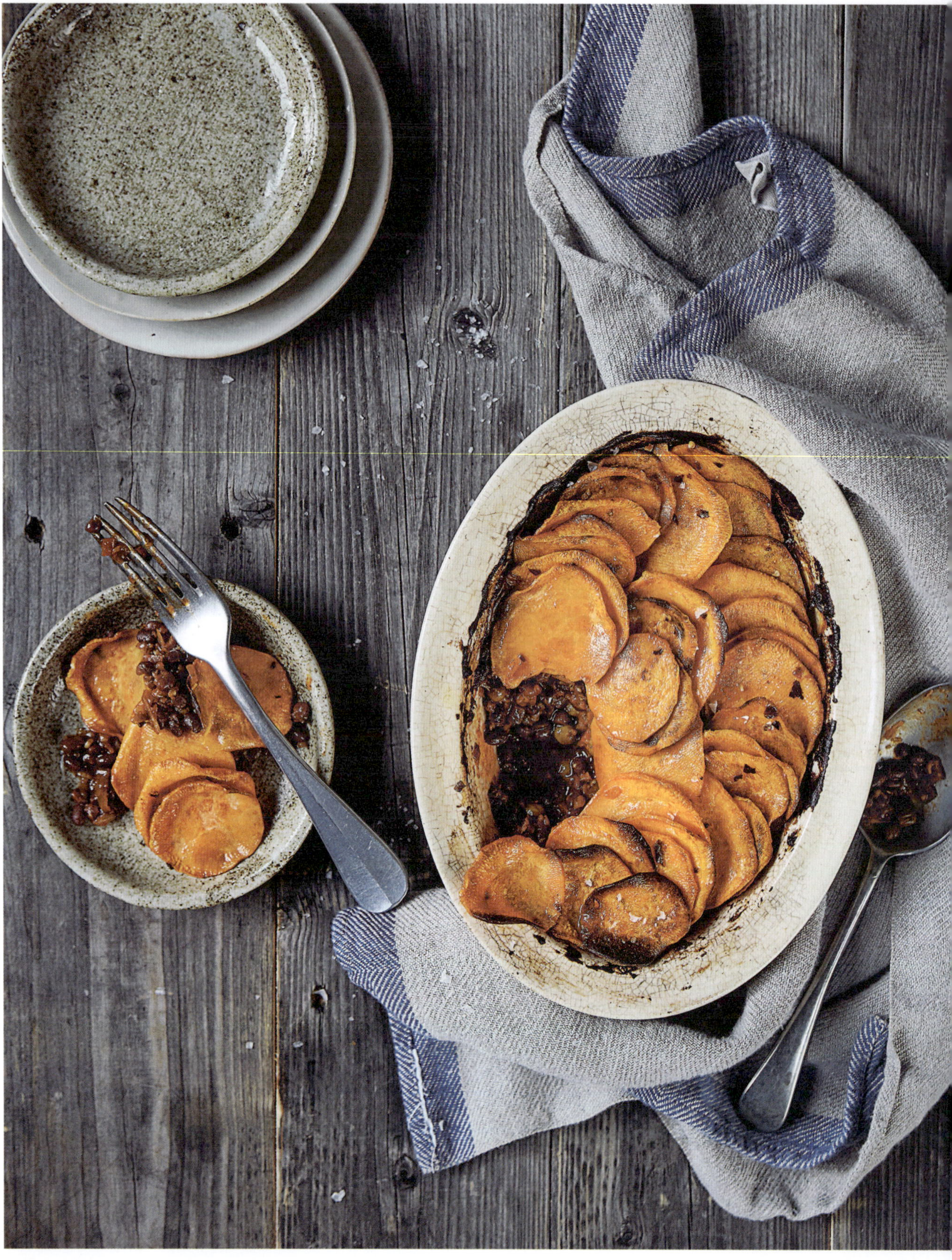

CAÇAROLA DE FEIJÃO-AZUQUI

Em minha opinião, caçarolas são escolhas garantidas. Mas não é preciso cozinhar e amassar batatas quando você pode cortá-las em fatias finas e assá-las até dourar. Existe uma mistura bem ousada de sabores nessa receita – missô, Marmite e leite de coco –, mas eles se combinam para formar um molho intenso e adorável que borbulha nas beiradas da batata-doce e deixa tudo perfeitamente crocante e delicioso. **Rende 2-4 porções**

1 colher (sopa) de azeite, mais um pouco para a batata-doce
2 cebolas picadas finamente
1 cenoura picada finamente
2 dentes de alho grandes cortados em fatias
1 colher (chá) de pimenta-calabresa em flocos, mais um pouco para a batata-doce
½ colher (sopa) de vinagre de vinho tinto
2,5-3 cm de gengibre fresco descascado e ralado, mais um pouco para a batata-doce
1 colher (sopa) de purê de tomate
150 ml de leite de coco
½ tablete de caldo de legumes
225 g de feijão-azuqui cozido e escorrido
1 colher (chá) de Marmite [nota p. 10]
1 colher (chá) cheia de missô
100 g de ervilha congelada
1 batata-doce grande descascada e cortada em rodelas finas
sal marinho
pimenta-do-reino moída na hora

1. Preaqueça o forno a 180°C.
2. Aqueça o azeite em uma panela com fundo grosso. Junte a cebola, a cenoura, o alho e a pimenta-calabresa em flocos. Tempere com sal marinho e pimenta-do-reino e refogue até a cebola ficar translúcida. Despeje o vinagre e refogue em fogo alto até evaporar.
3. Diminua o fogo e adicione o gengibre, o purê de tomate, o leite de coco e o caldo de legumes. Cozinhe até os vegetais ficarem macios.
4. Coloque o feijão-azuqui, o Marmite e o missô na panela. Deixe em fogo baixo por alguns minutos e acrescente a ervilha. Tempere e cozinhe até aquecer tudo. Transfira para um refratário.
5. Misture a batata-doce com um pouco de azeite, gengibre, pimenta-calabresa e sal. Cubra a mistura de feijão com as fatias de batata-doce, sobrepondo para caber tudo. Cubra com papel-alumínio e asse por cerca de 30 minutos. Retire o papel e volte ao forno por 20 minutos, ou até dourar e ficar crocante.

SEM GLÚTEN

QUEIJOS E CREMES VEGANOS

Existem diversos queijos veganos no mercado, mas experimente as versões caseiras. Não espere que o gosto seja tão acentuado quanto o das receitas feitas com laticínios – em vez disso, aproveite a intensidade do sabor vegetal. Estou no estágio em que não comparo mais e consigo apreciá-los do jeito que são. E já me falaram que meu sour cream de castanha-de-caju é melhor do que o verdadeiro!

O componente básico para qualquer queijo ou creme vegano são as oleaginosas hidratadas – uso mais castanha-de-caju, amêndoa e macadâmia porque fornecem a textura mais homogênea (e untuosa). E, no momento em que você dominar as receitas básicas, pode brincar com sabores e complementos – de ervas e especiarias a pimenta picada, tomate seco, azeites e outros.

Vamos começar com a hidratação. Coloque a oleaginosa escolhida em uma tigela, cubra com água filtrada e deixe de molho por pelo menos 6 horas ou, melhor ainda, a noite toda. Se quiser, pode trocar a água ao longo do tempo. Assim que elas estiverem inchadas, escorra, lave e, dependendo da receita, coloque no utensílio apropriado; em geral uso o liquidificador para cremes e o processador para queijos.

O que você acrescenta às oleaginosas determina sua textura – quanto mais líquido você adiciona, mais fluido o queijo fica. Tento usar a menor quantidade possível de líquido, pois prefiro meus queijos bem firmes. Temperar é fundamental, mas não exagere no sal, para que as oleaginosas não fiquem amargas, e lembre-se de adicionar pouco sal de cada vez. Meus ingredientes principais para qualquer queijo ou creme salgados são suco de limão-siciliano e vinagre de maçã – e às vezes um toque de mostarda de Dijon. Também é possível juntar um pouco de levedura nutricional (p. 10), mas não é algo que eu utilize com frequência – se é que utilizo – porque gosto do sabor mais limpo. Vale notar, ainda, que a levedura nutricional contém glúten.

Para cremes doces, quase sempre acrescento xarope de agave ou maple syrup – e às vezes um pouco de baunilha. Experimente também com diferentes tipos de extratos, especiarias ou complementos, como amêndoa, canela, cacau e, o meu preferido, água de flor de laranjeira.

Queijos assados têm sabor mais robusto e, por isso, dão um pouco mais de trabalho. Depois de batidos, precisam ficar sobre uma peneira a noite toda para verter o excesso de líquido antes de ir ao forno no dia seguinte. Incluí ao lado uma receita para Queijo de amêndoa assado que fica muito semelhante ao feta – quebradiço, de dar água na boca e pedir mais. Dê uma chance ao queijo caseiro.

QUEIJO DE AMÊNDOA ASSADO
Rende 4-6 porções

100 g de amêndoa sem pele
suco de 1 limão-siciliano grande
25 ml de azeite extravirgem
1 colher (chá) de vinagre de maçã
1 colher (chá) de xarope de agave, mais um pouco para regar
1 colher (chá) cheia de sal
¼ de colher (chá) de pimenta-do-reino moída na hora

1. Bata todos os ingredientes no processador ou liquidificador até ficar completamente homogêneo; raspe as laterais da jarra ou do copo de vez em quando e, se necessário, junte 1 colher (sopa) de água.

2. Acerte o tempero – pode ser necessário um pouco mais de sal e/ou limão-siciliano.

3. Transfira para um saquinho de voal e deixe sobre uma peneira durante a noite, para remover o excesso de líquido – não se preocupe se não escorrer muito para a tigela.

4. Preaqueça o forno a 180°C. Forme uma bola grosseira com o "queijo". Unte-a com um pouco de azeite e transfira para um refratário. Asse por 45 minutos. Retire e deixe esfriar.

5. Regue generosamente com xarope de agave e sirva com nozes quebradas, bolachas de água e sal e uma taça de vinho branco gelado.

SOUR CREAM DE CASTANHA-DE-CAJU

Rende 4-6 porções

110 g de castanha-de-caju hidratada (p. 120)
1 colher (sopa) de vinagre de maçã
1 colher (sopa) de suco de limão-siciliano
½ colher (sopa) de óleo de coco
50 ml de água filtrada
uma pitada de sal

1. Bata todos os ingredientes num processador ou liquidificador possante até ficar completamente homogêneo e cremoso. Ele passará por vários estágios: granuloso, áspero e, por fim, homogêneo. Acerte o tempero e leve à geladeira.
2. Sirva com receitas mexicanas ou sobre batata assada com bastante cebolinha-francesa por cima.

CREME DOCE

Rende 4-6 porções

100 g de castanha-de-caju ou amêndoa hidratada
2 colheres (sopa) de xarope de agave ou maple syrup
150-300 ml de água filtrada (use 150 ml para um creme mais denso e 300 ml para a versão mais fluida)
uma pitada de sal

1. Bata os ingredientes como no Passo 1 do Queijo de amêndoa assado (p. 120).
2. Quando estiver homogêneo, acrescente extrato de baunilha, canela em pó ou 1 colher (sopa) cheia de cacau em pó. Ou sirva *au naturel* com a sobremesa ou prato de café da manhã que quiser (ver Maçã assada com creme de amêndoa, p. 33).

COZIDO DE FEIJÃO-BRANCO COM SOUR CREAM DE CASTANHA-DE-CAJU

A combinação de estragão, sálvia e endro nesse cozido é ao mesmo tempo aromática e rústica. E o sour cream de castanha-de-caju dá ao prato um toque da Baviera. É comida substanciosa, feita especialmente para reconfortar e alegrar. Não há sinal de sofisticação, somente sabores interessantes e uma boa dose de nutrientes. **Rende 2-3 porções**

1 colher (sopa) de azeite
1 cebola picada grosseiramente
1 talo de aipo picado grosseiramente
1 maço pequeno de brócolis em floretes e com os talos picados
2 dentes de alho grandes cortados em fatias finas
5 cenouras chantenay [ou baby] cortadas ao meio
10 g de estragão fresco picado finamente
10 g de sálvia fresca picada finamente
10 g de endro fresco picado finamente, mais um pouco para servir
1 tablete de caldo de legumes
50 g de vagem-manteiga aparada e cortada em três pedaços
2 colheres (sopa) de farinha de trigo
400 g de feijão-branco cozido e escorrido
1 colher (sopa) de alcaparra picada, mais um pouco para servir
Sour cream de castanha-de-caju (acima, nesta página)
um punhado de couve-crespa
uma ou duas pitadas de levedura nutricional (p. 10), para servir
sal marinho
pimenta-do-reino moída na hora

1. Aqueça o azeite em uma panela com fundo grosso. Junte a cebola, o aipo e os talos de brócolis, tempere com sal e pimenta-do-reino e refogue até começar a ficar macio. Acrescente o alho e refogue, até os vegetais ficarem translúcidos.
2. Adicione a cenoura e as ervas, tempere, tampe e refogue até a cenoura começar a ficar macia. Cubra com água, junte o caldo de legumes e cozinhe em fogo baixo por 20 minutos.
3. Coloque a vagem-manteiga e cozinhe por 5 minutos. Misture a farinha de trigo com um pouco de água, para formar uma pasta, e incorpore ao cozido. Espere o molho engrossar e adicione o feijão, os floretes de brócolis e a alcaparra. Junte 2-3 colheres (sopa) do sour cream e aqueça em fogo baixo.
4. Coloque a couve-crespa e deixe alguns minutos, para murchar.
5. Acerte o tempero e sirva em tigelas aquecidas com sour cream, endro, alcaparra e uma ou duas pitadas de levedura nutricional.

SEM GLÚTEN

COQUETEL DE SÁLVIA E ROMÃ SEM ÁLCOOL

Gosto de coquetéis, mas às vezes prefiro trocar o álcool por algo mais saudável e menos embriagante. Juntar ervas a bebidas sem álcool resulta em um sabor tão intenso que pode até levar alguém a pensar que se trata do drinque legítimo. Aqui, escolhi a sálvia, mas a receita também funciona com folhas de tomilho. Apenas tome cuidado para não socar muito as folhas, ou você pode encontrar alguns resquícios delas no copo – basta bater um pouco para liberar os sabores e os óleos. Confesso que tomar um coquetel desses se tornou meu passatempo preferido nas noites de sexta-feira. E graças a ele eu quase – eu disse quase – já desisti do álcool.

Rende 1 porção

5-6 folhas de sálvia fresca
½ limão cortado ao meio
suco de ½ grapefruit
suco de ½ laranja
suco de ½ romã
1 colher (chá) de xarope de agave
cubos de gelo

PARA SERVIR
gelo triturado
sementes de romã

1. Coloque as folhas de sálvia e o limão no fundo de uma coqueteleira. Amasse com um socador ou utensílio semelhante, pressionando várias vezes de maneira firme e no sentido horário, até ambos liberarem seus óleos.
2. Junte os sucos de grapefruit, laranja e romã, o xarope de agave e o gelo, mais um pouquinho de água, tampe a coqueteleira e chacoalhe vigorosamente, até não ouvir mais o barulho do gelo e sentir que o exterior está gelado.
3. Encha um copo pequeno com gelo moído e complete com o coquetel. Se preferir, coe antes de servir. Decore com sementes de romã.

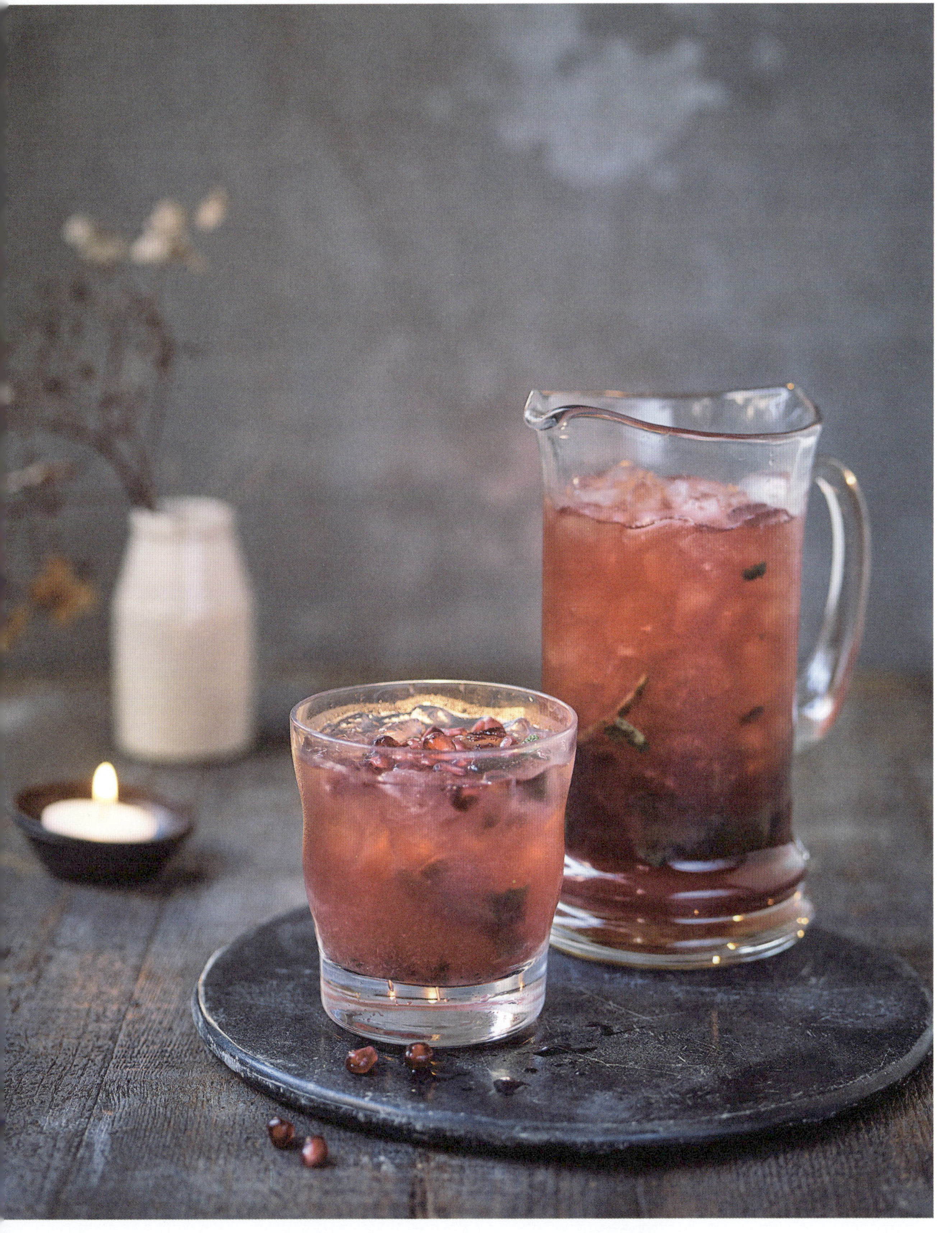

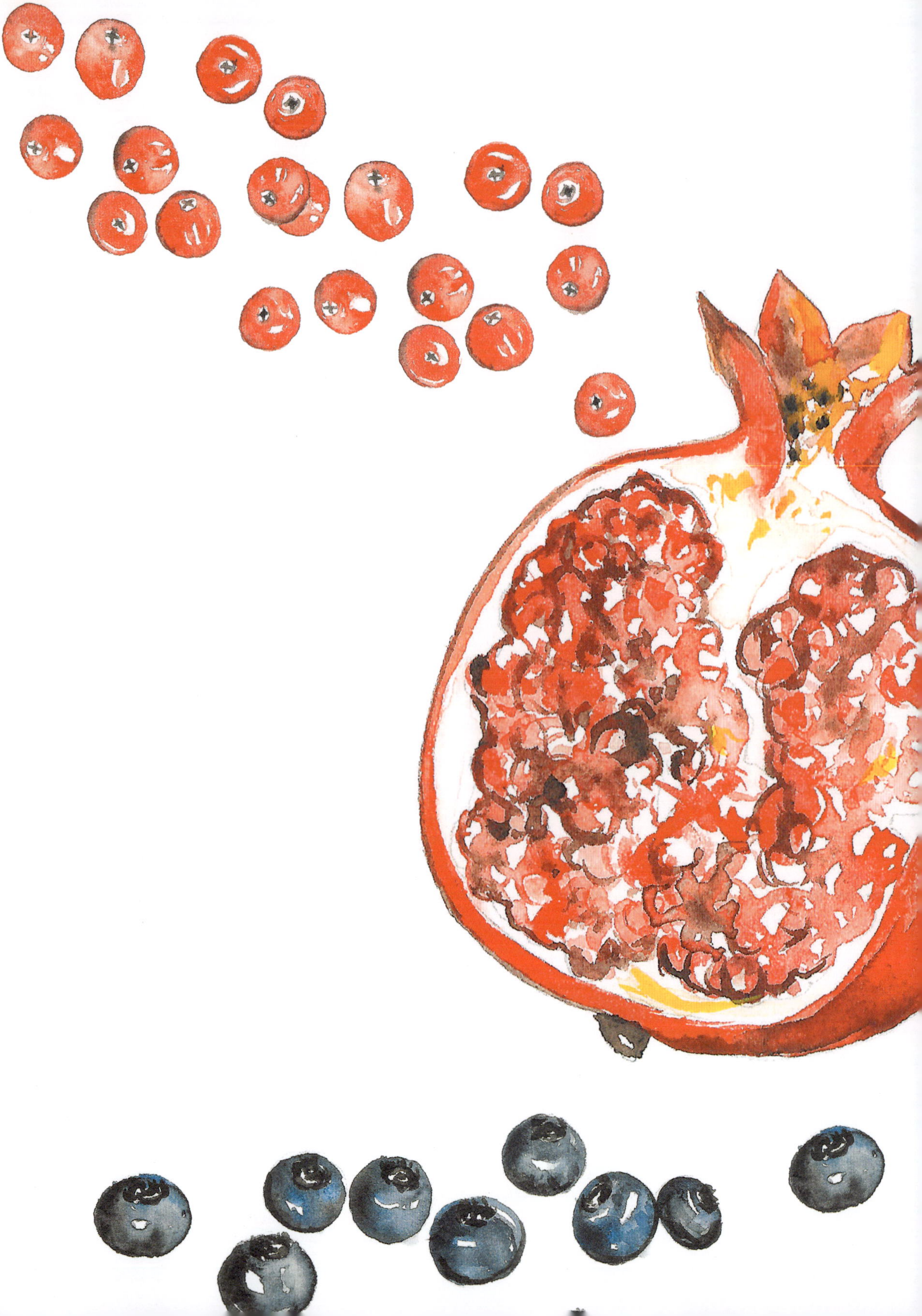

DOCES

BOLINHAS DE ALEGRIA
SCONE INTEGRAL DE "LEITELHO"
MAÇÃ COM CALDA DE CARAMELO
HOKEY POKEY
TRUFA DE FRUTAS E AVELÃ
BOLO DE FUBÁ COM LARANJA SEM GLÚTEN
BOLO DE BANANA EM DUAS VERSÕES
BOLO DE CENOURA E NOZES
BOLO DE MELAÇO E ESPECIARIAS
BAKLAVA PUXA-PUXA COM BOURBON
COOKIE DE PECÃ E MATCHÁ
CUPCAKE DE BETERRABA E LIMÃO-SICILIANO
TORTA CREMOSA DE MACADÂMIA E MIRTILO
TAÇA DE HORTELÃ, CHOCOLATE E AVOCADO
ARROZ-DOCE COM COCO
GALETTE SIMPLES DE MORANGO
TORTA BANOFFEE
COOKIE SIMPLES DE AVEIA
CHOCOLATE QUENTE DO CONTRABANDISTA COM CHANTILI DE COCO

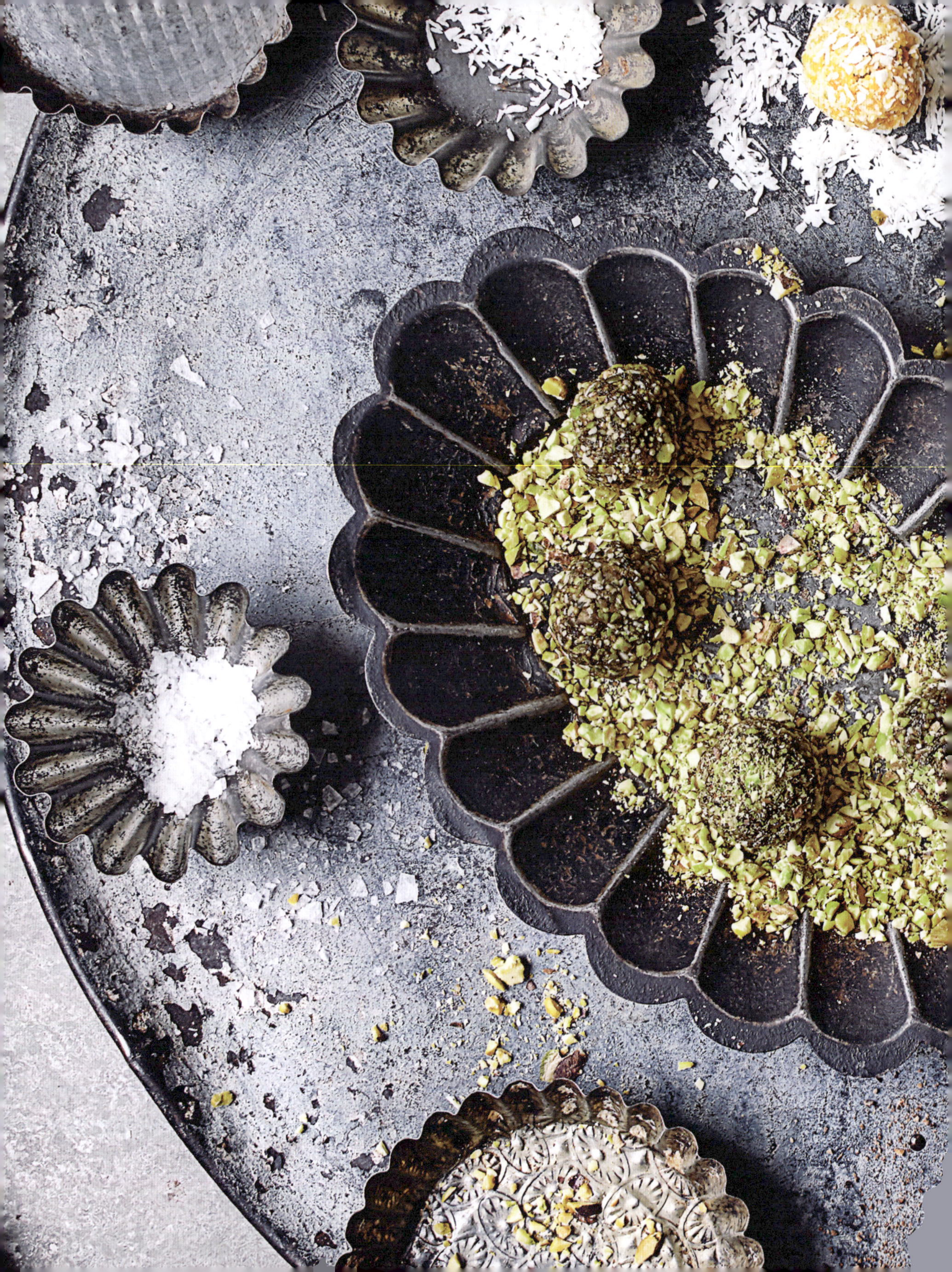

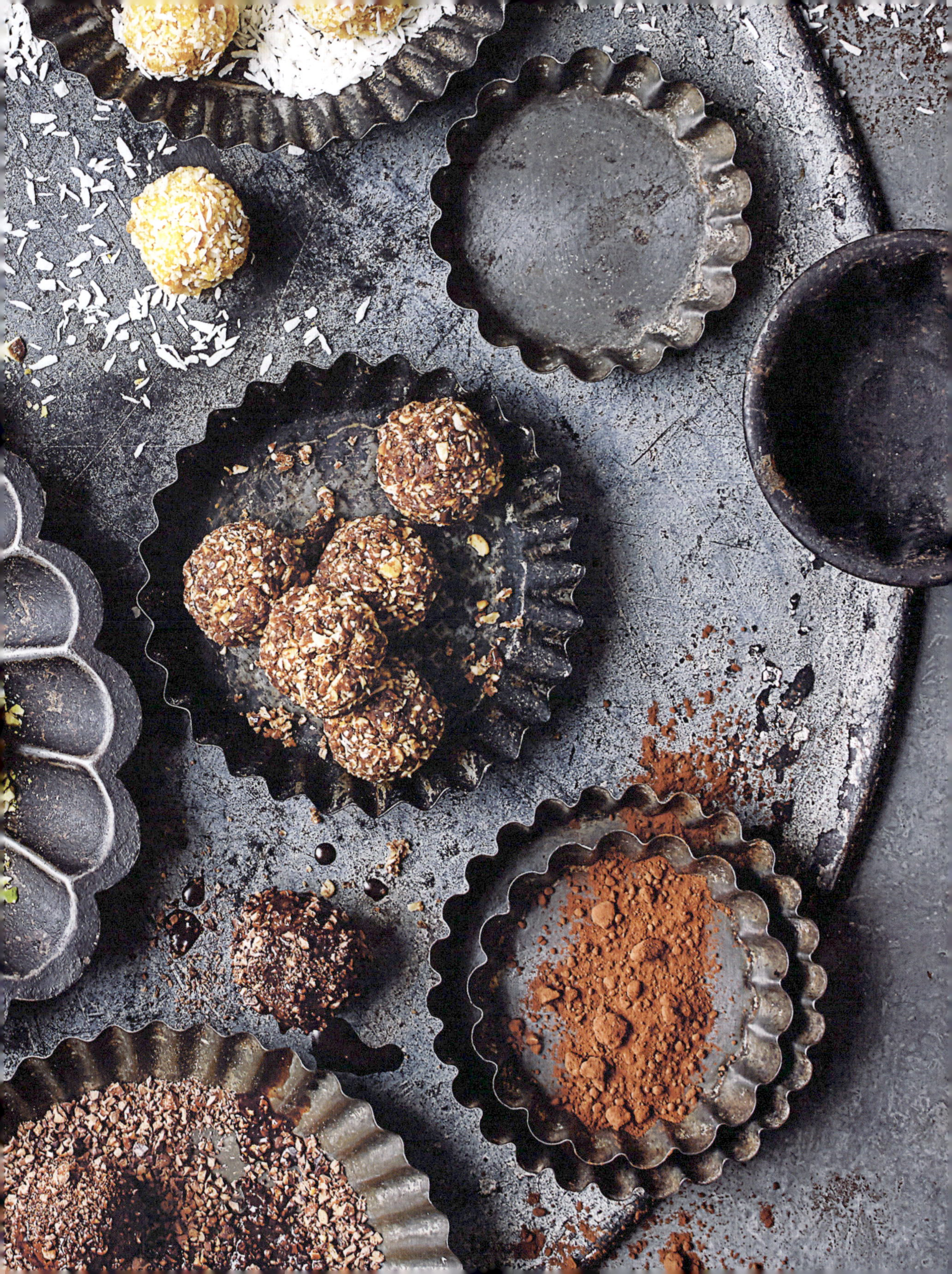

SEM GLÚTEN

BOLINHAS DE ALEGRIA

Se você nunca ouviu falar nesses docinhos, está prestes a descobrir uma maravilha. Esse é meu lanchinho de toda hora, comparável a bombons, e fico feliz em dizer como adoro fazer experiências com as combinações de sabores, que parecem infinitas – aqui, qualquer ingrediente vai bem, portanto encare essas receitas como um guia e use a criatividade. A única regra é escolher a fruta seca de sua preferência e uma oleaginosa que combine com ela – o resto é com você. Para facilitar, reuni nesse tutorial as bolinhas com as quatro frutas secas que mais uso: uva-passa, damasco, figo e tâmara. Cada uma fica com textura um pouco diferente (você ainda pode misturar duas frutas; uva-passa e tâmara, por exemplo, vão particularmente bem). No que diz respeito às oleaginosas, geralmente prefiro as macias, como pecãs e nozes, assim como amêndoa em lascas ou moída, mas também dá para usar castanha-de-caju, amêndoa inteira, avelã, pistache e outras, desde que sejam hidratadas primeiro, porque são um pouco mais firmes.

Para intensificar o sabor, procuro incluir pelo menos três elementos na massa, que podem ser, por exemplo: raspas de frutas cítricas, especiarias (canela, cardamomo, pimenta-da-jamaica, gengibre), óleo de coco, ingredientes em pó (maca, proteína de cânhamo, espirulina, clorela), extratos (água de rosas, água de flor de laranjeira, baunilha), pastas de oleaginosas (amendoim, amêndoa, tahine e castanha-de-caju), oleaginosas inteiras, aveia e sementes (gergelim, abóbora, girassol, cânhamo) – todas as opções deixam a receita mais gostosa. Frequentemente, porém, quanto mais simples, melhor, portanto tente não juntar várias coisas, ou os sabores se perdem. Para mim, trata-se de acentuar um ou dois ingredientes, e não de mascará-los com especiarias ou produtos em pó abundantes.

De maneira geral, a tâmara e a uva-passa aguentam ingredientes mais robustos, como cacau, maca peruana e pasta de amendoim; ameixa seca e damasco têm uma doçura mais delicada que harmoniza particularmente bem com notas cítricas frescas, amêndoa, pistache e o mais delicado dos extratos, e o meu preferido, a água de rosas. Trata-se de equilíbrio e pode ser que não dê certo algumas vezes, mas isso é metade da diversão. As bolinhas não apenas têm um sabor maravilhoso, mas são ótimos presentes – depois de modelar os docinhos, passe-os em coco ralado, gergelim, cacau em pó, nozes picadas ou qualquer outra coisa que os deixe bonitos. Embrulhe e entregue à vontade: *voilà*, é o que basta para causar boa impressão com o mínimo de esforço. Se você não as devorar de uma vez, conserve na geladeira por 1 semana.

BOLINHA ACHOCOLATADA DE UVA-PASSA

Essa mistura de chocolate, amendoim e uva-passa será densa e grudenta, mas maleável. Se quiser dar mais um toque nutritivo, a maca peruana em pó deixa os docinhos com um sabor maltado – mas não exagere, 1 colher (chá) é suficiente.
Rende 10-12 unidades

100 g de aveia
150 g de uva-passa hidratada
3 colheres (sopa) de pasta de amendoim 100%
2 colheres (sopa) cheias de cacau em pó, mais um pouco para polvilhar
1 colher (chá) de maca peruana em pó (opcional)
1 colher (chá) de extrato de baunilha de boa qualidade
uma pitada de sal marinho

1. Bata a aveia no processador ou liquidificador até obter um pó fino. Junte os ingredientes restantes e bata até obter uma farofa que forme bolas quando apertada. Se utilizar um liquidificador de alta rotação, terá que usar uma espátula para movimentar a massa.

2. Transfira para uma tábua e forme bolinhas – ½ colher (sopa) é a quantidade perfeita. Deixe firmar na geladeira por pelo menos 3 horas (ou, de preferência, por toda a noite) e polvilhe-as com cacau em pó antes de servir. Uma alternativa é colocar a massa em uma fôrma de bolo inglês, polvilhar com cacau em pó e cortar em quadrados depois de firmar.

BOLINHA DE DAMASCO

Adoro o sabor intenso do damasco nessa receita, principalmente quando combinado com qualquer tipo de fruta cítrica – e a textura macia e elástica é de outro mundo. Como o damasco seco tem um quê de Oriente Médio, faz todo o sentido harmonizá-lo com amêndoa. Nunca paro de pensar em coco e não poderia encontrar melhor acompanhamento para o limão. Rende 10-12 unidades

200 g de damasco seco macio
200 g de amêndoa em lascas
100 g de coco ralado, mais um pouco para envolver
raspas de 1 limão

1. Bata todos os ingredientes no processador ou liquidificador até ficar homogêneo. Se usar um liquidificador de alta rotação, será preciso raspar a massa das laterais da jarra ou do copo com frequência e movimentar a mistura para evitar que grude nas lâminas e queime o motor do aparelho.
2. Transfira para uma tábua de cozinha e forme bolinhas – ½ colher (sopa) é a quantidade perfeita. Passe no coco ralado e leve à geladeira. O docinho não fica completamente firme, mas o interior molenga é seu diferencial.

BOLINHA DE FIGO, PISTACHE E SEMENTES DE ABÓBORA

Todos deveriam comer mais figo seco. Aqui, combinei o ingrediente com sementes de abóbora e pistache. Esses bocados de energia estão repletos de fibras e têm a doçura necessária para fazer deles uma pequena tentação. A água de rosas é o elemento que une tudo e deixa a receita especial, com gosto de quero mais.
Rende 10-12 unidades

90 g de pistache
50 g de sementes de abóbora
100 g de figo seco
1 colher (chá) de água de rosas
1 colher (chá) cheia de proteína de cânhamo [nota p. 10] (opcional)

1. Separe 40 g de pistache e moa ou bata no processador ou liquidificador; reserve para cobrir as bolinhas.
2. Bata o pistache restante e as sementes de abóbora no processador ou liquidificador até obter uma textura quebradiça.
3. Remova o talo do figo, corte ao meio e leve ao processador com a água de rosas e a proteína de cânhamo, se for usar. Bata até obter uma massa grudenta e maleável.
4. Transfira para uma tábua de cozinha e forme bolinhas – ½ colher (sopa) é a quantidade perfeita. Passe pelo pistache moído e leve à geladeira por pelo menos 1 hora, ou, de preferência, a noite toda.

BOMBOM DE CARAMELO

A tâmara confere a quantidade ideal de doçura e elasticidade – trazendo um toque especial. Essa receita talvez seja minha preferida, pois me faz lembrar dos bombons toffee puxa-puxa que eu adorava quando criança. A cobertura de cacau é a cereja do bolo. Rende 8 unidades

4 tâmaras sem caroço
3 colheres (sopa) cheias de amêndoa moída
1 colher (sopa) cheia de coco ralado
1 colher (sopa) cheia de pasta de amêndoa
nibs de cacau moídos, para envolver

PARA A COBERTURA DE CHOCOLATE

1 colher (sopa) de óleo de coco
2 colheres (sopa) de cacau em pó
1 colher (chá) de xarope de agave

1. Bata todos os ingredientes no processador ou liquidificador até ficar homogêneo e grudento.
2. Transfira para uma tábua de cozinha e forme bolinhas – ½ colher (sopa) é a quantidade perfeita. Reserve.
3. Para a cobertura, derreta o óleo de coco em uma panela pequena. Junte o cacau em pó e o xarope de agave e bata até ficar homogêneo.
4. Passe cada bolinha na cobertura de chocolate e coloque em uma travessa forrada com papel-manteiga. Polvilhe com os nibs de cacau moídos e leve à geladeira por várias horas, até ficar firme.

SCONE INTEGRAL DE "LEITELHO"

Por morar na Cornualha, vivo rodeada de scones, mas sem poder comê-los. Às vezes acho que isso equivale à tortura. Tive que sair, portanto, em busca de uma solução para matar meu desejo de comer essa delícia. Por sorte, essa versão vegana integral de "leitelho" é o que basta para me manter longe da tentação e é a receita que preparo sempre que sinto vontade de fazer um agrado a mim mesma no chá da tarde. A única pergunta possível, agora, é: chantili ou geleia primeiro? **Rende 6-8 porções**

---

175 ml de leite de soja
  (ou outro Leite vegetal, p. 28)
1 colher (chá) de vinagre de maçã
1 colher (chá) de extrato de baunilha
200 g de farinha de trigo integral
100 g de farinha de trigo
1 colher (chá) de fermento em pó
½ colher (chá) de bicarbonato de sódio
sal
3 colheres (sopa) de açúcar ou
  1 colher (sopa) de xarope de agave
85 g de margarina vegana fria

1. Preaqueça o forno a 220°C.
2. Coloque o leite de soja em uma jarrinha; junte o vinagre de maçã e o extrato de baunilha (e o xarope de agave, se for usá-lo). Reserve para talhar, formando o leitelho.
3. Em uma tigela grande, misture delicadamente os dois tipos de farinha, o fermento, o bicarbonato de sódio e uma pitada de sal e açúcar (se for usá-lo).
4. Com os dedos, esfregue a margarina nos ingredientes secos, até incorporar. Faça uma cova no centro e acrescente o leitelho. Misture rapidamente, com uma colher de metal, apenas até dar liga – vai ficar bem úmido.
5. Enfarinhe generosamente a superfície de trabalho e as mãos. Vire a massa e sove levemente, virando várias vezes. Abra-a em formato oval com cerca de 4 cm de espessura.
6. Enfarinhe um cortador redondo e, dependendo do tamanho que quiser os scones, corte diversos círculos. Junte as sobras, abra novamente e faça outros biscoitos, até usar toda a massa.
7. Polvilhe cada scone com farinha de trigo e asse por 10-15 minutos, dependendo de seu forno.
8. Transfira para uma grade. Depois de frios, corte-os ao meio e sirva com Chantili de coco (p. 154) e Geleia simples de chia (p. 40). Mantenha por 3-5 dias em um recipiente de fecho hermético.

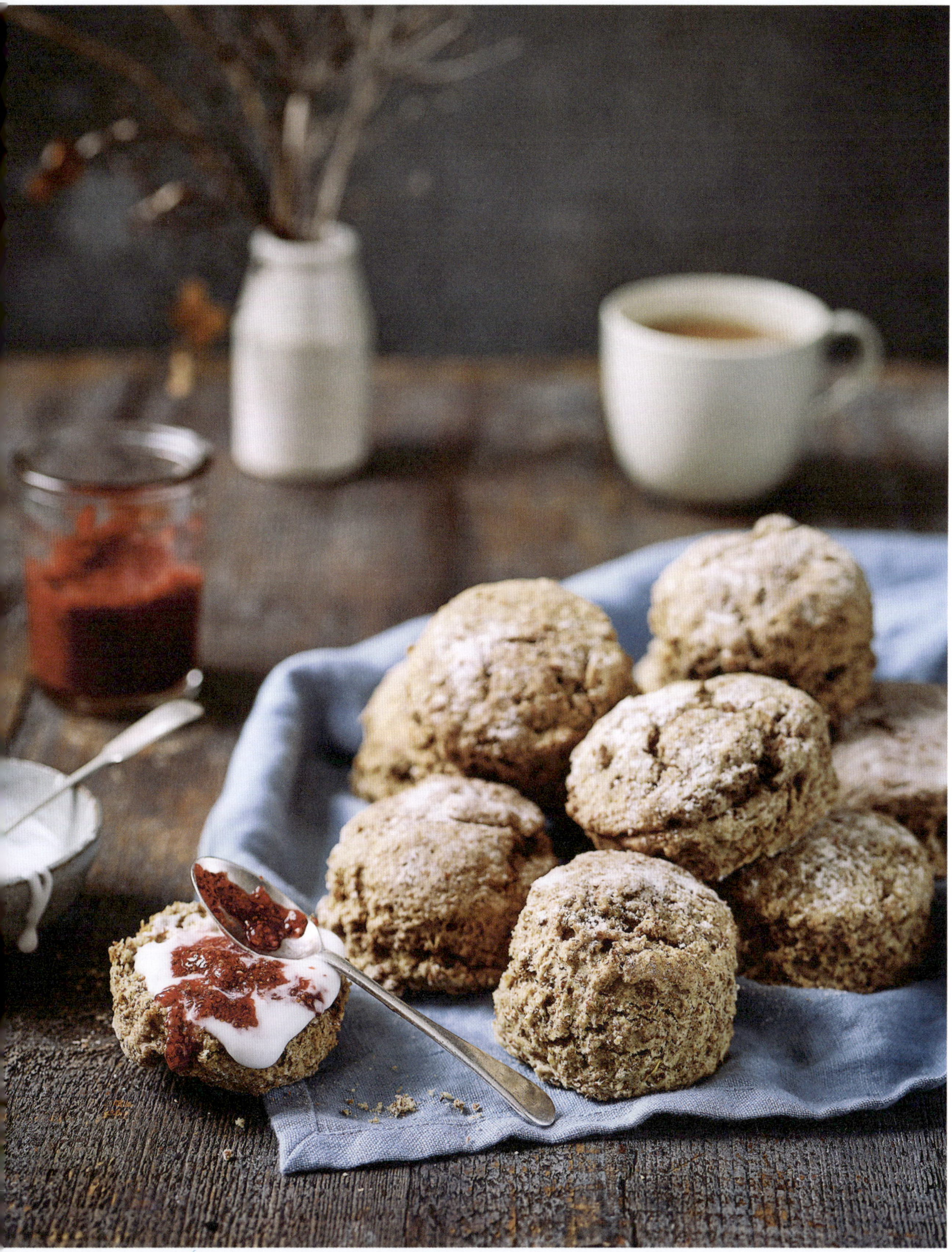

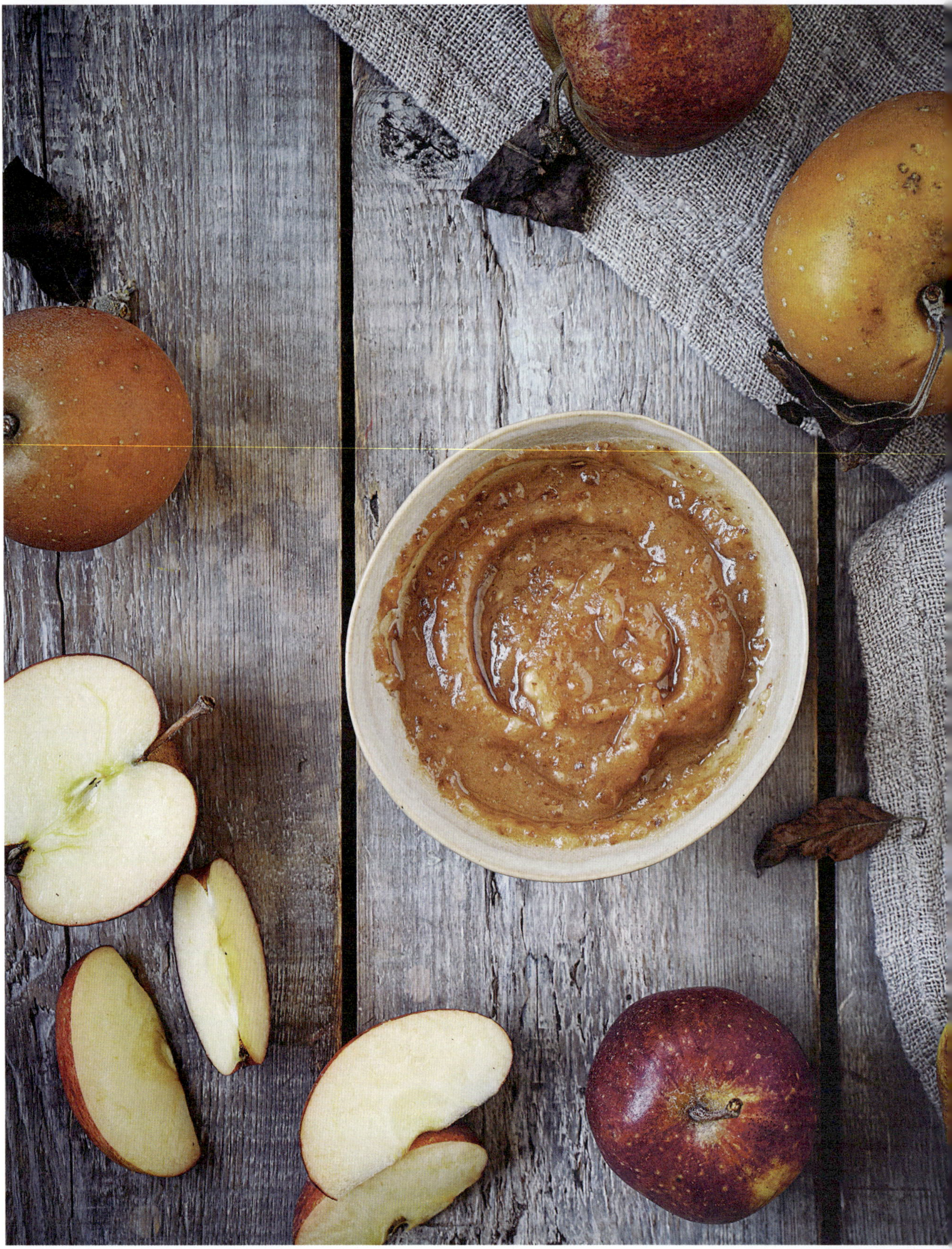

MAÇÃ COM CALDA DE CARAMELO

SEM GLÚTEN

Você concorda que tâmaras são deliciosas? Repletas de cálcio e fibras, são tão doces que poderiam até entrar na categoria das guloseimas. Embora não haja nada novo no "caramelo de tâmara", essa é minha combinação preferida (e o sal é *fundamental*). Passar pela peneira fica a seu critério. Prefiro minha calda bem lisa, mas alguns nutrientes se perdem nesse processo. É uma concessão que aceito fazer só porque o caramelo fica sedoso. Pode até esquecer a maçã: por que não espalhar essa gostosura em uma torrada e pronto? Para mim, é um petisco campeão.

Rende 2-4 porções

6 tâmaras sem caroço
5 colheres (sopa) de água
1 colher (chá) de extrato de baunilha
uma pitada generosa de sal
2-4 maçãs cortadas em fatias

1. Deixe as tâmaras de molho em um pouco de água por cerca de 10 minutos, para amolecer. Escorra.
2. Coloque-as no processador ou liquidificador com 5 colheres (sopa) de água, o extrato de baunilha e sal. Bata até ficar homogêneo.
3. Passe por uma peneira fina, para separar os resíduos, e leve à geladeira até servir.
4. Sirva com fatias de maçã, para um lanchinho saudável.

HOKEY POKEY

SEM GLÚTEN

Isso é um pesadelo para qualquer dentista: cheio de açúcar, crocante e sem um pingo de valor nutritivo – em resumo, é a antítese de tudo o que somos encorajados a comer. Mas tem uma qualidade que é insuperável: o sabor é MUITO BOM. Como preparo a receita poucas vezes por ano, posso conviver com as pequenas consequências alimentares (e dentais) em troca do prazer passageiro de comer esse doce tipicamente britânico que sempre terá um lugar especial em meu coração.

Rende 6-8 porções

200 g de açúcar
4 colheres (sopa) de glucose de milho
1½ colher (chá) de bicarbonato de sódio

1. Forre uma tábua de cozinha grande com papel-manteiga.
2. Em uma panela, incorpore o açúcar e a glucose de milho.
3. Aqueça até começar a borbulhar e cozinhe em fogo baixo por 3-5 minutos, até dourar e ficar homogêneo – não mexa.
4. Tire do fogo e, rapidamente, junte o bicarbonato de sódio. Misture e vire sobre o papel. Espere esfriar completamente.
5. Depois de duro, use um martelo ou faca bem afiada para quebrar em pedaços. Mantenha em um recipiente fechado por 1 semana.

DICA: Derreta chocolate amargo em banho-maria. Regue sobre os pedaços de hokey pokey e espere ficar firme.

SEM GLÚTEN

TRUFA DE FRUTAS E AVELÃ

Algo se transforma quando você se torna vegano. Todos aqueles doces açucarados são substituídos por chocolate amargo de alta qualidade, repleto de antioxidantes e outros ingredientes benéficos. Não me pergunte como, mas o paladar também muda – mesmo que agora você só consiga pensar em uma boa e velha barra de chocolate ao leite ou qualquer outro vício semelhante. Lembro-me de que eu gostava de chocolate com frutas e nozes, mas hoje percebo que apreciava mais as frutas secas e as oleaginosas crocantes do que a cobertura viscosa do chocolate que as envolvia. Portanto, em uma tentativa de voltar à infância, aceitei o desafio de incluir meus sabores e texturas preferidos em uma trufa inteiramente vegana, usando apenas os melhores ingredientes e com a vantagem de oferecer nutrientes – e quer saber de uma coisa? Deu certo. **Rende 4-6 porções**

1 colher (sopa) de óleo de coco
100 g de gotas de chocolate amargo
2 colheres (sopa) de tahine
1 colher (sopa) de xarope de agave
1 colher (chá) de extrato de baunilha
uma pitada de sal
30 g de avelã picada grosseiramente
30 g de cranberry seca
cacau em pó, para polvilhar

1. Em uma panela pequena, aqueça o óleo de coco em fogo médio até derreter. Junte as gotas de chocolate e espere derreter em fogo baixo. Acrescente o tahine, o xarope de agave, o extrato de baunilha e sal. Bata com um garfo, delicadamente, para incorporar os ingredientes.
2. Adicione a avelã e a cranberry. Misture para distribuir por igual.
3. Forre uma fôrma de bolo inglês com capacidade para 225 g com papel-manteiga. Despeje a massa e alise com uma espátula. Deixe na geladeira da noite para o dia.
4. Retire da fôrma e corte em triângulos ou palitos grandes. Polvilhe com o cacau. Conserve na geladeira por 15 dias.

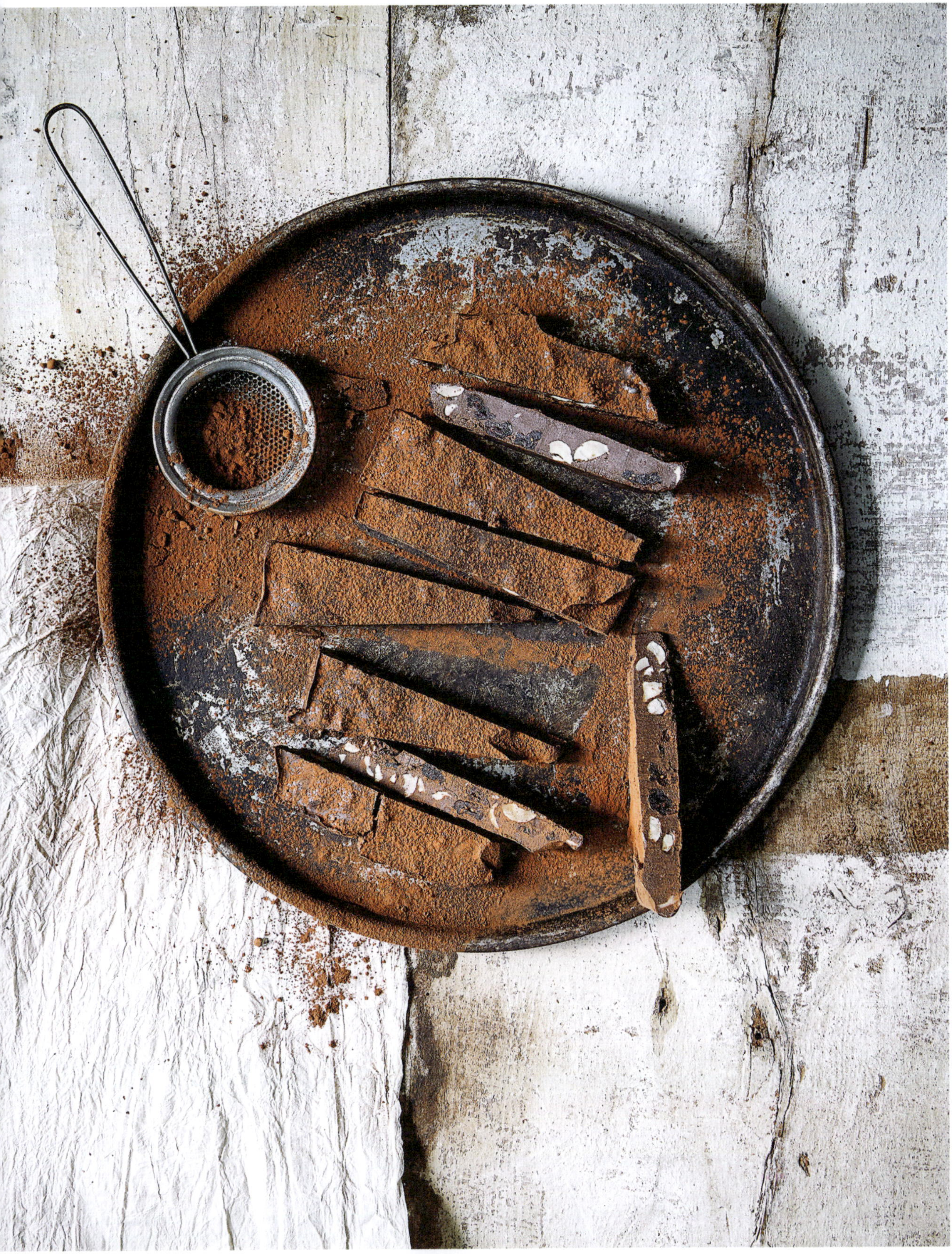

SEM GLÚTEN

BOLO DE FUBÁ COM LARANJA SEM GLÚTEN

Nada supera o aroma desse bolo quando está no forno. É o suficiente para me fazer querer devorar tudo em um nanossegundo. Mas paciência é fundamental, e você precisa esperar que esfrie antes de espalhar a cobertura de castanha-de-caju, capaz de transportar essa delícia do patamar fantástico ao estratosférico – sim, é bom mesmo. O que deixa tudo ainda melhor é a simplicidade da montagem (você não precisa ser nenhum mestre confeiteiro para fazer a receita) e a textura superesfarelada, que torna o bolo um acompanhamento perfeito para a tradicional xícara de chá – vá por mim, essa dupla é de uma perfeição pura e absoluta. E, então, o que você está esperando? Coloque a chaleira no fogo, é hora de chá com bolo. Rende 8-10 porções

* Encontrado em lojas de confeitaria. Para fazer em casa, retire superficialmente a casca de 2 laranjas com a ajuda de um descascador de legumes, coloque-as em um recipiente de vidro e cubra com ½ xícara (chá) de vodca. Tampe e deixe descansando por 8 semanas, sacudindo o recipiente a cada 2 dias, sempre mantendo as cascas totalmente cobertas pela bebida. Quando for usar, descarte as cascas.

120 g de fubá
80 g de amêndoa moída
100 g de farinha de grão-de-bico
1 colher (chá) de bicarbonato de sódio
raspas e suco de 2 laranjas vermelhas [ou grapefruit]
100 ml de azeite
100 ml de xarope de agave
½ colher (chá) de extrato de laranja*
100 ml de iogurte de soja
40 g de pistache moído, para decorar

PARA A COBERTURA DE CASTANHA-DE-CAJU
150 g de castanha-de-caju hidratada por pelo menos 6 horas (p. 120)
100 ml de xarope de agave
suco e raspas de ½ laranja
½ colher (chá) de extrato de laranja
1 colher (chá) cheia de óleo de coco
2-3 colheres (sopa) de água

1. Preaqueça o forno a 170°C. Unte e forre uma assadeira redonda de 15 cm.
2. Prepare a cobertura. Escorra e lave a castanha-de-caju. Bata no processador ou liquidificador possante com o xarope de agave, o suco e as raspas de laranja, o extrato de laranja, o óleo de coco e 2 colheres (sopa) de água. Raspe as laterais da jarra ou do copo frequentemente, até obter um creme homogêneo; se necessário, despeje um pouco mais de água. A cobertura vai adquirir diversas texturas: amendoada, grosseira e, finalmente, sedosa. Você precisa realmente perseverar para chegar à consistência perfeita; não queira pegar um atalho, adicionando muito líquido. Vá batendo e logo a mistura não lembrará em nada aquele monte de castanhas do começo. Reserve na geladeira.
3. Em uma tigela grande, misture o fubá, a amêndoa moída, a farinha de grão-de-bico e o bicarbonato de sódio. Junte as raspas de laranja vermelha e mexa para distribuir por igual.
4. Em outra tigela, bata vigorosamente o óleo, o suco de laranja, o xarope de agave, o extrato de laranja e o iogurte de soja.
5. Faça uma cova no centro dos ingredientes secos e junte a mistura líquida. Mexa com delicadeza e transfira para a fôrma.
6. Asse por 30-35 minutos. Para saber se está pronto, enfie um palito no centro do bolo; deve sair limpo.
7. Espere esfriar um pouco, desenforme sobre uma grade e reserve até ficar completamente frio.
8. Cubra com o creme de castanha-de caju gelado, espalhando pelas laterais com uma espátula. Por fim, decore com o pistache. O bolo é melhor se consumido ainda fresco, mas pode ser mantido por 3 dias.

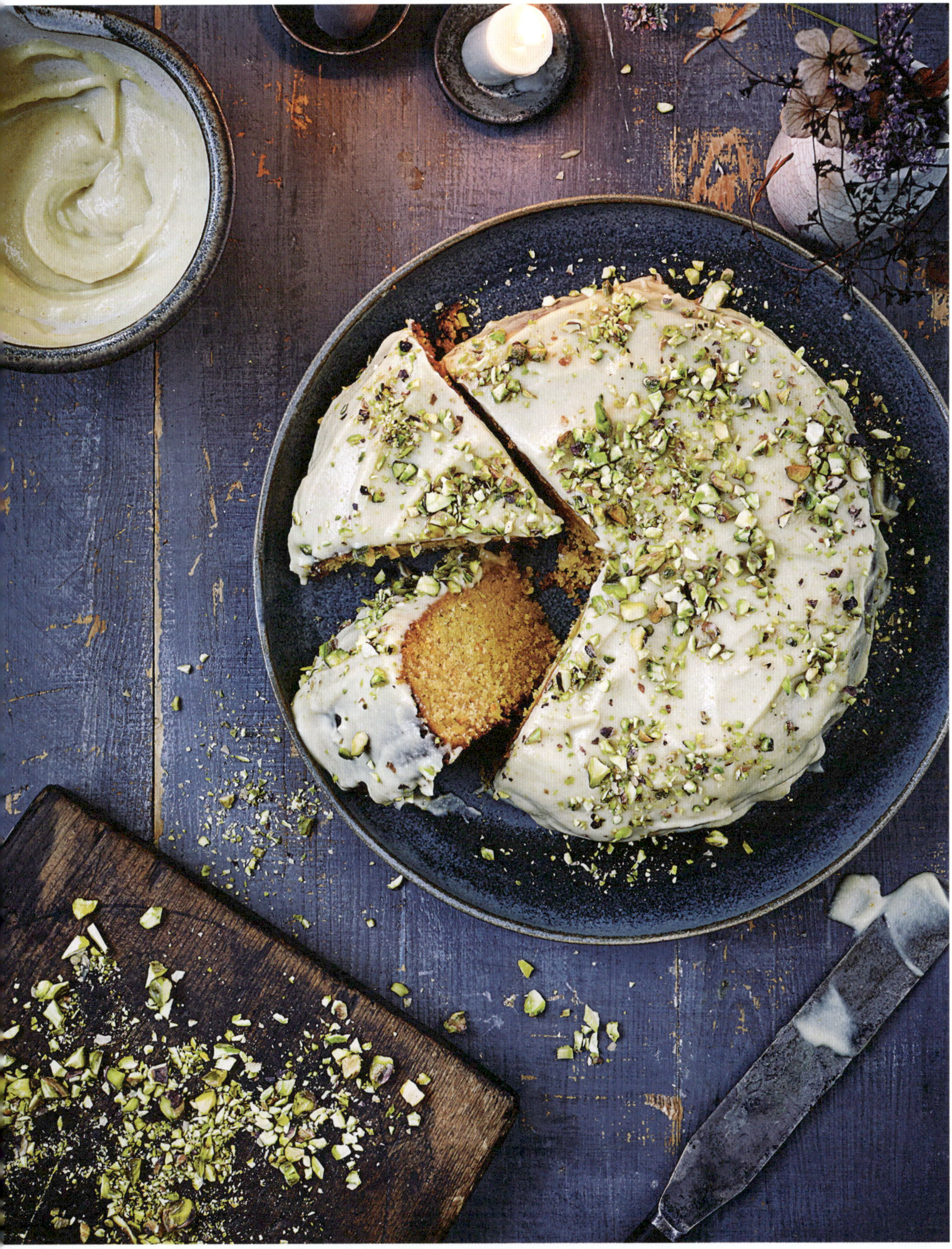

BOLO DE BANANA EM DUAS VERSÕES

Escolher qual dessas duas receitas entraria no livro foi uma tarefa tão impossível que, no final, decidi incluir as duas. Uma é 100% sem glúten e adoçada principalmente com tâmaras, enquanto a outra é um banquete completo de farinha e açúcar refinados que adoro. Fique tranquilo, os dois bolos se equivalem em grandeza e sabor. Úmidos, deliciosos e muito fáceis de fazer, logo se tornarão seus prediletos, pode apostar. Embora sejam ótimas sobremesas, também vão bem no café da manhã, em especial com uma xícara de café quente.
O que posso dizer? São os prazeres simples da vida – e esse é um (ou dois) dos meus favoritos.

DICA: Enriqueça o bolo com mirtilo, gotas de chocolate ou nozes – basta acrescentar uma colherada grande à massa antes de transferir para a fôrma.

BOLO DE BANANA CLÁSSICO
Rende 8-10 porções

300 g de farinha de trigo
2 colheres (chá) de fermento em pó
½ colher (chá) de bicarbonato de sódio
130 g de açúcar mascavo claro
3 bananas maduras
120 ml de Leite vegetal (p. 28)
1 colher (chá) de vinagre de maçã
50 ml de xarope de agave
80 ml de óleo de girassol

1. Preaqueça o forno a 170°C e unte uma fôrma para bolo inglês com capacidade para 900 g.
2. Em uma tigela grande, misture a farinha, o fermento, o bicarbonato e o açúcar mascavo.
3. Amasse a banana até obter um purê. Junte o leite vegetal, o vinagre, o xarope de agave, o óleo e 1 colher (sopa) de água.
4. Faça uma cova no centro dos ingredientes secos e despeje a mistura de banana, mexendo bem.
5. Transfira para a fôrma e asse por 45-50 minutos. Espere esfriar por pelo menos 10 minutos antes de desenformar. Pode ser mantido por 5 dias.

BOLO DE BANANA COM CHOCOLATE SEM GLÚTEN
SEM GLÚTEN
Rende 8-10 porções

130 g de farinha de grão-de-bico
70 g de amêndoa moída
2 colheres (sopa) cheias de cacau em pó
1 colher (chá) de fermento em pó sem glúten (p. 36)
½ colher (chá) de bicarbonato de sódio
uma pitada de sal
3 tâmaras sem caroço
2 colheres (sopa) de maple syrup
2 bananas maduras amassadas
1 colher (sopa) de óleo de coco
30 g de goji berry (opcional)
um punhado de nibs de cacau, para decorar

PARA A COBERTURA
1 colher (sopa) de óleo de coco
2 colheres (sopa) de cacau em pó
1 colher (sopa) de maple syrup

1. Preaqueça o forno a 180°C e unte uma fôrma para bolo inglês com capacidade para 450 g.
2. Em uma tigela grande, misture os ingredientes secos.
3. Hidrate a tâmara em água morna por 10 minutos.
4. Transfira a tâmara para o processador, junte o maple syrup e bata até obter uma pasta grossa.
5. Numa vasilha, misture a pasta de tâmara, a banana, o óleo de coco e 2 colheres (sopa) de água.
6. Faça uma cova no centro dos ingredientes secos e acrescente a mistura de banana. Mexa com delicadeza, para incorporar.
7. Adicione as goji berries, se for usar, misture e transfira para a fôrma. A massa será muito densa; espalhe com uma espátula.
8. Asse por 30-35 minutos. Espere esfriar por 10 minutos e desenforme sobre uma grade.
9. Derreta o óleo de coco em uma panela, junte o cacau e o maple syrup e mexa para obter um ganache denso. Cubra o bolo morno e decore com os nibs de cacau.
10. Depois de frio, sirva em fatias grossas. Mantenha por 3 dias.

BOLO DE CENOURA E NOZES

Úmido e com um creme que tem gosto de quero mais, esse bolo de cenoura tem um lugar especial em meu coração culinário – mesmo que seja um pouco exagerado no açúcar. *C'est la vie*. Penso nele como uma "receita eventual", pois não o faço com frequência. Não se preocupe com o tempo de forno e não caia na tentação de tirar antes, ou ficará cru por dentro. Para completar esse cozimento longo e incomum, gosto de selar a umidade assim que o bolo sai do forno: basta cobrir com um prato para garantir que a superfície e as laterais não ressequem e para que você obtenha algo superúmido e perfeitamente quebradiço.

Rende 8-10 porções

* A alternativa à farinha de espelta dessa receita é misturar 115 g de farinha de quinoa com 115 g de farinha de linhaça.

150 g de cenoura ralada finamente (cerca de 5 unidades)
230 g de farinha de espelta*
1 colher (chá) de fermento em pó
½ colher (chá) de bicarbonato de sódio
uma pitada de sal
1 colher (chá) de canela em pó
¼ de colher (chá) de noz-moscada ralada na hora
½ colher (chá) de gengibre em pó
120 g de purê de maçã
110 g de açúcar mascavo
suco de ½ laranja
100 ml de Leite vegetal (p. 28)
1 colher (chá) de extrato de baunilha
1 colher (sopa) de xarope de agave ou maple syrup
60 ml de óleo de girassol ou azeite
50 g de nozes picadas grosseiramente, mais 40 g para decorar
50 g de uva-passa

PARA O "CREME DE MANTEIGA"
100 g de margarina vegana
300 g de açúcar de confeiteiro
¼ de colher (chá) de gengibre em pó
¼ de colher (chá) de canela em pó
¼ de colher (chá) de noz-moscada ralada na hora
raspas de 1 laranja

1. Preaqueça o forno a 190°C e unte uma fôrma para bolo com 23 cm de diâmetro.
2. Esprema o excesso de líquido da cenoura; reserve o vegetal.
3. Em uma tigela, misture a farinha, o fermento, o bicarbonato, o sal e as especiarias.
4. Numa vasilha, junte o purê de maçã, o açúcar mascavo, o suco de laranja, o leite vegetal, o extrato de baunilha, o xarope de agave e o óleo de girassol. Bata com um garfo até ficar espumoso.
5. Faça uma cova no centro dos ingredientes secos, despeje a mistura de maçã e incorpore com delicadeza. Acrescente a cenoura, as nozes e a uva-passa.
6. Transfira para a fôrma e bata levemente sobre a superfície de trabalho, para eliminar bolhas de ar. Asse por 40 minutos. Deixe esfriar por 10 minutos sobre uma grade e desenforme. Depois de frio, corte ao meio, na horizontal, usando uma faca de serra.
7. Para o "creme de manteiga", coloque a margarina em uma tigela grande e peneire sobre ela o açúcar e as especiarias. Bata vigorosamente, até ficar cremoso. Junte as raspas de laranja e misture.
8. Espalhe um terço do creme na parte inferior do bolo. Com cuidado, cubra com a outra parte e coloque o restante do creme na superfície. Espalhe de maneira homogênea, com a ajuda de uma espátula, e evite chegar às margens.
9. Bata as nozes restantes até obter uma farofa e polvilhe as beiradas do bolo com ela. Finalize com uma noz inteira, no centro. Mantenha por 3-5 dias em recipiente com fecho hermético.

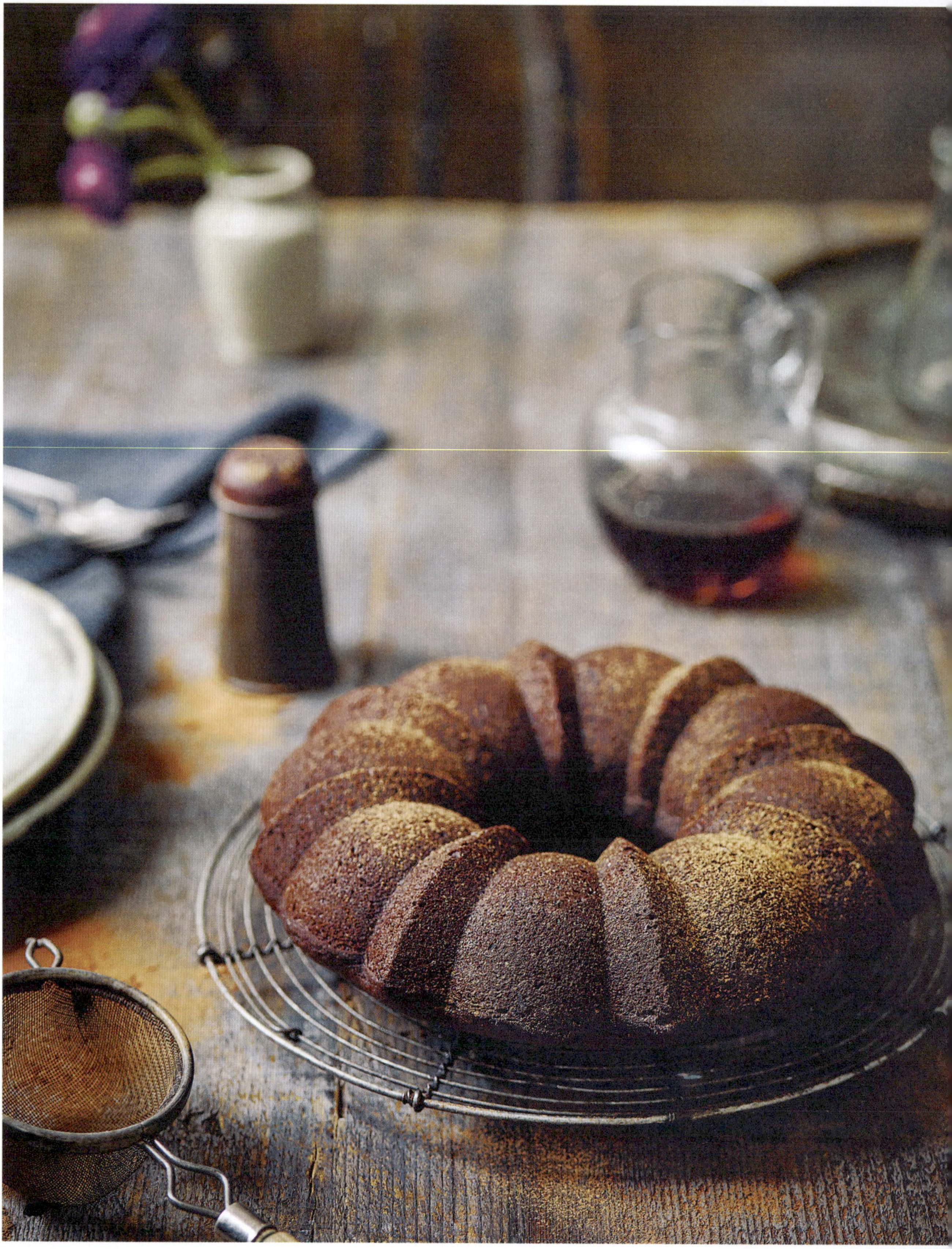

BOLO DE MELAÇO E ESPECIARIAS

Oh, mamma! Esse é meu tipo de receita. Condimentada. Grudenta. Dá muita, muita vontade de repetir. Por isso mesmo, só faço em ocasiões especiais – por sorte, o melaço contribui com nutrientes como ferro (grávidas, tomem nota), cálcio e magnésio, ambos particularmente benéficos na prevenção da osteoporose. Se você ficar muito preocupado com a quantidade de açúcar, basta substituir por seu adoçante vegano preferido e acrescentá-lo aos ingredientes úmidos. Vá em frente e se delicie. **Rende 8-10 porções**

DICA: Para o purê, coloque metade da polpa de 1 abóbora-cheirosa em uma assadeira, com o lado da casca para baixo. Junte um pouco de água e cubra com papel-alumínio. Asse em forno bem quente (200°C) por cerca de 1 hora, até ficar macia. Retire a polpa e passe pelo liquidificador, até obter um purê homogêneo. A receita pede 200 g de purê – pese antes de acrescentar aos ingredientes, pois a abóbora pode render mais do que isso.

170 g de farinha de trigo
90 g de farinha de trigo-sarraceno
150 g de açúcar mascavo claro
1 colher (chá) de bicarbonato de sódio
½ colher (chá) de fermento em pó
uma pitada de sal
1 colher (chá) de canela em pó
1 colher (chá) de pimenta-da-jamaica
½ colher (chá) de noz-moscada ralada na hora
½ colher (chá) de gengibre em pó
200 g de purê de abóbora-cheirosa (ver Dica)
60 ml de azeite
60 ml de melado de cana
1 colher (chá) de extrato de baunilha

1. Preaqueça o forno a 170°C e unte uma fôrma com buraco no meio com 22 cm de diâmetro.
2. Em uma tigela grande, misture os dois tipos de farinha, o açúcar mascavo, o bicarbonato de sódio, o fermento em pó, o sal e as especiarias.
3. Em outra vasilha, misture o purê de abóbora-cheirosa, o azeite, o melado de cana, o extrato de baunilha e 60 ml de água. Bata vigorosamente com um garfo até ficar homogêneo.
4. Faça uma cova no centro dos ingredientes secos e despeje a mistura líquida. Mexa delicadamente, para incorporar, sem trabalhar demais a massa. Transfira para a fôrma e bata sobre a superfície de trabalho para eliminar qualquer bolha de ar; leve ao forno por 30 minutos.
5. Deixe descansar por 10 minutos, desenforme e coloque sobre uma grade para esfriar completamente. O bolo se mantém por 5-7 dias.

BAKLAVA PUXA-PUXA COM BOURBON

Para mim, poucos doces são mais tentadores do que a baklava. Mas como em geral ela está mergulhada em um tipo de calda amanteigada de mel e, portanto, fora de nossos limites veganos, a salvação reside nessa versão caseira. Acrescentei bourbon porque, bem, por que não? A bebida dá a esses quadrados deliciosos, amendoados e puxa-puxa algo como um toque adulto – é o efeito do álcool na cozinha. Falando sério, quase nada é menos saudável do que esse típico doce turco, mas eu não conto para ninguém se você também não contar.

Rende 8-10 porções

15 folhas de massa filo
130 g de avelã
100 g de nozes
1 colher (sopa) de açúcar mascavo
1 colher (chá) de pimenta-da-jamaica
noz-moscada ralada na hora
215 g de margarina vegana (ou óleo de coco derretido)

PARA A CALDA
300 g de açúcar cristal não refinado [ou demerara]
200 g de xarope de agave ou um adoçante vegano de sua escolha
60 ml de suco de romã (ou de laranja/cranberry)
1 colher (chá) de extrato de laranja [nota p. 136] (ou água de flor de laranjeira)
½ pau de canela
3 cravos
1 pedaço de casca de limão-siciliano
suco de ½ limão-siciliano
100 ml de bourbon

1. Preaqueça o forno a 160°C.
2. Retire a massa filo da geladeira e cubra com um pano de prato limpo e úmido, para não ressecar.
3. Bata a avelã, as nozes, o açúcar mascavo, ½ colher (chá) de pimenta-da-jamaica e a noz-moscada no processador. Reserve, separando cerca de 1 colher (sopa) da mistura para usar na cobertura.
4. Derreta a margarina vegana e, com um pincel, unte o fundo de uma assadeira retangular de 30 cm. Disponha cinco folhas de massa filo em camadas, pincelando margarina entre elas, e cubra com metade do recheio de nozes, espalhando de maneira uniforme. Repita o processo com mais cinco folhas, a outra metade do recheio e a massa restante. Pincele a última camada com bastante margarina derretida.
5. Agora, corte a baklava – você pode obter quadrados ou cortar na diagonal, como preferir – e asse por 50-60 minutos, até dourar. Retire do forno e espere esfriar.
6. Quando o doce estiver completamente frio, coloque os ingredientes da calda – exceto o bourbon – em uma panela. Espere ferver, diminua o fogo e cozinhe por 10-15 minutos, até o açúcar dissolver por completo e o líquido reduzir. Por fim, junte o bourbon e cozinhe um pouco. Tire do fogo e regue generosamente a baklava, deixando a calda cair também entre as fendas.
7. Polvilhe com a mistura de avelã e nozes reservada e a pimenta-da-jamaica restante. Deixe esfriar completamente antes de retirar os pedaços da assadeira, com o auxílio de uma espátula pequena ou de uma faca para manteiga. Consuma em 1 semana.

COOKIE DE PECÃ E MATCHÁ

A cor verde desses biscoitos pode parecer estranha para muita gente, mas eu gosto tanto de matchá que não consegui deixar essa receita de fora. A versão elegante do chá verde está repleta de antioxidantes – e, mais importante, dá uma dimensão única de sabor a esses bocados irresistíveis. São ótimos também como presente, basta usar uma embalagem bonita.

Rende 18 unidades

90 g de margarina vegana
110 g de açúcar
40 g de açúcar de confeiteiro
1 colher (chá) de extrato de baunilha
suco de ½ limão-siciliano
150 g de farinha de trigo
1 colher (sopa) de matchá
¾ de colher (chá) de fermento em pó
50 g de pecãs picadas

1. Em uma tigela, bata a margarina com os dois tipos de açúcar, até ficar fofo. Junte o extrato de baunilha e o suco de limão-siciliano; bata novamente, para incorporar.

2. Peneire a farinha de trigo, o matchá e o fermento em pó e misture até obter uma massa. Acrescente as pecãs e transfira para uma superfície de trabalho. Forme um cilindro grosso, embrulhe em filme de PVC e deixe na geladeira por pelo menos 1 hora.

3. Preaqueça o forno a 180°C. Corte ou retire porções da massa, forme bolinhas e coloque em uma assadeira. Repita até usar tudo. Achate cada cookie com um garfo e asse por 10 minutos.

4. Retire os cookies do forno enquanto ainda estiverem macios. Com cuidado, transfira-os para uma grade. Mantenha por 3-5 dias em um recipiente de fecho hermético.

CUPCAKE DE BETERRABA E LIMÃO-SICILIANO

Tenho uma fraqueza por sabores delicados, principalmente nas épocas mais quentes. E pensar que a beterraba deixa os bolinhos com um sabor encorpado e intenso demais é um engano. Ela não apenas confere uma umidade fundamental à receita como também realça a leve cobertura de limão--siciliano. Não encho a forminha até o topo porque gosto de deixar um espaço para a cobertura, um centímetro a mais de gostosura. O chá da tarde está definitivamente entre nós. **Rende 6 unidades**

110 g de farinha de trigo
50 g de açúcar, mais 1 colher (sopa) de açúcar baunilhado (60 g no total)
¾ de colher (chá) de fermento em pó
¼ de colher (chá) de bicarbonato de sódio
70 g de beterraba cozida e descascada
100 ml de Leite vegetal (p. 28)
1 colher (sopa) de extrato de baunilha
1 colher (sopa) de óleo de coco derretido
raspas de limão-siciliano, para decorar

PARA A COBERTURA
150 g de açúcar de confeiteiro
2 colheres (sopa) de margarina vegana
1 colher (sopa) de suco de limão--siciliano

1. Preaqueça o forno a 170°C e forre uma assadeira para muffin com seis forminhas de papel.
2. Em uma tigela grande, misture levemente a farinha de trigo, o açúcar, o fermento em pó e o bicarbonato de sódio.
3. Bata a beterraba e o leite vegetal no processador ou liquidificador, até ficar homogêneo, e transfira para uma vasilha ou jarra. Junte o extrato de baunilha e o óleo de coco; bata com um garfo, para incorporar.
4. Faça uma cova no centro dos ingredientes secos e despeje a mistura de beterraba. Mexa com delicadeza, para incorporar, sem trabalhar demais a massa. Divida entre as seis forminhas e bata a assadeira levemente sobre a superfície de trabalho para eliminar as bolhas de ar.
5. Asse por 20 minutos. Retire do forno e transfira imediatamente para uma grade.
6. Enquanto os cupcakes esfriam, prepare a cobertura. Bata o açúcar de confeiteiro, a margarina e o suco de limão-siciliano até ficar homogêneo. Leve à geladeira por pelo menos 30 minutos.
7. No momento em que os bolinhos estiverem completamente frios e a cobertura, gelada, cubra os cupcakes usando uma espátula. Decore com raspas de limão-siciliano e sirva. Mantenha por 3-5 dias.

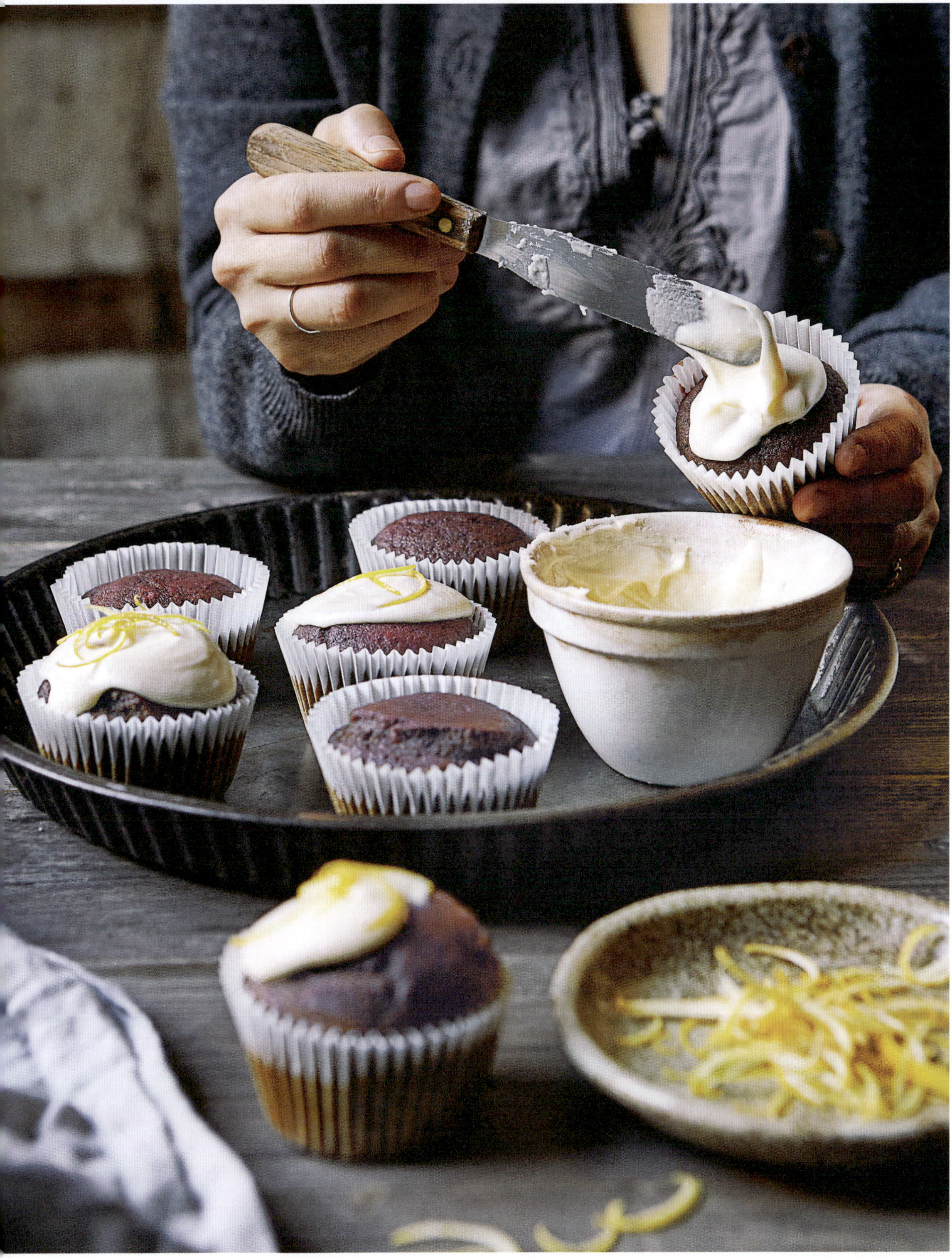

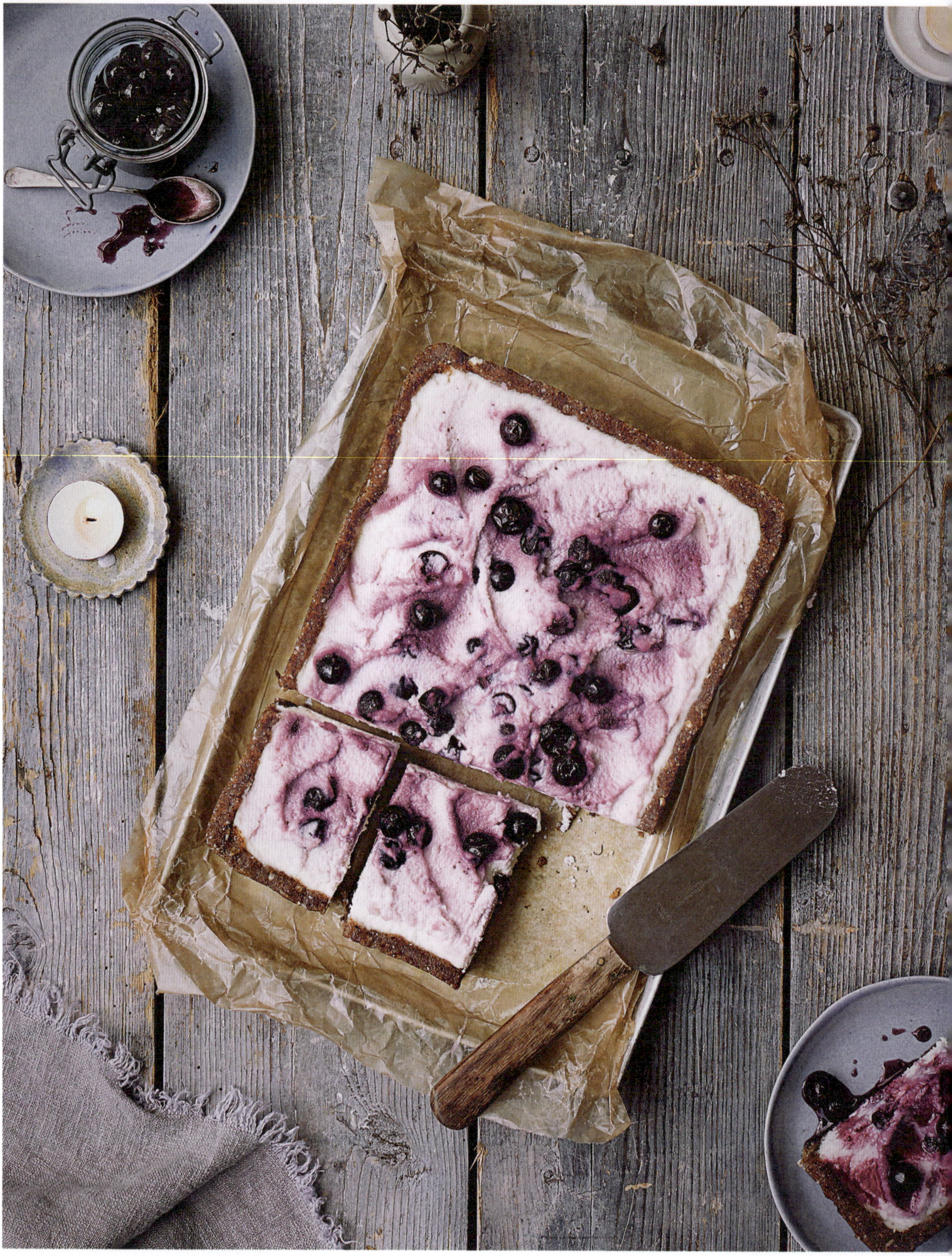

TORTA CREMOSA DE MACADÂMIA E MIRTILO

A castanha-de-caju não é a única oleaginosa que pode se transformar em creme vegano. Com macadâmia também dá certo e, por causa do seu gosto sutil, a receita pode ser mesclada com vários outros ingredientes. Quando se trata de macadâmia (que, assim como a castanha-do-pará, contém selênio, micromineral que protege o coração), tendo a errar para o lado doce. Minha combinação preferida de sabores é a dessa torta, pois a compota de mirtilo consegue realçar a intensidade do creme e a avelã deixa tudo mais interessante. Fique à vontade, porém, para criar – use a base de creme de macadâmia e invente o que quiser. **Rende 4-6 porções**

PARA A COMPOTA DE MIRTILO
125 g de mirtilo
suco de ½ limão
2 colheres (sopa) de maple syrup

PARA A MASSA DE AVELÃ
100 g de avelã, mais um pouco para a cobertura
3 tâmaras sem caroço

PARA O CREME DE MACADÂMIA
200 g de macadâmia hidratada (p. 120)
1 colher (sopa) de óleo de coco
60 ml de água de coco
60 ml de xarope de agave
suco de 1 limão

1. Para a compota, cozinhe o mirtilo, o suco de limão e o maple syrup até a fruta ficar macia e começar a soltar líquido. Antes de perder completamente a forma, tire do fogo e deixe esfriar. Reserve na geladeira.

2. Para a massa, processe a avelã e a tâmara até obter uma farofa densa e grudenta. Transfira para uma fôrma redonda com 15 cm de diâmetro ou uma assadeira para brownie forrada com papel-manteiga e espalhe a massa de maneira uniforme, pressionando com uma espátula ou com os dedos. Refrigere.

3. Para o creme do recheio, bata a macadâmia, o óleo de coco, a água de coco, o xarope de agave e o suco de limão no processador ou liquidificador até ficar homogêneo – raspe as laterais da jarra ou do copo de vez em quando e, se necessário, junte um pouco mais de água de coco. O creme passa por diversos estágios de textura e requer certa paciência até atingir a consistência desejada.

4. Assim que estiver homogêneo e fofo, junte cerca de 1 colher (sopa) da compota de mirtilo e misture levemente. Transfira para a massa e alise com o dorso de uma colher. Leve à geladeira por pelo menos 1 hora (de preferência durante a noite toda) antes de servir.

5. Triture a avelã restante e polvilhe a torta. Sirva cada fatia com uma colherada de compota.

SEM GLÚTEN

TAÇA DE HORTELÃ, CHOCOLATE E AVOCADO

Às vezes eu preciso de algo doce, mas que não dê trabalho. Sobremesas como essa salvam minha vida nesses momentos, e eu muitas vezes dobro ou quadruplico a quantidade para dividir minha felicidade feita de hortelã e chocolate. Passar pela peneira não é fundamental – como usamos a erva fresca, porém, isso ajuda a obter uma textura sedosa. Da mesma maneira, se você não gosta de xarope de agave, use o dobro de tâmaras e faça uma versão levemente mais saudável de uma receita que já não tem nada de condenável. **Rende 1 porção**

1 avocado
1 colher (sopa) cheia de cacau em pó
15 g de hortelã fresca, mais 1 folha para decorar
1 tâmara sem caroço
1 colher (sopa) de xarope de agave
1 colher (chá) de extrato de baunilha
uma pitada de sal marinho
nibs de cacau, para decorar

1. Retire a polpa do avocado e bata com os outros ingredientes no processador ou liquidificador, até ficar homogêneo. Prove para conferir a doçura. Para obter um resultado mais sedoso, passe por uma peneira.
2. Leve à geladeira por pelo menos 1 hora. Sirva em uma tigela pequena e finalize com nibs de cacau e uma folha de hortelã fresca.

SEM GLÚTEN

ARROZ-DOCE COM COCO

Se ainda não está claro, deixe-me dizer oficialmente que eu amo – e realmente quero dizer amo! – coco. Fresco, seco, em forma de leite ou de iogurte, posso comer a fruta de qualquer jeito e ainda repetir. Esse prato enfatiza a força desse ingrediente incrível e, apesar de incluir apenas um pouquinho de açúcar de palma para adoçar, exala prazer e conforto, tudo em uma tigela acolhedora. As fatias adocicadas do caqui são o acompanhamento perfeito para o que pode ser considerado uma sobremesa razoavelmente saudável. E isso, em linguagem gastronômica, quer dizer: "Vou repetir". Rende 2-4 porções

130 g de arroz para sushi
400 ml de leite de coco
1 pau de canela
1 anis-estrelado
1 fava de baunilha
3 bagas de cardamomo
4 colheres (sopa) de açúcar de palma ou xarope de agave
1 caqui, ou caqui-chocolate, ou manga, descascado e cortado em fatias
coco ralado e tostado, para decorar

1. Lave muito bem o arroz. Reserve.
2. Em uma panela, ferva o leite de coco com 300 ml de água em fogo baixo. Junte a canela, o anis-estrelado, a baunilha (raspe as sementes e acrescente-as também), o cardamomo e o açúcar de palma. Espere o açúcar dissolver – pode levar alguns minutos.
3. Adicione o arroz e mexa vigorosamente no início, para não formar grumos.
4. Cozinhe sem tampar por 45 minutos, ou até o arroz ficar totalmente cozido. É fundamental mexer com frequência para não grudar; se parecer muito grosso, junte um pouco de água de vez em quando.
5. Sirva quente ou frio, coberto com fatias de caqui e coco ralado.

GALETTE SIMPLES DE MORANGO

Massas de torta são capazes de assustar até o chef mais experiente. É por isso que muitas cozinhas profissionais têm um chef confeiteiro. Trata-se de uma forma de arte, certo? Esse, porém, é o tipo que engana, pois garante o resultado desejado sem que ninguém tenha que conhecer todos os meandros da massa podre autêntica e perfeita. Doce, intensa, amanteigada, farelenta – pode não enganar Roland Mesnier, mas vai convencer seus convidados. No meu mundo, é isso o que realmente importa.

Rende 4-6 porções

200 g de morango lavado e sem os cabinhos
1 colher (sopa) de açúcar de confeiteiro, mais um pouco para polvilhar
½ colher (sopa) de extrato de baunilha
chantili de soja,* para servir

PARA A MASSA
50 g de açúcar de confeiteiro
110 g de farinha de trigo
50 g de margarina vegana gelada
1 colher (sopa) de água

1. Comece pela massa. Em uma tigela, peneire o açúcar de confeiteiro e a farinha de trigo. Junte a margarina e esfregue com os dedos para incorporar levemente, até obter uma farofa.
2. Adicione a água e trabalhe com as mãos para formar uma massa – se estiver um tanto grudenta, adicione farinha. Modele uma bola, embrulhe em filme de PVC e leve à geladeira por 30 minutos.
3. Coloque o morango em uma tigela. Junte o açúcar e o extrato de baunilha. Mexa e reserve até dissolver o açúcar e o morango começar a soltar líquido.
4. Preaqueça o forno a 180°C.
5. Em uma superfície enfarinhada, abra a massa em um círculo com 0,5 cm de espessura. Com cuidado, transfira para uma assadeira enfarinhada. Distribua os morangos no centro e dobre as bordas da massa ao redor da fruta. Asse por 40 minutos, até dourar e ficar cozido; na metade do tempo, pincele o morango com o líquido que restar na tigela.
6. Transfira para uma grade e, assim que esfriar, polvilhe com o açúcar de confeiteiro. Corte em fatias e sirva com chantili de soja.

* Uma alternativa ao chantili de soja é o chantili vegano: cozinhe 200 g de grão-de-bico e reserve ¾ de xícara (chá) da água do cozimento (aquafaba). Transfira para uma panela pequena e ferva até o líquido reduzir pela metade. Isso faz com que o merengue fique mais consistente. Bata na batedeira e, quando dobrar de volume e estiver espumante e aerado, acrescente ½ xícara (chá) de açúcar e continue batendo até atingir a consistência de merengue.

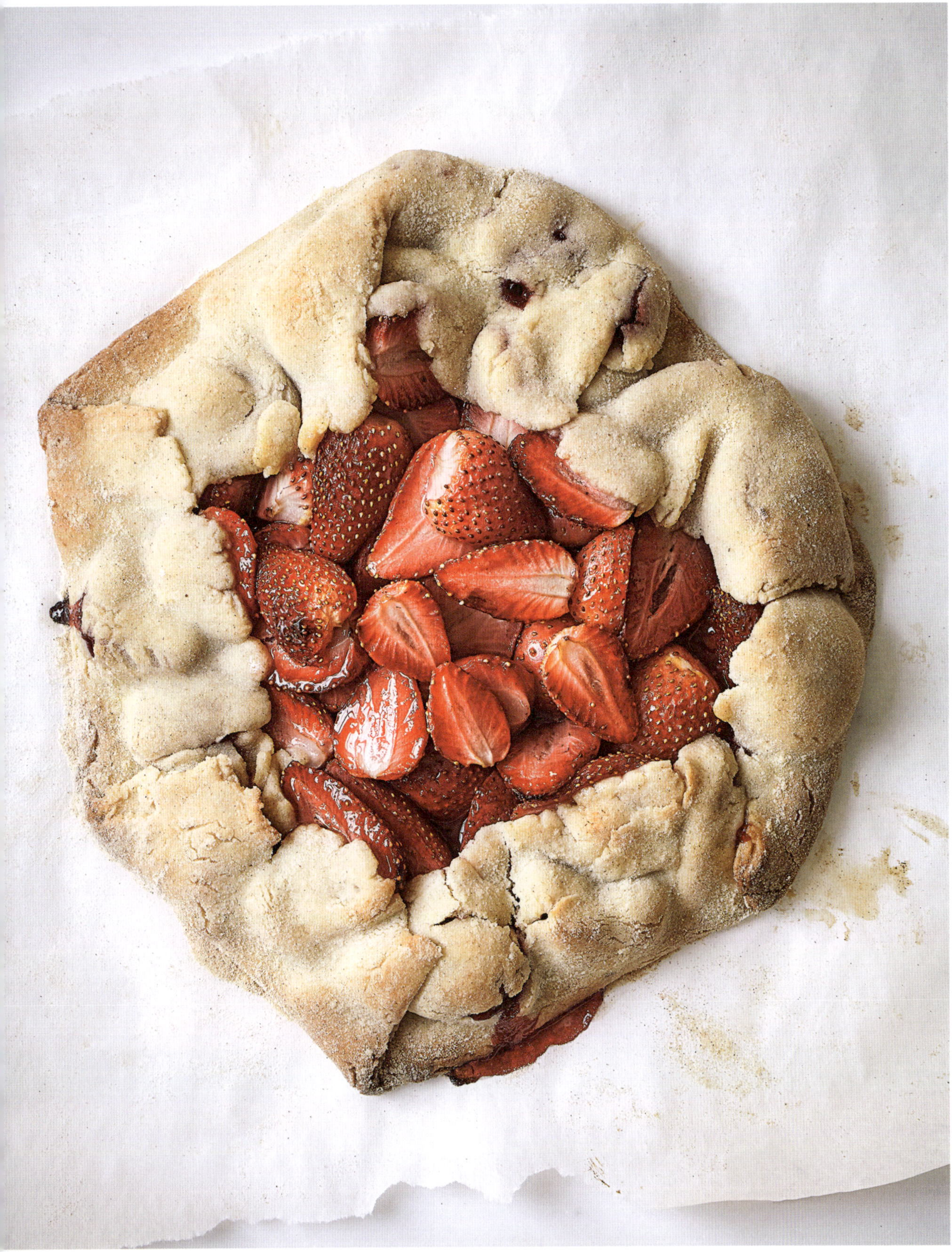

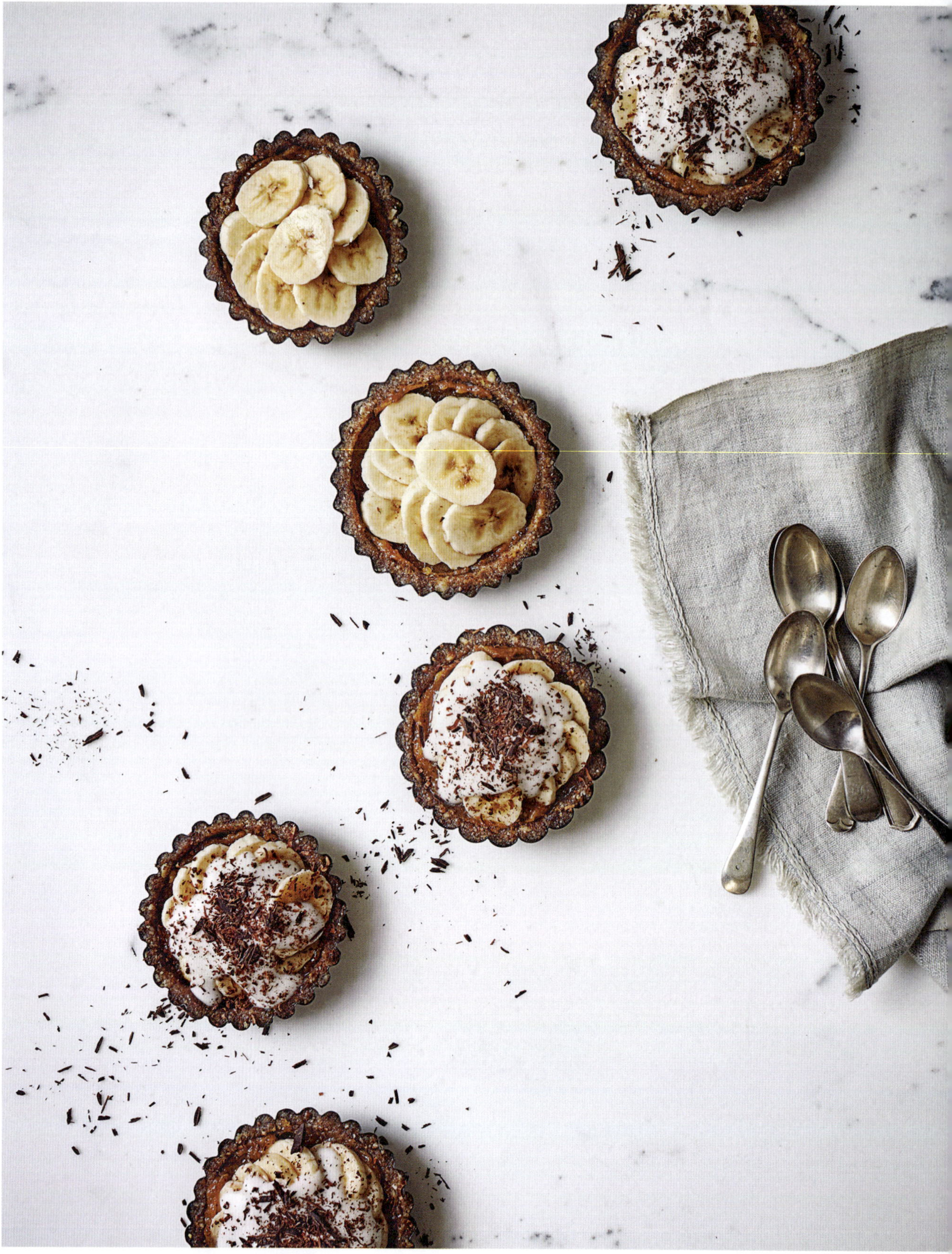

SEM GLÚTEN

TORTA BANOFFEE

Todo mundo adora torta de banana, e a banoffee é um clássico absoluto, conhecida por sua doçura e riqueza calórica. Essa versão quase crua (descontando o chocolate ralado) é igualmente deliciosa e muito mais saudável – uma sobremesa sem glúten que vai agradar a todos. Com essa receita insuperável, você será capaz de desfazer qualquer mito que seus convidados ou familiares possam ter sobre a alimentação baseada em vegetais. Acrescente-a agora ao seu arsenal e prepare-se para desfrutar a vitória vegana. Rende 2-4 porções

---

1 banana cortada em rodelas finas
chocolate amargo vegano ralado, para decorar

PARA A MASSA
100 g de pecãs
2 tâmaras sem caroço
½ colher (sopa) de óleo de coco
uma pitada de sal

PARA O RECHEIO DE CARAMELO
200 g de tâmara sem caroço
50 ml de Leite vegetal (p. 28)
2 colheres (sopa) de extrato de baunilha
2 colheres (sopa) de água

PARA A COBERTURA DE CREME
220 ml de creme de coco gelado [nota p. 36]
1 colher (sopa) de xarope de agave

DICA: Você também pode usar fôrmas pequenas para fazer minitortas.

1. Coloque os ingredientes da massa no processador ou liquidificador e pulse até obter uma farofa grosseira. Transfira para uma fôrma de fundo removível com 15 cm de diâmetro e pressione a massa no fundo, de maneira uniforme, subindo um pouco pelas laterais. Leve à geladeira por pelo menos 1 hora ou ao freezer por 15 minutos. Com cuidado, abra a fôrma e retire a base da torta.
2. Bata todos os ingredientes do recheio no processador ou liquidificador, até ficar completamente homogêneo. Para um caramelo mais sedoso, passe pela peneira. Recheie a base da torta e leve à geladeira.
3. Bata o creme de coco e o xarope de agave até ficar leve e fofo. Leve à geladeira por cerca de 1 hora, até firmar.
4. Começando pelas bordas, distribua as rodelas de banana sobre o caramelo. Cubra com o creme, sem chegar às beiradas – deixe a banana aparecer. Decore com chocolate amargo ralado e sirva.

COOKIE SIMPLES DE AVEIA

Gosto de pensar nesses cookies substanciosos como a definição de "prazer com alguma culpa". É uma receita perfeita para ter sempre à mão e fazer quando o tempo está curto e restam apenas ingredientes essenciais na despensa. **Rende 8 unidades**

80 g de farinha de aveia
1 colher (chá) de fermento em pó
uma pitada de sal
1 colher (sopa) de óleo de coco derretido
4 colheres (sopa) de xarope de agave ou maple syrup
1 colher (chá) de extrato de baunilha
1 banana amassada
um punhado de uva-passa

1. Preaqueça o forno a 180°C e forre uma assadeira com papel-manteiga.
2. Em uma tigela grande, misture a farinha de aveia, o fermento em pó e o sal.
3. Bata vigorosamente o óleo de coco, o xarope de agave, o extrato de baunilha e a banana, para incorporar.
4. Despeje sobre a mistura de farinha e mexa com delicadeza. Junte a uva-passa e misture, para distribuir.
5. Coloque uma colherada da massa na assadeira e achate levemente com um garfo. Repita até usar toda a massa – deve render 7-8 cookies.
6. Asse por 20-25 minutos. Retire do forno e espere esfriar completamente sobre uma grade. Os cookies podem ser mantidos por vários dias em um recipiente de fecho hermético.

CHOCOLATE QUENTE DO CONTRABANDISTA COM CHANTILI DE COCO

SEM GLÚTEN

Tenho uma obsessão estranha por contrabandistas e piratas, o que provavelmente tem a ver com o lugar onde moro, a Cornualha. Aqui, nas profundezas dessa região maravilhosa, estou cercada por histórias, romances e lendas de tempos passados que instigam minha imaginação e minha comida – daí uma queda por rum e sidra e também o título dessa receita. Esse chocolate quente com rum está entre nossos preferidos e fica melhor ainda quando você está no sofá vendo a série *Poldark* ou o filme de Hitchcock *A estalagem maldita*, ambos ambientados na Cornualha. Já posso falar "yo ho ho"? **Rende 2 porções**

500 ml de leite de soja (ou outro Leite vegetal, p. 28)
1 colher (sopa) de cacau em pó
2 colheres (sopa) de xarope de agave
1 colher (sopa) de maple syrup
1 pau de canela
60 ml de rum escuro

PARA O CHANTILI
125 ml de creme de coco [nota p. 36]
1 colher (chá) de extrato de baunilha
½ colher (sopa) de xarope de agave

PARA FINALIZAR
1 colher (chá) de canela em pó
¼ de colher (chá) de noz-moscada ralada na hora
¼ de colher (chá) de gengibre em pó

1. Comece pelo chantili. Deixe o creme de coco na geladeira por toda a noite. No dia seguinte, junte o extrato de baunilha e o xarope de agave. Bata levemente e reserve na geladeira.
2. Em uma panela, misture o leite de soja e o cacau em pó. Bata com um garfo até ficar espumoso. Acrescente o xarope de agave, o maple syrup e a canela; aqueça em fogo baixo até começar a ferver.
3. Cozinhe por 5-10 minutos, até o leite aquecer o suficiente. Retire do fogo e adicione o rum. Volte ao fogo baixo por 1-2 minutos.
4. Divida entre duas xícaras ou tigelas e, com cuidado, cubra com o chantili de coco, que vai afundar e depois subir à superfície. Misture as especiarias e polvilhe a bebida com elas.

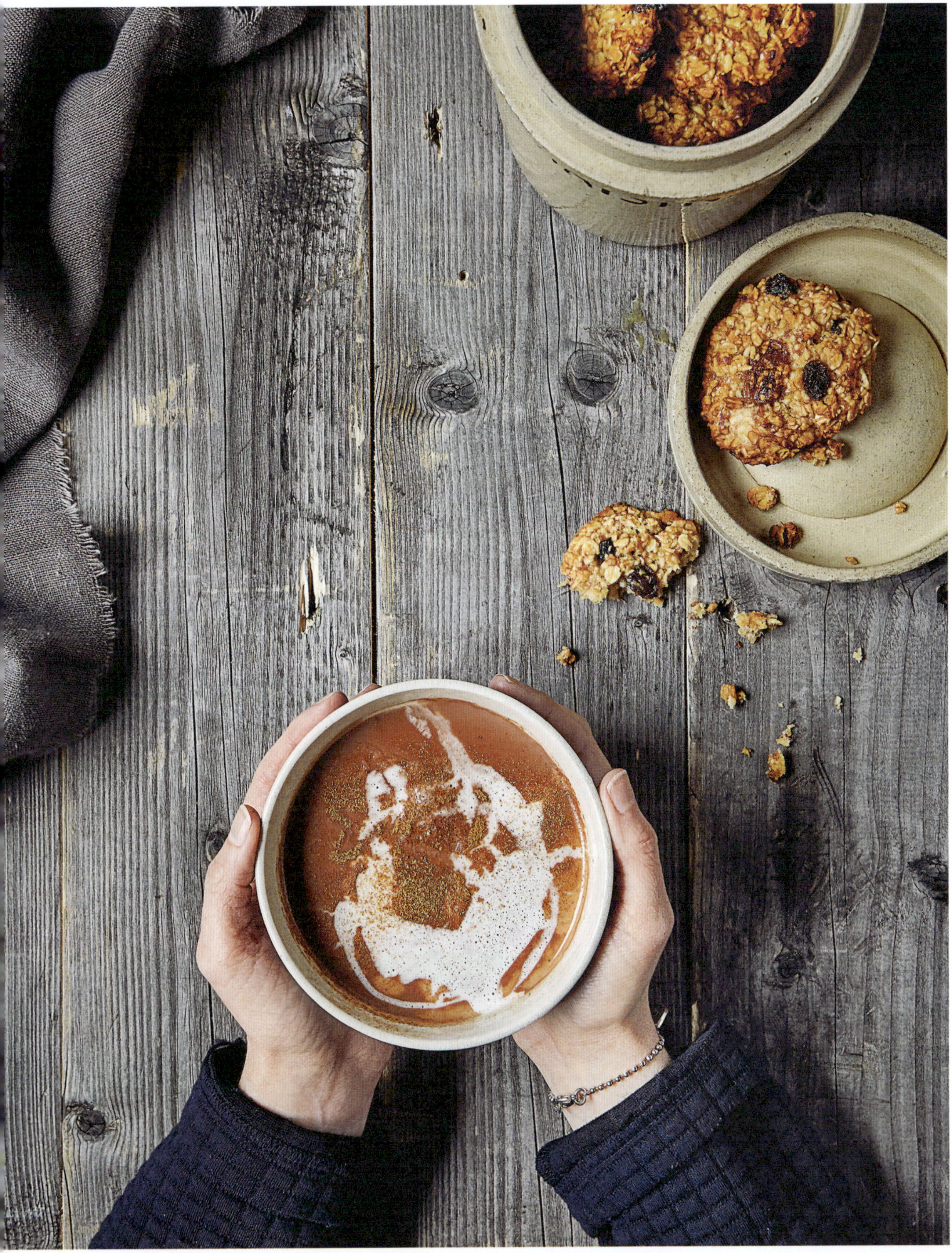

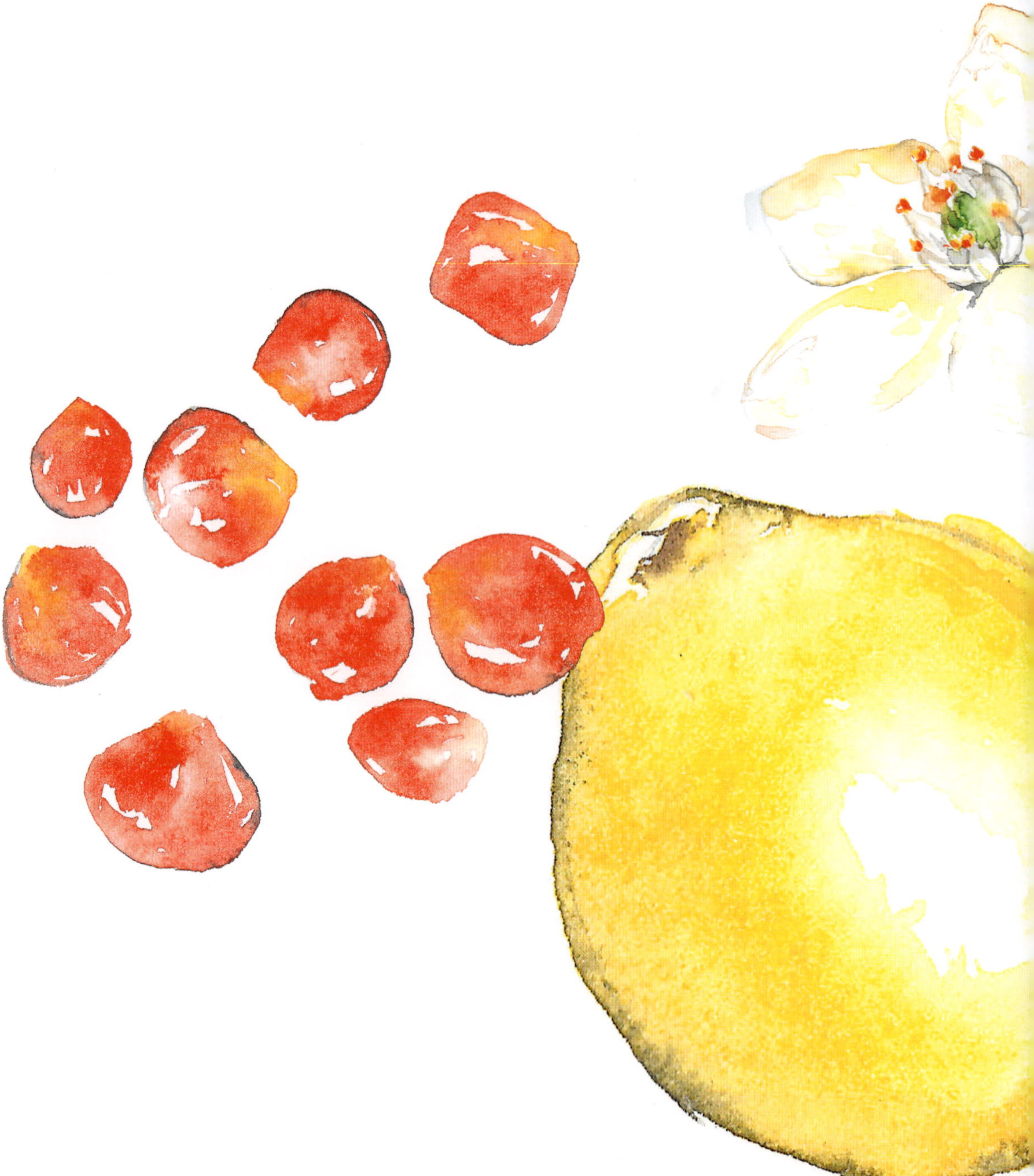

BELEZA VEGANA
MÁSCARA DE TOMATE E TAHINE
ÁGUA DE HORTELÃ E ROSA
ESFOLIANTE CORPORAL DE BANANA E AÇÚCAR
HIDRATANTE CORPORAL DE ÓLEO DE COCO
ESFOLIANTE DE AVEIA E AVOCADO PARA PELES SENSÍVEIS
ESFOLIANTE DE MANJERICÃO E SAL PARA OS PÉS
BANHO DE FLOR DE LARANJEIRA
O GUARDA-ROUPA VEGANO

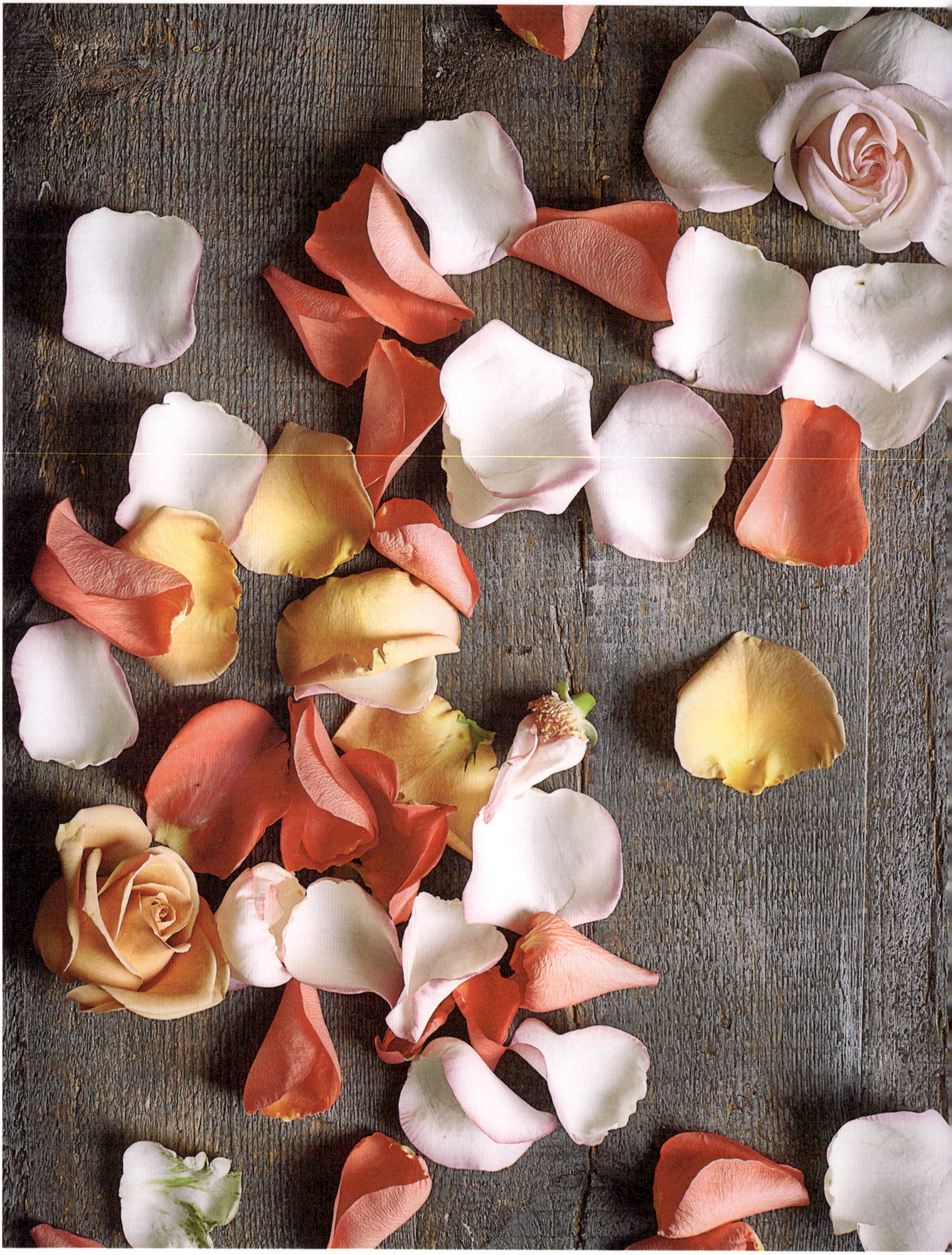

BELEZA SEM CRUELDADE

Cuidar da pele sempre foi um tipo de obsessão para mim, mas nunca tinha parado para pensar nos produtos que usava ou em como eram fabricados. Ao me tornar vegana, tudo mudou. Comecei a procurar o logotipo de coelho nas embalagens e a pesquisar marcas para garantir que eram "livres de crueldade contra animais". Por sorte, tem se tornado muito mais fácil obter informações que tornam as compras de cosméticos menos estressantes.

Sempre digo que, diante da possibilidade de escolha, as pessoas dariam preferência a um produto que não foi testado em animais – isso é algo que, em minha opinião, transcende o veganismo. As marcas, porém, não têm o hábito de divulgar os métodos que usam para testar os cosméticos – estamos, portanto, comprando às cegas. Por isso, mantenho uma lista em meu celular das marcas que devem ser evitadas, assim tenho uma referência sempre à mão – também existem dúzias de sites, incluindo a "lista sem crueldade" da PETA, que são uma bênção para nos manter no caminho certo.

A maior contradição a respeito da indústria da beleza é que, apesar de todos os seus "avanços" e promessas, ela está atrasada demais em relação aos testes de produtos. Marcas reconhecidas parecem viver correndo atrás do que fazem empresas menores e independentes, que, quase sempre, evitam qualquer tipo de experiência com animais – porque, vamos combinar, isso é desnecessário. Já atingimos um patamar em que é possível promover testes livres de crueldade com bichos, e mesmo assim, de maneira bizarra, a prática continua existindo. A falecida Anita Roddick (que considero uma heroína) percebeu isso na década de 1980, quando abriu as lojas da marca The Body Shop e assumiu o papel de porta-voz contra testes com animais na indústria de cosméticos. Mal sabia como estava à frente de seu tempo – eis que estamos aqui, em pleno século 21, e ainda engatinhamos. E, sim, a The Body Shop foi vendida (os novos donos não são adeptos da "beleza sem crueldade") e, agora, não está mais ao alcance de muitos veganos. Tristeza.

Mas não se preocupe. Ainda é possível ser vegano e ceder à vaidade, seja com produtos industrializados (de preferência orgânicos e sem parabenos), seja com receitas caseiras que, feitas com pouco esforço, são imensamente eficazes. Em geral preparo metade (esfoliantes corporais, sprays faciais etc.) e compro o restante (xampu, sabonete etc.). Você verá que minhas elaborações caseiras pedem apenas alguns ingredientes, pois me viro com o que tem na cozinha e raramente compro óleos específicos e outros "acréscimos".

A natureza já nos deu tudo de que precisamos para deixar nossa pele com aparência limpa, macia e hidratada, por isso fico horrorizada ao pensar na quantidade de substâncias químicas que eu usava em meu rosto e meu corpo. Fazer maquiagem em casa, porém, é mais complicado (uma vez encontrei uma receita de base que incluía cacau em pó, mas mesmo minha alma hippie achou que era um pouco demais). Compro apenas itens das poucas marcas veganas existentes no mercado, e verifico os rótulos e pesquiso muito antes de ir às compras. Tenho algumas preferidas, mas estou sempre disposta a experimentar novos produtos – desde que estejam de acordo com meus padrões éticos. Ainda bem que faço a linha básica e preciso apenas de um bom corretivo, base, pó, delineador e máscara para cílios. Tem sido assim desde sempre e duvido que eu um dia vá mudar.

Espero que essas "receitas" sejam úteis e que ofereçam uma alternativa mais natural (e econômica) para ocupar aquelas lacunas de produtos sem crueldade que podem ser difíceis de encontrar nos primeiros estágios do veganismo. Elas se tornaram uma parte essencial de minha rotina de beleza e estou sempre expandindo meu catálogo – experimente fazer delas um ponto de partida para explorar outros ingredientes.

MÁSCARA DE TOMATE E TAHINE

No momento em que minha pele começou a ficar com a aparência e a textura mais ressecadas e difíceis de controlar, decidi procurar opções de tratamento mais naturais – e essa Máscara de tomate e tahine rapidamente se tornou um dos meus maiores triunfos, algo do tipo "não acredito que isso funcione tão bem". Uso uma vez por semana (creio que mais do que isso seja prejudicial) durante o tempo em que fico no banho, mas 10 minutos são suficientes. Para quem não tem o tom da pele uniforme, como eu (ah, a alegria de entrar nos 30), a máscara é uma bênção absoluta, pois ilumina e age sobre manchas aparentes. Sempre que tenho alguma ocasião especial, aplico dois dias antes para obter uma pele radiante que facilita até a aplicação da maquiagem.

Rende 1 porção

⅓ tomate
⅓ colher (sopa) de tahine

1. Coloque o tomate em uma xícara e cubra com água fervente. Reserve até a pele começar a sair. Descasque, corte ao meio e retire as sementes.
2. Transfira para um almofariz e soque com o pilão até obter um purê. Junte o tahine e misture.
3. Aplique cerca de um terço da mistura sobre a face. Depois de 10 minutos, retire com água morna. Sua pele ficará mais brilhante, e o tom, mais uniforme. Use imediatamente, pois não se mantém bem para ser guardado.

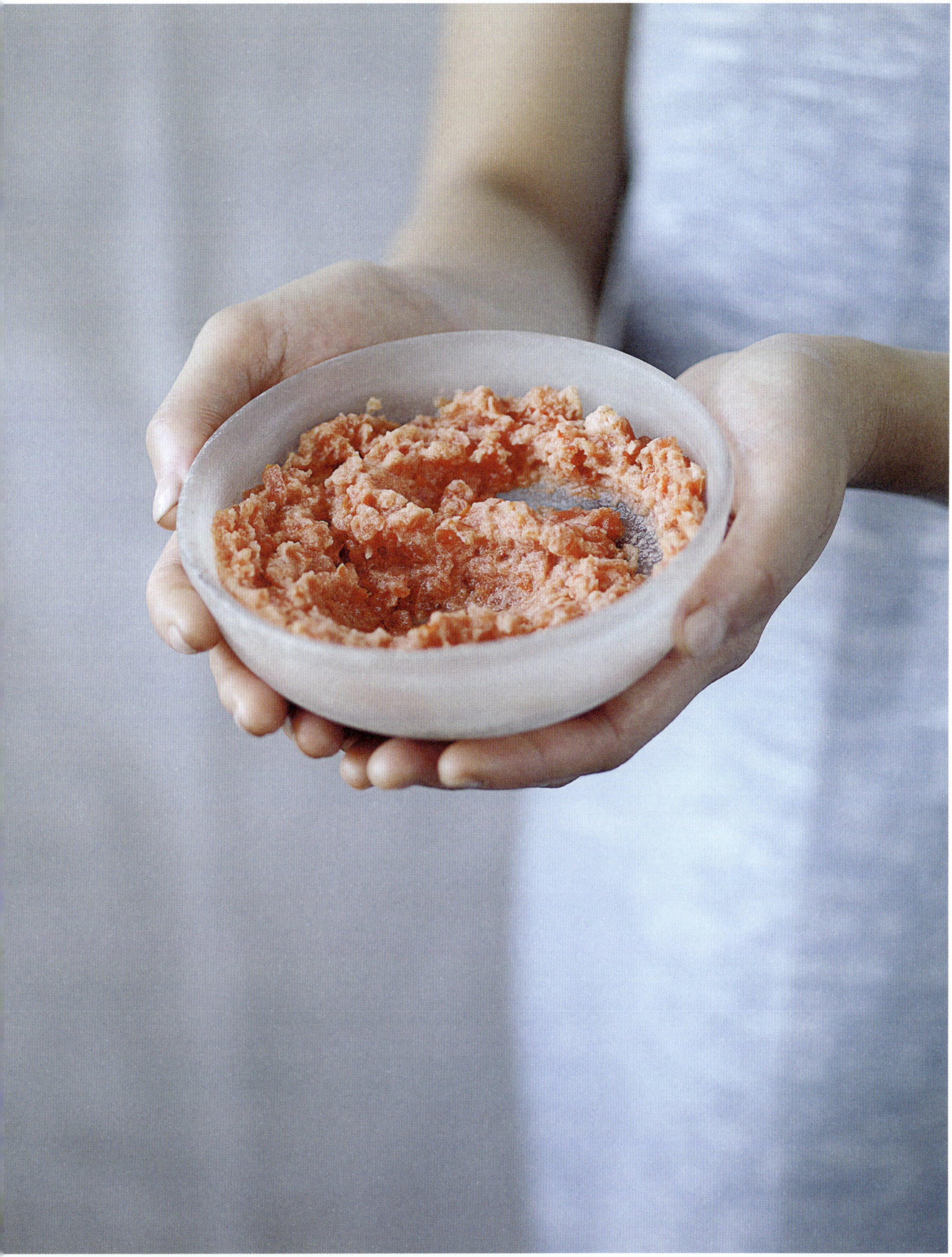

ÁGUA TERMAL DE HORTELÃ E ROSAS

Brumas hidratantes estão entre os itens essenciais de meu kit de beleza. Não apenas são ótimas para refrescar durante o dia como também deixam a pele com a aparência viçosa depois que você aplica a maquiagem de manhã. Essa infusão de hortelã e rosas é tão simples que quase não conta como receita, além disso, é muito mais econômico do que gastar uma nota com as caríssimas águas termais em spray que têm exatamente a mesma função. Basta adquirir um borrifador pequeno e pronto.

Rende 350 ml

120 ml de água filtrada
vários ramos de hortelã fresca
3 colheres (sopa) de água de rosas

1. Ferva a água filtrada e despeje sobre as folhas de hortelã em um vidro ou copo refratário. Deixe em infusão até esfriar.
2. Retire a hortelã e adicione a água de rosas. Tampe o vidro e chacoalhe vigorosamente. Transfira para um borrifador pequeno.
3. Use durante o dia para refrescar ou para fixar a maquiagem. Mantenha por 1 mês em um vidro fechado.

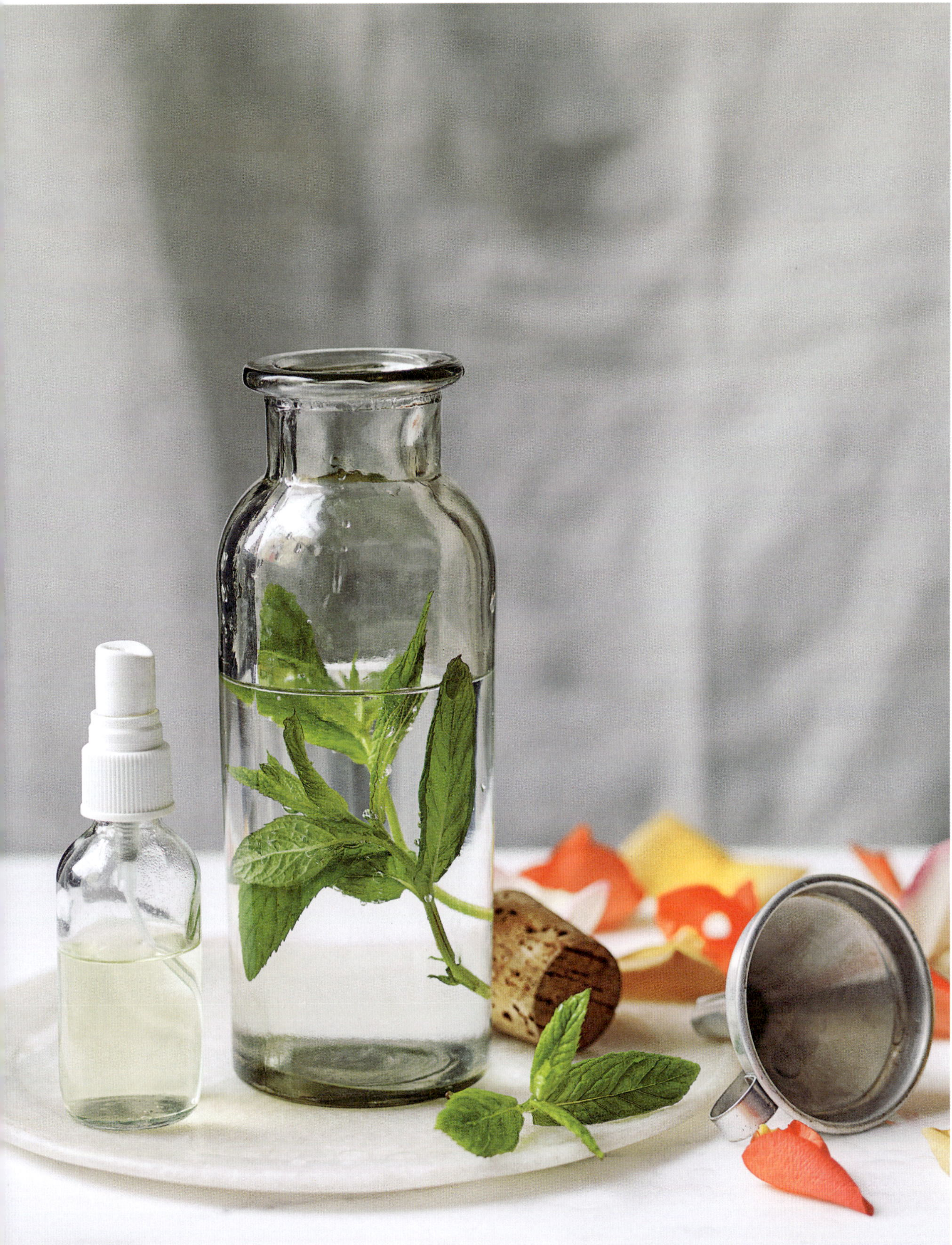

ESFOLIANTE CORPORAL DE BANANA E AÇÚCAR

A esfoliação representa grande parte de minha rotina de cuidados com a pele, e essa receita simples é fundamental para manter meus braços e minhas pernas supermacios. Prefiro usar açúcar refinado, pois não é muito abrasivo. Embora eu saiba que você vai se horrorizar com a quantidade necessária, lembre-se de que essa doçura toda não vai "entrar" em seu corpo, apenas "estar" sobre ele. Muito hidratante, o purê de banana deixa a pele maravilhosamente macia e reaviva no mesmo instante os tecidos cansados e sem viço. Vamos a ele. **Rende 5 porções**

1 banana pequena
300-375 g de açúcar refinado

1. Em uma tábua de cozinha, amasse a banana para obter um purê e junte o açúcar aos poucos. Como as frutas variam de tamanho, pode ser que você use apenas 300 g de açúcar até chegar à consistência ideal do esfoliante; bananas mais maduras ou aquosas, porém, devem consumir toda a quantidade pedida.
2. No momento em que formar uma pasta densa, mas que possa ser espalhada, passe na pele úmida em movimentos circulares, no sentido horário, focando em áreas problemáticas, como cotovelos. Lave muito bem e aproveite a nova pele macia. Conserve na geladeira por 5-7 dias.

HIDRATANTE CORPORAL DE ÓLEO DE COCO

O óleo de coco é um presente dos deuses para a pele seca, deixando-a nutrida, macia e hidratada por horas. Sua ação antienvelhecimento e seus benefícios antioxidantes já são bons o suficiente, mas adoro ainda mais essa variedade "cremosa" por causa de seu apelo sensual. Sem muito esforço, você pode dar adeus a todos os hidratantes corporais repletos de substâncias químicas e usar essa variedade caseira natural. Deixei tudo ainda mais tentador com um toque de extrato de baunilha de boa qualidade. Melhor: uma pequena quantidade dura muito. **Rende 20 porções**

5 colheres (sopa) de óleo de coco
1 colher (chá) de extrato de baunilha

1. Coloque o óleo de coco em uma tigela média e bata vigorosamente, à mão ou com a batedeira, até formar picos moles.
2. Junte o extrato de baunilha e bata, para incorporar. Assim que estiver macio e cremoso, transfira para um vidro limpo e guarde em um lugar protegido do calor, para evitar que derreta. Se mantiver em um lugar muito frio, porém, o creme endurece.
3. Massageie a pele com uma pequena quantidade do hidratante depois do banho. Dura vários meses dentro de um vidro fechado.

ESFOLIANTE DE AVEIA E AVOCADO PARA PELES SENSÍVEIS

Por ter pele sensível, eu nunca ousaria passar um esfoliante de açúcar no rosto. Nesse caso, a aveia é uma ótima alternativa: muito mais suave, mas com poder para deixar a face lisa. Além de nutrir, o avocado traz outros benefícios cosméticos – é considerado uma solução natural excelente para a pele desidratada e ajuda a proteger contra os danos do sol. Uso o esfoliante principalmente no rosto, mas também faz grande efeito nos braços – como pode ser bastante denso, aqueça as mãos antes de aplicar na pele úmida e espere pelo resultado calmante e luminoso. Rende 1-2 porções

½ avocado
30 g de aveia (ou "mingau" de aveia com algum leite vegetal, p. 26)

1. Em uma tigela, amasse a polpa do avocado com um garfo até ficar homogêneo e cremoso.
2. Bata a aveia no processador ou liquidificador, deixando-a um pouco granulosa.
3. Junte ao avocado e misture.
4. Umedeça o rosto com água antes de aplicar o esfoliante. Pegue uma quantidade generosa do creme e aqueça entre as mãos, para deixar menos denso. Passe na pele com movimentos circulares.
5. Lave com água morna e espere a pele secar naturalmente antes de aplicar um óleo ou hidratante facial. Use imediatamente, pois não se mantém muito bem.

ESFOLIANTE DE MANJERICÃO E SAL PARA OS PÉS

Essa combinação de sal marinho e manjericão é, de longe, meu tratamento preferido para os pés – opera maravilhas naqueles pontos endurecidos que custam a ficar suaves. Pode parecer estranho usar manjericão nos pés, mas faz todo sentido: a erva pertence à família da hortelã e, além das qualidades aromáticas, suas propriedades curativas e antissépticas são perfeitas para dedinhos cansados. O sal marinho é abrasivo o suficiente para eliminar peles mortas sem causar lesões ou estragos, e o azeite confere aquele toque hidratante mediterrâneo que deixa a pele sedosa e fresca.

Rende 5 porções

---

50 g de manjericão fresco
suco de 1 limão-siciliano
100 g de sal marinho
30 ml de azeite

1. Soque o manjericão e o suco de limão-siciliano com um pilão. Passe por uma peneira ou coador de chá e coloque em uma tigela.
2. Junte o sal marinho e o azeite. Bata com um garfo para incorporar e aplique generosamente nos pés.
3. Espalhe o esfoliante na sola, em especial no calcanhar e nos dedos. Massageie duas vezes, para que o sal marinho e o azeite sejam realmente absorvidos pela pele.
4. Retire com água morna e seque levemente com uma toalha; se possível, deixe os pés secarem naturalmente. Mantenha por 2 semanas em um vidro fechado.

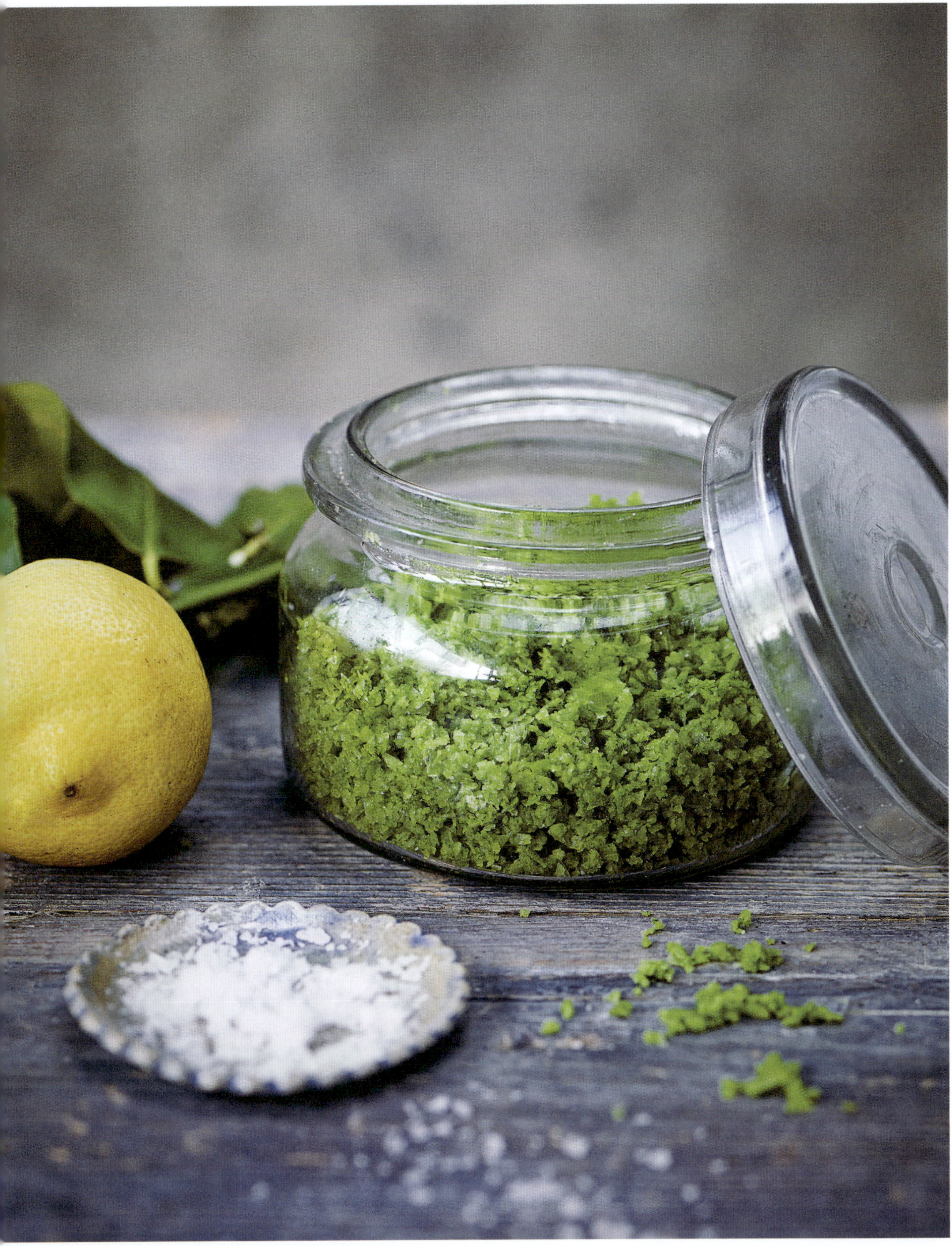

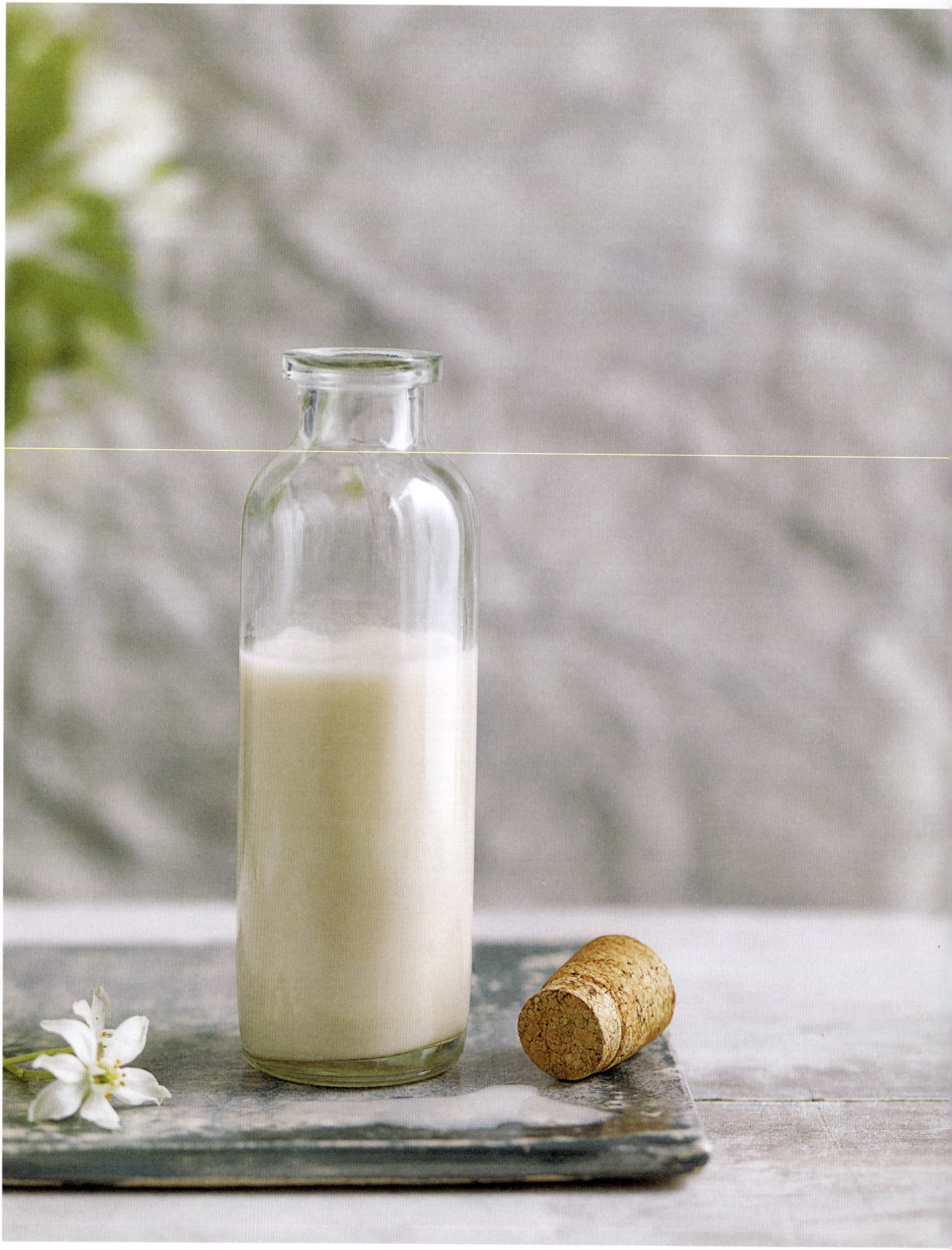

BANHO DE FLOR DE LARANJEIRA

É espantoso ver como algumas combinações simples podem produzir algo tão sensual. Inspirada por Cleópatra e seu famoso banho de "leite e mel", essa versão vegana é igualmente luxuosa e traz diversos benefícios cosméticos. Perfeita para peles sensíveis, a água de flor de laranjeira tem propriedades adstringentes suaves que acalmam e revitalizam. E a vitamina E faz do leite de amêndoas um ingrediente perfeito, ajudando a prevenir problemas de pele, como acne ou pruridos, e agindo como um fabuloso hidratante natural. Esqueça a dupla "leite e mel": é hora de trazer ao banho o benefício das plantas.

Rende 1 porção

100 g de amêndoa
2 colheres (sopa) de água de flor de laranjeira

1. Bata no liquidificador a amêndoa com o dobro da quantidade de água. Transfira para um saquinho de voal, esprema e separe a polpa para usar em outra receita.
2. Junte a água de flor de laranjeira, bata para incorporar e reserve por cerca de 30 minutos, para os ingredientes se amalgamarem.
3. Despeje o líquido na banheira enquanto a torneira está aberta, para dispersar antes de mergulhar em um banho prazeroso e calmante. Se não quiser usar o produto imediatamente, conserve por alguns dias na geladeira.

O GUARDA-
-ROUPA
VEGANO

Como consumidora confessa de tudo o que é bonito, demorei mais para me adaptar a esse aspecto do veganismo. Não me desfiz imediatamente de tudo o que tinha origem animal em meu armário – fui me livrando das peças aos poucos, até que, quatro anos depois, tenho um closet praticamente "limpo" de crueldade (tirando algumas echarpes de seda que têm valor sentimental e dois suéteres surrados que ainda serão doados).

Dentro de minha filosofia vegana, entendo que a postura de cada pessoa pode ser diferente. Alguns sentem necessidade de fazer uma limpeza completa, desvencilhando-se de tudo que diga respeito ao passado – e isso é bacana. Mas comigo não funcionou assim. Eu não tinha orçamento para trocar vários itens que vinha colecionando com carinho ao longo dos anos, incluindo botas e bolsas de couro, então usei cada um até o fim enquanto juntava dinheiro para fazer substituições mais condizentes com minha ética.

Foi difícil (leia "horrível") me desfazer de determinados itens mais exclusivos. Mas como eu estava em Chicago durante essa "transição", pude trocar as peças por outras igualmente maravilhosas em lugares como o Buffalo (um brechó que compra, vende e faz permutas). Também vendi coisas mais "caras" em sites como eBay, embora hoje existam muitos endereços melhores, on-line, para fazer esse tipo de negócio. No fim, quando me desvencilhei de todas essas ligações materiais com meu passado de consumista profissional, me senti mais livre e uma nova fase se abriu diante de mim – e ela ainda permite que de vez em quando eu me dedique à terapia das compras e me expresse por meio da moda, só que com uma atitude mais consciente.

Embora eu ainda não tenha desenvolvido hábitos de consumo ideais, certamente descobri algumas coisas nos últimos anos. Lojas de rede não estão proibidas, mas preciso ter certeza de que vou usar aquela peça pelo menos trinta vezes – você não acredita no quanto isso reduz o desperdício e em como já me salvou de comprar itens dos quais enjoaria em um mês. Leio sempre as etiquetas para verificar se não há lã ou angorá (pelo de coelho) na composição do tecido e não compro mais por impulso. Isso me ajudou a redimensionar o guarda-roupa e ficar com peças mais versáteis e refinadas, e, assim, meu estilo pessoal ganhou uma simplicidade que não existia antes.

Quando posso, compro de estilistas independentes com preocupações ecológicas, mas com frequência vou a bazares de caridade ou brechós para tentar aproveitar o que outras pessoas não querem mais. Sempre gostei de garimpar pilhas caóticas para encontrar um autêntico vestido vintage por uns trocados. Sei que peças de segunda mão não agradam a todos, mas isso não significa que sua única opção seja comprar a modinha passageira que inevitavelmente vai para o lixo – a fabricação desse tipo de roupa tem um custo humano e prejudica o meio ambiente. No lugar delas, adquira produtos de padrão mais alto, mas de vez em quando. Como diria Vivienne Westwood, "não invista em moda, invista no mundo".

Já que estamos falando em meio ambiente, vamos discutir um ponto polêmico: tecidos "inventados". Sim, é verdade: nós, veganos, não usamos lã nem couro e, às vezes, os trocamos por materiais sintéticos conhecidos por causar danos ao meio ambiente. Isso não é bom. Mas existem outras opções disponíveis para nós? Fico feliz em dizer que sim. Não podemos (ou não queremos) usar fibras de origem animal, mas isso não significa que nossa única alternativa seja contribuir para a destruição do planeta. Procuro comprar "fibras naturais" como algodão, linho, cânhamo ou bambu, embora haja outras sendo desenvolvidas – como tencel (às vezes chamada *lyocell*), um tecido sustentável feito de fibra de madeira. Da mesma forma, o mercado do "couro vegano" tem conquistado território com novos materiais respiráveis e biodegradáveis. Procure também por sapatos e bolsas feitos de cortiça, fibra de casca de árvore, algodão vitrificado e poliuretano biodegradável, obtido em um processo parcialmente reciclável, livre de solventes e que usa muito menos energia que a versão tradicional. Claro que essa não é uma solução perfeita para um cenário complexo, mas mostra que avançamos um pouquinho em direção a escolhas mais acertadas.

Para contextualizar melhor o debate, a indústria de couro já tem que lidar com prejuízos ambientais imensos diretamente relacionados aos produtos químicos perigosos usados no curtimento, processo que impede que o material se degrade rapidamente. E se você pensa que a indústria da lã se sai melhor, deixe-me chamar sua atenção para o *mulesing*, prática cruel adotada em criações de ovelhas na Austrália (de onde vem a maior parte da lã inglesa) na qual cortam a pele e a carne dos bichos usando tesouras de jardinagem, sem anestesia, para prevenir miíase, uma infestação por larva. Estudos mostraram que a técnica causa estresse e dor nos animais, e, embora não seja uma prática comum no resto do mundo, prefiro vestir um paninho de acrílico a me arriscar na compra de um suéter de merino que possa exibir uma etiqueta de crueldade. Esse é meu limite, mas o seu pode ser diferente. Meu único conselho é que você se informe sobre os fatos e então tire suas próprias conclusões.

As peles, provavelmente, serão a preocupação inicial de seu veganismo recém-adotado, e com toda a razão. Enquanto alguns argumentam que o couro é um subproduto da criação de gado para a indústria alimentícia, a pele vem de animais criados unicamente para atender ao mundo da moda. É uma prática cruel e desnecessária, da qual não quero tomar parte. E com fabricantes de pele falsa surgindo por todo canto, eu acho (e espero) que a outra logo desapareça. É um caso simples de fornecimento e demanda. Nós, consumidores, estamos na base dessa cadeia – o que, se você pensar direito, é um papel de muito poder. Deixar os ideais veganos ocupar todas as áreas de sua vida é uma escolha sua. Como eu já disse, todo mundo conhece seus limites e decide quais são eles. Você pode ficar ansioso a respeito do que os outros vão pensar se você "come isso" ou "veste aquilo", e é preciso fazer um grande esforço para calar os comentários, mas é disso que se trata.

Nessas horas, afaste-se das mídias sociais e conceda-se um tempo para absorver todas as informações novas. A indústria da moda sem crueldade está engatinhando e se desenvolvendo, então nem mesmo veganos experientes têm todas as respostas na ponta da língua. Como trabalhei diversos anos nesse mercado, sinto que primeiro eu preciso ver como as coisas funcionam. Grandes designs me inspiram e ainda são uma de minhas paixões, mas tento não colocar os desejos consumistas acima de minhas credenciais éticas. O equilíbrio é a chave quando se trata de moda. Faço experiências com o que tenho no armário e, esporadicamente, acrescento peças especiais que transformam mais do que apenas um look. Lembre que a moda é uma extensão da nossa personalidade – é como nos expressamos e mandamos uma mensagem direta a respeito de quem somos e em que acreditamos. A diferença, hoje, é que a mensagem se compõe de consciência e estilo.

ÍNDICE

A

abacaxi
  mingau tropical 29
  salsa de abacaxi 96-7
abóbora-cheirosa
  macarrão de arroz vietnamita 88-9
abobrinha italiana
  molho de abobrinha 86-7
  pasta cremosa de abobrinha com conserva rápida de limão 58
  salada em espiral à moda tailandesa 66-7
  sopa de tortilha 72-3
  tostada de cenoura e abobrinha 56-7
açúcar 7, 11, 32
  esfoliante corporal de banana e açúcar 164
água de flor de laranjeira 120, 128, 142, 169
água termal de hortelã e rosas 162-3
água de rosas
  água termal de hortelã e rosas 162-3
  polenta com ameixa assada e água de rosas 34-5
aipo
  bloody mary virgem (suco) 22
  energia verde (suco) 22
alecrim
  castanha-de-caju com alecrim 50
  sopa de tomate assado com batata e alecrim 75
alface
  fatuche de couve-flor assada 116-7
alga nori
  wrap simples de alga nori 52-3
alho
  molho de alho e gengibre 81
  molho de avocado e alho 96-7
alho-poró
  colcannon 106
alimentos sazonais 11
almoço 13, 47, 51-69
ameixa
  polenta com ameixa assada e água de rosas 34-5

amêndoa
  banho de flor de laranjeira 168-9
  bolinha de damasco 129
  bombom de caramelo 129
  brócolis com molho romesco 107
  creme de amêndoa 33
  creme de coentro 63
  creme doce 121
  leite vegetal de amêndoa e baunilha 27, 28
  polpa de amêndoa 28
  queijo de amêndoa assado 120
arroz
  arroz-doce com coco 149
  arroz jollof 114-5
aveia
  barrinha de granola sem forno 37
  bolinha achocolatada de uva-passa 128
  cookie simples de aveia 154-5
  esfoliante de aveia e avocado para peles sensíveis 165
  granola de figo e grapefruit 32
  leite vegetal de aveia e canela 27, 28
  mingau "bolo de cenoura" 29
  mingau de aveia de véspera 29
  mingau tropical 29
  polpa de aveia 28
  tigela de chocolate e avelã 29
avelã
  baklava puxa-puxa com bourbon 142
  leite vegetal de avelã e cacau 27, 28
  massa de avelã (para tortas) 146-7
  polpa de avelã 28
  trufa de frutas e avelã 134-5
avocado
  esfoliante de aveia e avocado para peles sensíveis 165
  molho de avocado e alho 96-7
  pasta de avocado 56-7
  sanduíche de batata-doce grelhada 63
  smoothie de coco, manga e espinafre na tigela 25
  sopa de tortilha 72
  sopa gelada de pepino 65

taça de hortelã, chocolate e avocado 148
wrap simples de alga nori 52-3
azeite de manjericão 59

B

baklava puxa-puxa com bourbon 142
banana
  barrinha de granola sem forno 37
  bolo de banana clássico 138
  bolo de banana com chocolate sem glúten 138
  cookie simples de aveia 154-5
  esfoliante corporal de banana e açúcar 164
  mingau tropical 29
  parfait de chai e chia 30-1
  smoothie de beterraba e banana 20-1
  torta banoffee 152-3
banho de flor de laranjeira 168-9
barrinha de granola sem forno 37
batata
  batata recheada com milho-verde 79
  colcannon 106
  sopa de tomate assado com batata e alecrim 75
batata-doce
  caçarola de feijão-azuqui 118-9
  macarrão de arroz vietnamita 88-9
  sanduíche de batata-doce grelhada 63
beleza sem crueldade 156-69
bem-estar animal 8, 159, 170-1
berinjela
  triguilho com vegetais assados 90-1
beterraba
  cupcake de beterraba e limão-siciliano 144-5
  pasta de feijão-branco e beterraba 61
  salada de lentilha puy e beterraba assada com molho de laranja e maple syrup 110
  sanduíche aberto de beterraba com purê de ervilha e hortelã 61
  smoothie de beterraba

e banana 20-1
bloody mary virgem (suco) 22
bolinhas de alegria 126-9
  bolinha achocolatada de uva-passa 128
  bolinha de damasco 129
  bolinha de figo, pistache e sementes de abóbora 129
  bombom de caramelo 129
bolos
  bolo de cenoura e nozes 139
  bolo de fubá com laranja sem glúten 136-7
  bolo de melaço e especiarias 140-1
brócolis
  bolinho de brócolis e quinoa 64
  brócolis com molho romesco 107
  salada crocante de brócolis e cenoura com molho de alho e gengibre 81

C

caçarola de feijão-azuqui 118-9
cacau
  chocolate quente do contrabandista com chantili de coco 154-5
  leite vegetal de avelã e cacau 27, 28
café da manhã 13, 19-45
cafeína 7, 11
caldos 14
canela
  chocolate quente do contrabandista com chantili de coco 154-5
  leite vegetal de aveia e canela 27, 28
caqui
  arroz-doce com coco 149
caramelo
  bombom de caramelo 129
  maçã com calda de caramelo 132-3
  recheio de caramelo (para torta banoffee) 152-3
cardápio semanal 13
castanha-de-caju
  castanha-de-caju com alecrim 50
  chips de couve com castanha-de-caju 50
  cobertura de castanha-de-

-caju 136-7
cozido de feijão-branco com sour cream de castanha-de-caju 121
leite vegetal de castanha-de-caju 20-1
leite vegetal de castanha-de-caju e maple syrup 28
pasta de castanha-de-caju 50
polpa de castanha-de-caju 28
queijo fácil de castanha-de-caju 61
salada em espiral à moda tailandesa 66-7
sour cream de castanha-de-caju 121
cebola roxa
sanduíche aberto de tomate
queijo fácil de castanha-de-caju e cebola roxa 61
cenoura
bolo de cenoura e nozes 139
mingau "bolo de cenoura" 29
molho de cenoura 104-5
pernalonga (suco) 22
salada crocante de brócolis e cenoura com molho de alho e gengibre 81
tostada de cenoura e abobrinha 56-7
cérebro, retreinando o 12
cevadinha, jambalaya de 78
ceviche de cogumelo 102
champignon
sopa de champignon com gremolata de rúcula e nozes 74
tortinha de champignon e grão-de-bico 94-5
chipotle, grão-de-bico crocante com 50
chocolate
bolinha achocolatada de uva-passa 128
bolo de banana com chocolate sem glúten 138
bombom de caramelo 129
cobertura de chocolate 138
docinho de creme de avelã 28
tigela de chocolate e avelã 29
taça de hortelã, chocolate e avocado 148
trufa de frutas e avelã 134-5
chutney de maçã 54
coberturas 136-9, 144-5
de castanha-de-caju 136-7

de chocolate 138
de limão-siciliano 144-5
coco (seco)
bolinha de damasco 129
bombom de caramelo 129
chantili de coco 154-5
creme de coco 152-3
molho de coco e tahine 65
molho de pepino e coco 76-7
pasta de coco 40
cogumelo
ceviche de cogumelo 102
cogumelo marinado no missô 82-3
colcannon 106
coleslaw de repolho roxo 84
comendo fora 13-4, 15
compaixão 8
compota de mirtilo 146-7
confeitaria
baklava puxa-puxa com bourbon 142
galette simples de morango 150-1
massa de avelã 146-7
massa de pecã e tâmara 152-3
torta banoffee 152-3
torta cremosa de macadâmia e mirtilo 146-7
consumo de álcool 7, 11
cookie
cookie de pecã e matchá 143
cookie simples de aveia 154-5
coquetel de sálvia e romã sem álcool 122-3
couve
chips de couve com castanha-de-caju 50
colcannon 106
salada de couve, maçã e erva-doce com pecãs carameladas 103
couve-flor
cuscuz marroquino de couve-flor com figo 86-7
fatuche de couve-flor assada 116-7
filé de couve-flor marinado 112-3
cozido de feijão-branco com sour cream de castanha-de-caju 121
cranberry (seca)
trufa de frutas e avelã 134-5
creme de coentro 63
creme de manteiga 139

cremes (veganos) 120-1
creme de amêndoa 33
creme de castanha-de-caju 104-5
creme de coco 61, 65, 76-7, 152-3, 154-5
creme de coentro 63
creme de macadâmia 146-7
creme doce 121
sour cream de castanha-de-caju 121
crepe indiano salgado 44-5
crianças e veganismo 17
cupcake de beterraba e limão-siciliano 144-5
curry de lentilha e espinafre 76-7
curry em pó 76-7
cuscuz marroquino de couve-flor com figo 86-7

D
damasco, bolinha de 129
desejos 12
docinhos
docinho de massa de cookie 26, 28
docinho de creme de avelã 28
docinho de torta de maçã 26, 28

E
enchilada, molho 98-9
energia verde (suco) 22
erva-doce
salada de couve, maçã e erva-doce com pecãs carameladas 103
ervilha
caçarola de feijão-azuqui 118-9
sanduíche aberto de beterraba com purê de ervilha e hortelã 61
esfoliantes
esfoliante corporal de banana e açúcar 164
esfoliante de aveia e avocado para peles sensíveis 165
esfoliante de manjericão e sal para os pés 166-7
espaguete verde 92-3
espinafre
curry de lentilha e espinafre 76-7
energia verde (suco) 22
pesto 92-3, 104

smoothie de coco, manga e espinafre na tigela 24-5
stromboli de pimentão e espinafre 108-9

F
faláfel
hambúrguer de faláfel assado 51
falando sobre veganismo 15-7
famílias 16-7
farinha panko
baguete "po-boy" com tofu frito 55
fatiador de legumes em espiral
macarrão de arroz vietnamita 88-9
salada em espiral à moda tailandesa 66-7
fatuche de couve-flor assada 116-7
feijão-branco
cozido de feijão-branco com sour cream de castanha-de-caju 121
pasta de feijão-branco e beterraba 61
sanduíche de picles rápido de pepino e feijão-branco 61
feijão-roxinho
sopa de tortilha 72-3
figo
bolinha de figo, pistache e sementes de abóbora 129
cuscuz marroquino de couve-flor com figo 86-7
granola de figo e grapefruit 32
frutas
trufa de frutas e avelã 134-5
ver também as frutas específicas
frutas vermelhas
parfait de chai e chia 30-1
ver também as frutas específicas
fubá
bolo de fubá com laranja sem glúten 136-7
polenta com ameixa assada e água de rosas 34-5

G
ganho de peso 7
geleia simples de chia 40
gengibre
chutney de maçã 54

molho de alho e gengibre 81
granola
  barrinha de granola sem forno 37
  de figo e grapefruit 32
grão-de-bico
  grão-de-bico crocante com chipotle 50
  hambúrguer de faláfel assado 51
  recheio de grão-de-bico para sanduíche 59
  tortinha de champignon e grão-de-bico 94-5
  triguilho com vegetais assados 90-1
grãos 10
gremolata de rúcula e nozes 74
guarda-roupa 170-1

H

hambúrguer de faláfel assado 51
hidratante corporal de óleo de coco 164
hokey pokey 133
hortelã
  água termal de hortelã e rosas 162-3
  sanduíche aberto de beterraba com purê de ervilha e hortelã 61
  taça de hortelã, chocolate e avocado 148

I

indústria da lã 171
indústria do couro 171
ingredientes de origem animal 7
iogurte de coco 25, 32, 58, 96
iogurte de soja 10, 58, 136

J

jambalaya de cevadinha 78
jantar 13
jornada vegana, começando a 9-11

K

kiwi
  mingau tropical 29

L

laranja
  bolo de fubá com laranja sem glúten 136-7
  molho de laranja e maple syrup 110
leguminosas 10
  caçarola de feijão-azuqui 118-9
  espaguete verde 92-3
  feijão incrementado 42-3
  pasta de fava-branca com azeite perfumado de manjericão 59
  sopa de tortilha 72-3
  taquito de feijão-preto com molho enchilada 98-9
  ver também feijão-branco
leite de coco
  arroz-doce com coco 149
  curry de lentilha e espinafre 76-7
  parfait de chai e chia 30-1
leite de soja
  chocolate quente do contrabandista 154-5
leite vegetal 25-9
  amêndoa e baunilha 27, 28
  aveia e canela 27, 28
  avelã e cacau 27, 28
  castanha-de-caju e maple syrup 28
  muffin de trigo-sarraceno 38
lentilha
  curry de lentilha e espinafre 76-7
  salada de lentilha puy e beterraba assada com molho de laranja e maple syrup 110
levedura nutricional 10, 120
  batata recheada com milho-verde 79
  bolinho de brócolis e quinoa 64
  cozido de feijão-branco com sour cream de castanha-de-caju 121
  stromboli de pimentão e espinafre 108-9
limão-siciliano
  cupcake de beterraba e limão-siciliano 144-5
  pasta cremosa de abobrinha com conserva rápida de limão 58

M

maçã
  bolo de cenoura e nozes 139
  chutney de maçã 54
  docinho de torta de maçã 26, 28
  energia verde (suco) 22
  maçã assada com creme de amêndoa 33
  maçã com calda de caramelo 132-3
  pernalonga (suco) 22
  salada de couve, maçã e erva-doce com pecãs carameladas 103
macadâmia
  torta cremosa de macadâmia e mirtilo 146-7
macarrão de arroz vietnamita 88-9
maionese de soja 55
manga
  mingau tropical 29
  salada em espiral à moda tailandesa 66-7
  smoothie de coco, manga e espinafre na tigela 24-5
manjericão
  azeite perfumado de manjericão 59
  esfoliante de manjericão e sal para os pés 166-7
  pesto 92-3, 104
maple syrup
  leite vegetal de castanha-de-caju e maple syrup 28
  molho de laranja e maple syrup 110
  pastinaca assada com maple syrup 111
marinadas (couve-flor) 112-3, 116-7
máscara de tomate e tahine 160-1
massa filo
  baklava puxa-puxa com bourbon 142
meio ambiente 8
melaço
  bolo de melaço e especiarias 140-1
milho-verde
  batata recheada com milho-verde 79
  sopa de tortilha 72-3
mingau tropical 29
mirtilo
  compota de mirtilo 146-7
  torta cremosa de macadâmia e mirtilo 146-7
molhos
  de abobrinha 86-7
  de alho e gengibre 81
  de amendoim 88-9
  de harissa 85
  de laranja e maple syrup 110
  de maracujá 52-3
  de mostarda de Dijon 84
  de pepino e coco 76-7
  de pimenta para salada 116-7
  de salada 103
  de tahine 116-7
  de tamarindo 66-7
  romesco 107
morango
  galette simples de morango 150-1
  geleia simples de chia 40
muffin de trigo-sarraceno 38-9

N

nozes
  baklava puxa-puxa com bourbon 142
  bolo de cenoura e nozes 139
  gremolata de rúcula e nozes 74
  taco com nozes 96-7
  torta de pesto sem forno 104-5

O

oleaginosas 10
  ver também as oleaginosas específicas

P

pão integral fácil 41
pão pita, fatuche de couve-flor assada 116-7
parfait de chai e chia 30-1
pasta de coco 40
pastas
  pasta cremosa de abobrinha com conserva rápida de limão 58
  pasta de fava-branca com azeite perfumado de manjericão 59
pastinaca assada com maple syrup 111
pecã
  caramelada 103
  cookie de pecã e matchá 143
  massa de pecã e tâmara 152-3
pepino
  energia verde (suco) 22

fatuche de couve-flor assada 116-7
molho de pepino e coco 76-7
salada em espiral à moda tailandesa 66-7
sanduíche de picles rápido de pepino e feijão-branco 61
sopa gelada de pepino com molho de coco e tahine 65
pernalonga (suco) 22
pesto
  espaguete verde 92-3
  torta de pesto sem forno 104-5
petiscos 13, 47-50
picles rápido de rabanete 68-9
pimentão amarelo
  batata recheada com milho-verde 79
  salsa de abacaxi 96-7
  triguilho com vegetais assados 90-1
pimentão vermelho
  batata recheada com milho-verde 79
  brócolis com molho romesco 107
  jambalaya de cevadinha 78
  sopa de tortilha 72-3
  stromboli de pimentão e espinafre 108-9
  triguilho com vegetais assados 90-1
pizza 13
"po-boy"
  baguete "po-boy" com tofu frito 55

Q
queijo de castanha-de-caju
  queijo fácil de castanha-de-caju 61
  sanduíche aberto de tomate, queijo fácil de castanha-de-caju e cebola roxa 61
queijo (vegano) 120-1
  queijo de amêndoa assado 120
  stromboli de pimentão e espinafre 108-9
  quesadilha sem queijo com chutney de maçã 54
quinoa
  bolinho de brócolis e quinoa 64
  tabule de quinoa com molho de harissa 85
wrap simples de alga nori 52-3

R
rabanete, picles rápido de 68-9
ras el hanout 86
refeições especiais 101-23
refeições fáceis 71-99
repolho roxo, coleslaw de 84
restaurantes 13-4
Roddick, Anita 159
roupas 170-1
rúcula
  gremolata de rúcula e nozes 74
  salada de lentilha puy e beterraba assada com molho de laranja e maple syrup 110
rum
  chocolate quente do contrabandista com chantili de coco 154-5

S
saladas
  fatuche de couve-flor assada 116-7
  salada crocante de brócolis e cenoura com molho de alho e gengibre 81
  salada de couve, maçã e erva-doce com pecãs carameladas 103
  salada de lentilha puy e beterraba assada com molho de laranja e maple syrup 110
  salada em espiral à moda tailandesa 66-7
salsa
  salsa de abacaxi 96-7
  tabule de quinoa com molho de harissa 85
sálvia
  coquetel de sálvia e romã sem álcool 122-3
sanduíches
  abertos ao estilo escandinavo 60-1
  beterraba com purê de ervilha e hortelã 61
  de batata-doce grelhada 63
  picles rápido de pepino e feijão-branco 61
  queijo fácil de castanha-de-caju e cebola roxa 61
  recheio de grão-de-bico para sanduíche 59
saúde 7
scone integral de "leitelho" 130-1
sementes de abóbora
  bolinha de figo, pistache e sementes de abóbora 129
  sementes de abóbora tostadas 56
sementes de chia
  geleia simples de chia 40
  parfait de chai e chia 30-1
sementes tostadas 56
smoothie
  smoothie de beterraba e banana 20-1
  smoothie de coco, manga e espinafre na tigela 24-5
sobremesas 13, 125-55
soja, maionese de 55
sopas
  sopa de champignon com gremolata de rúcula e nozes 74
  sopa de tomate assado com batata e alecrim 75
  sopa de tortilha 72-3
  sopa gelada de pepino com molho de coco e tahine 65
stromboli de pimentão e espinafre 108-9
sucos sem centrífuga 22

T
tabule de quinoa com molho de harissa 85
taco com nozes 96-7
tahine
  máscara de tomate e tahine 160-1
  molho de coco e tahine 65
  molho de tahine 116-7
tâmara
  bombom de caramelo 129
  maçã com calda de caramelo 132-3
  massa de pecã e tâmara 152-3
  taça de hortelã, chocolate e avocado 148
taquito de feijão-preto com molho enchilada 98-9
tofu
  baguete "po-boy" com tofu frito 55
  maionese de soja 55
  torrada com ricota de tofu 63
tomate
  arroz jollof 114-5
  bloody mary virgem (suco) 22
  brócolis com molho romesco 107
  fatuche de couve-flor assada 116-7
  feijão incrementado 42-3
  jambalaya de cevadinha 78
  máscara de tomate e tahine 160-1
  molho enchilada 98-9
  sanduíche aberto de tomate, queijo fácil de castanha-de-caju e cebola roxa 61
  sopa de tomate assado com batata e alecrim 75
  sopa de tortilha 72-3
  stromboli de pimentão e espinafre 108-9
torrada com ricota de tofu 63
tortas
  torta banoffee 152-3
  torta cremosa de macadâmia e mirtilo 146-7
  torta de pesto sem forno 104-5
  tortinha de champignon e grão-de-bico 94-5
tortilhas
  quesadilha sem queijo com chutney de maçã 54
  sopa de tortilha 72
  taquito de feijão-preto com molho enchilada 98-9
  tostada de cenoura e abobrinha 56-7
trigo-sarraceno
  muffin de trigo-sarraceno 38-9
  waffle grelhado de trigo-sarraceno 36
triguilho com vegetais assados 90-1

U
umami 8

V
variações de humor 7

W
waffle grelhado de trigo-sarraceno 36
wrap simples de alga nori 52-3

AGRADECIMENTOS

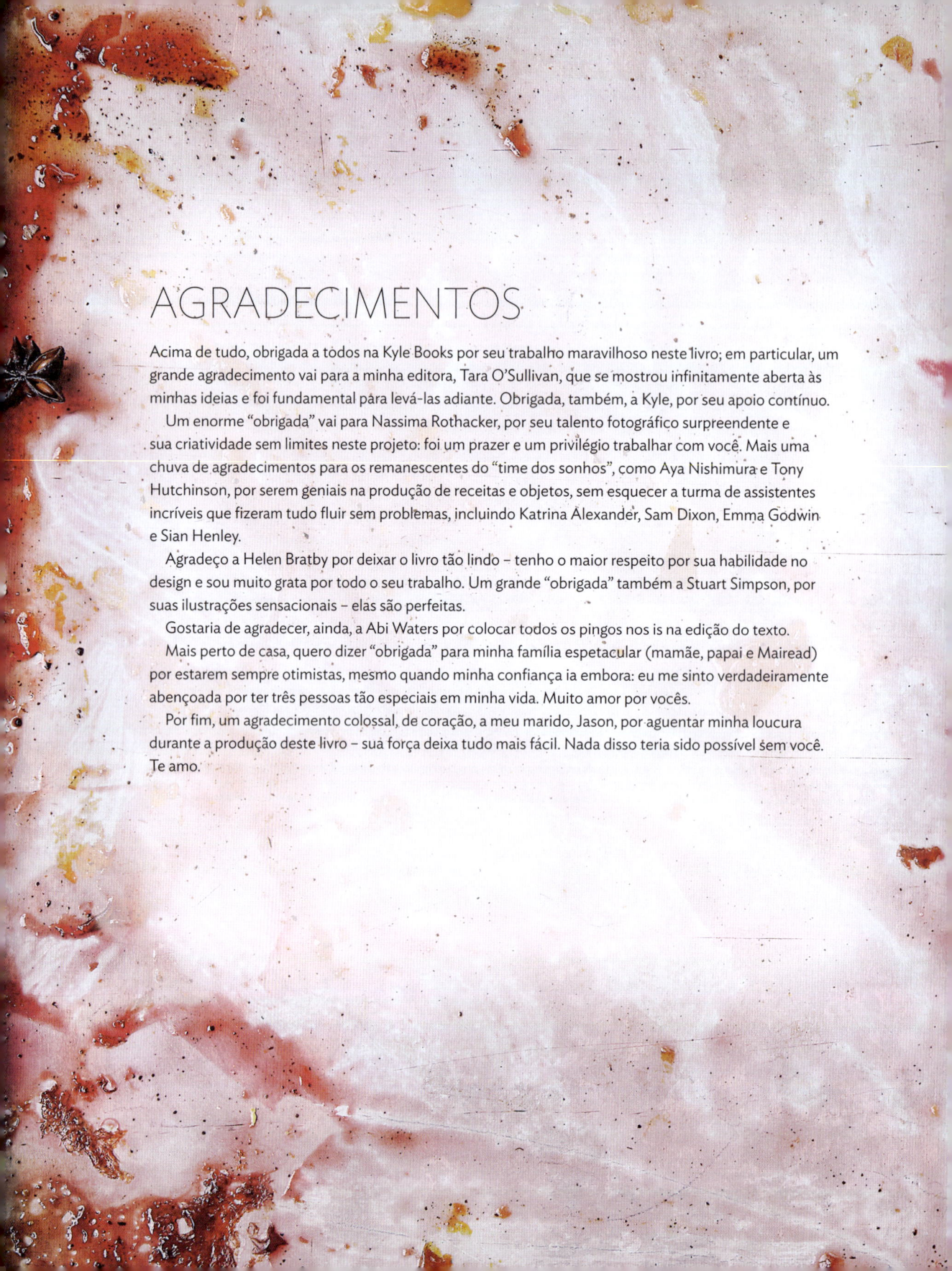

Acima de tudo, obrigada a todos na Kyle Books por seu trabalho maravilhoso neste livro; em particular, um grande agradecimento vai para a minha editora, Tara O'Sullivan, que se mostrou infinitamente aberta às minhas ideias e foi fundamental para levá-las adiante. Obrigada, também, à Kyle, por seu apoio contínuo.

Um enorme "obrigada" vai para Nassima Rothacker, por seu talento fotográfico surpreendente e sua criatividade sem limites neste projeto: foi um prazer e um privilégio trabalhar com você. Mais uma chuva de agradecimentos para os remanescentes do "time dos sonhos", como Aya Nishimura e Tony Hutchinson, por serem geniais na produção de receitas e objetos, sem esquecer a turma de assistentes incríveis que fizeram tudo fluir sem problemas, incluindo Katrina Alexander, Sam Dixon, Emma Godwin e Sian Henley.

Agradeço a Helen Bratby por deixar o livro tão lindo – tenho o maior respeito por sua habilidade no design e sou muito grata por todo o seu trabalho. Um grande "obrigada" também a Stuart Simpson, por suas ilustrações sensacionais – elas são perfeitas.

Gostaria de agradecer, ainda, a Abi Waters por colocar todos os pingos nos is na edição do texto.

Mais perto de casa, quero dizer "obrigada" para minha família espetacular (mamãe, papai e Mairead) por estarem sempre otimistas, mesmo quando minha confiança ia embora: eu me sinto verdadeiramente abençoada por ter três pessoas tão especiais em minha vida. Muito amor por vocês.

Por fim, um agradecimento colossal, de coração, a meu marido, Jason, por aguentar minha loucura durante a produção deste livro – sua força deixa tudo mais fácil. Nada disso teria sido possível sem você. Te amo.